維摩詰經講記

——第二輯

——平實導師 述

ISBN：978-986-83908-1-2

執著離念靈知心爲實相心而不肯捨棄者，即是畏懼解脱境界、畏懼無我境界、畏懼眞正涅槃者，當知即是凡夫。此謂離念靈知心乃是意識，具足五別境心所有法，其生起及存在、運作時必須具備之所依，亦皆符合意識之俱有依，決定是意識心無誤。故離念靈知心不論起念或離念時，皆是意識心。離念靈知心之俱有依，易可了知者如下：五色根、意根、法塵（或六塵）、意根及如來藏之觸心所，若缺其一，離念靈知心意識即無法生起，何況存在與運作？即是阿含諸經中 佛說「意、法爲緣生」之意識心也！既是和合眾緣所生之法，當知即是生滅法，不可說爲常住法也！凡認定離念靈知意識心爲常住法者，與常見外道無異，是人即使身披佛教僧衣，本質仍是常見外道，名爲佛門常見外道。

——平實導師——

目次

第三輯：

第四輯：

第五輯：

第六輯：

自　序

大乘法之證悟，不許外於教門；若外於經典聖教開示，而言「所悟雖異於教門，然亦是宗門之悟」，當知即是錯悟，其所悟必定已經異於宗門之悟，教門所說法義正是說明宗門所悟內涵故。《維摩詰經》是佛門照妖鏡，一切錯悟之師，都不敢援引此經來印證自己之所悟。一切六識論之邪見者，譬如應成派中觀見者及自續派中觀見者，都迴避此經的檢驗；或曲解此經，使經義偏離原意而符合其六識論邪見：故意以意識境界來解釋此經正理，取代爲六識論之法義。

他們之所以會有如是行爲，都因所悟錯誤而無法以此經義來爲自己印證所致。此經中言：「不會是菩提，諸入不會故。」又言：「知是菩提，了眾生心行故。」同一眞心，竟言無知無覺而不會六入，復言其實有知，能了知眾生七識心之心行，則使墜於意識境界之自續派中觀見者及應成派中觀見者，都無所適從；亦使墜於離念靈知意識心境界之禪門錯悟者，不知所從，是故心中每每排斥之，或故意以曲解之手段，扭曲經義來印證自己之所「悟」。然而意識心不論修至如何微細，都不能超過非想非非想定中之意識；三界中一切最細意識心，無過於此，過此境界即無意識存在；而意識心不能通過此經如是法義之驗證，故錯悟之說法者只能以意識心的不同方向來解說此部經文。

然而如是經文中之眞正意涵，其實都是說第八識如來藏之本來清淨性與功德性，證明其非無而有眞實性，亦證明其常住本來涅槃之中；若以意識解之者，都無法免於曲解經義之大過；卻異口同聲主張其**曲解後之經義是佛說**，即成爲謗佛者， 佛陀所說從來不是他們曲解後之義理故。由是故說，此經是禪宗證悟者自我印證之極重要經典，亦是錯悟者亟思加以曲解之重要經典；由此可以證明此經法義之熏習，對於禪門求悟般若禪者之重要性了！今以如是緣由，加以詳實宣講後，整理爲文字，以口語化之易懂言語出版，藉以助益禪門大師與一切學人，使能建立正知正見而趨向正確方向求悟，庶能眞實悟入般若正理。然求悟禪宗般若禪之人，仍必須先詳讀《識蘊眞義》及《阿含正義》，確實斷除我見以後，方能藉此詳解而眞實悟入法界實相心如來藏，方能發起實相般若智慧，實階第七住位不退，成爲位不退菩薩，轉入內門廣修菩薩六度萬行；不斷我見而參禪者，終無眞悟之可能，一切禪宗大師與學人，於此皆應注意。

佛子 **平實** 謹序

公元二〇〇六年仲冬 於竹桂山居

第二輯：

《維摩詰所說不可思議解脫經》卷上

〈方便品〉第二（上承第一輯〈方便品〉未完部分）

「是身如浮雲」，這個色身又像浮雲一樣，「須臾變滅」。浮雲始終不停住，它一直飄、飄、飄，一會兒不見了。色身也是一樣，自從出生以來不斷的變。活到耳順之年，有時候還想起來：小時候還穿著開襠褲，在街路上晃來晃去。因爲我們小時候窮，都是穿開襠褲，父母親沒有時間照顧你，哪有可能一會兒就爲你換一件褲子！要尿就讓你自己尿去，以前是這樣的。我們以前父母是怎麼照顧孩子？早上起來，扁擔扛上來，前後兩個米籮，一個米籮放鋤頭、畚箕、鏟子，另一個米籮就放個小孩子；挑到田裡面就把孩子放在米籮裡面——放在台灣話叫作田頭的地上，孩子就乖乖的坐著不敢動，哪像現在孩子七、八個月就吵得要死。這些都還記得很清楚，可是如今耳順之年，想想小時候一晃就過去了，卻是記憶仍新、猶如昨夢；再過不了多久就要壞掉了，須臾變滅，不斷在變；尤其五十、六十歲以後，覺得一天快過一天，時間眞的不夠；所以修道眞是如救頭燃，這樣看來色身眞的是須臾變滅。

這個色身又好像電光一樣，念念不住。那個閃電閃出來的時候，不會停住不動的，只有攝影師才能叫它停住：用照相機把它停住。但閃電一出來，它就不斷的變化，一下子就過去了。色身也是一樣，念念不住，以前人家還不信；現在醫學上已證明色身是不斷的在新陳代謝，所以是念念不住的。

又說：「**是身無主**」，好像地大一樣，色身自己是不能作主的。如果色身自己也能作主，你要不要呢？我想沒有人要，因爲你覺知心說：「我現在要去台北正覺講堂。」色身說：「我才不要去，讓我走得那麼辛苦。」色身其實是誰在作主呢？是你的覺知心、意根在作主。如果你離開了，或者你消失了，你的色身是沒有主人的，它是不會自己作主的，所以說它無主。無主的原因就在於無思，它不會自己作主的；在阿含裡面叫作六思身，眼能見，所以眼識起思，想要見；耳能聞，所以耳識起思，想要聞。思就是決定、思量，思量就是作決定：「我決定要繼續聽。」乃至意識想要了知諸法、了知六塵，意識起思，意識有思，所以就具足六種思的功能：眼耳鼻舌身意的思量，就是原始佛法的初轉法輪阿含期講的六思身。

這六識自己都是不肯滅的，什麼時候才肯滅呢？累得不得了，覺得太累了，應該睡覺、休息了，才肯滅。可是如果有個人他不懂得什麼是睡眠，而你告訴他說：「睡著了，你就永遠消失了，不會再醒過來了。」那你看他要不要睡？保證他不睡。今天晚上肯睡覺斷滅，是因爲知道明天還可以醒來，所以他才肯睡；如果他知道這一睡著，明天醒不過來了，他就不肯睡了；前六識有這一種作意，這叫作六思。六思可以讓我們現前領受得到，現前證實它確實是這樣的，可以證實這種功能存在，所以叫作身——以六種思爲身。從這裡來看，眞正在作主的，其實是心，不管眞心、妄心，反正就是心在作主。色身無主，所以它就好像土地，隨你怎麼踐踏都沒關係，所以色身無主而如地。

又說它「**無我如火**」，色身沒有眞實我，我是指誰？眾生所謂的我，都是覺知心、思量心。可是思量心算是眞的我嗎？也不然。能見聞覺知的心，也是假合而有的；現在且不說祂，且說色身。色身就譬如火，火是因爲有木材、有空氣，加上熱度，才會有火燃燒起來，所以火不能單獨存在。色身也是一樣，色身無法自己單獨存在；它像火一樣，要由種種因緣假合而成。

色身也沒有壽命。也許會有人抗議：「色身明明有壽命，所以說活了幾年。」聽來好像有道理，但其實色身沒有命根。命根是從哪裡來的？命根其實是很多法假合成的：一定要有如來藏，要有意根，然後要有這一個色身，有身溫，還要加上業種中的壽；離了壽，命根也不能成立，有如來藏配合這些法假合而成的色身，才能說是有命根，才能夠說你這一世可以活幾年。所以有的人想要長命，不是百歲而想要千歲、萬歲，皇帝老子日子好過，所以希望人家叫他萬歲，他就是想要活上一萬年，永遠掌有江山；掌有江山就表示他可以有很大的權力，後面還可以有三宮六院、七十二嬪妃，所以他才想當「萬歲」爺。可是想歸想，卻沒有辦法如願。所以這個命根不是色身所掌控的，所以色身沒有壽命可說，而是由如來藏所收藏的往世業種來決定，因此造成他這一世可以活多久。

有的人活上三十年就死了，無病無痛的也死了！年紀輕輕的，只因為他的命就是這樣。所以色身沒有壽命，壽命是從大家的八識心王種子來決定的。當壽命到了的時候，色身壞了，說它叫作壽命到了。可是這個壽命是由如來藏所收藏的業種來決定的，不是由色身來決定。如果是菩薩，可以加上願力來改變，有時候大願使他變得很長壽。不過這個願會改變，如果佛告訴你、觀世音菩薩告訴你：「**你還是早走好，因為有個地方更需要你。**」你就走了，馬上就走了，還是由心來決定的。所以，色身本身是不能作主的，是由心在作主的，所以色身沒有壽命。

「**色身無人**」，好像水一樣的無人。水絕不會說：「**我是水。**」色身也一樣，色身也不會說：「**我如何如何，我喜歡，我討厭。**」色身都不會。其實都是眾生心在色身中才會有「人」可說，「人」當然就代表你、我、他，代表壽命，代表眾生相。因為色身非情，它不是有情；因為有心在，所以連同色身而說是有情，因此「色身無人如水」。

「**是身不實，四大為家**」：這個色身都不真實，它本身沒有一個自體性，是依附別人而存在的，就是依附於四大，所以說色身以四大為家。「是身為空，離我、我所」：色身是空，為何是空？因為色身無我，也沒有我所。色身既然不是有情，怎麼可能是我？色身既然不是有情，它怎麼可以說「**這本書是我的**」？其實呢「這本書是我的」，是覺知心在覺得它是我的，是覺知心在擁有。但覺知心自己不能擁有，祂透過色身來擁有，所以色身沒有我、沒有我所。因此實際上，色身是心所有，色身自己不能擁有任何一法與物；色身所擁有的，其實都是背後的覺知心所擁有。所以，色身沒有「我所有的任何一法一物」，都沒有！都是心所有的，因此它離我、也離我所。

「是身無知，如草木瓦礫」：色身自己無知無覺，就好像草木瓦礫一樣。所以有的人說法時常常會有語病，有時候他說「眼能見」，不是說「眼識能見」；問題是眼如果能見的話，死人應該也能見啊！可是死人明明不能見，但他一樣有眼啊！如果說因為他冰凍了，所以不能用，那剛死的人沒有冰凍，為什麼也不見？所以其實不是眼見，而是心見。因此，眼本身不能見，因為有心在，所以才能見；所以色身是無知的，如草木瓦礫一樣。

「色身無作，風力所轉」：色身其實沒有辦法做任何事，吃飯、讀書、修道，都不是色身能做的，可是色身又能追趕跑跳碰，都是因為風力所轉；因為有風大，所以色身才能行來去止、做種種動作，讓你可以吃飯、可以睡覺、可以做種種享受，乃至逃難、求生都是風力所轉。所以有野狐禪師，學眞悟禪師一進門就進前三步、退後三步，禪師一棒就打過去了！他抗議：「師父！人家問你，你不也是進前三步，就說是啦！那我也前進三步啊！你為什麼打我？沒道理啊！」師父就罵他：「你進前三步也是風大所轉，你退後三步還是風大所轉，當然要打。」「可是師父你進前三步、後退三步，跟我有什麼不同？」師父就說：「當然有不同啊！所以我打你，有打你的道理，我進三步、我退三步各有道理，但跟你不一樣。」因爲這都是風大所轉，但那些野狐就學這個表相。以後如果哪個外面的野狐大師來了，問他：「如何是佛？」他起身跟我禮拜，等他禮拜起來了，我就一棒打過去：「是什麼？還是佛嗎？」「不是啦！痛死了，怎麼會是佛。」痛死了就不是佛了。所以色身其實本身不能做什麼，都是因爲風大所轉。風大是什麼？風大就是動轉的力量，那就是風大，所以叫作風力所轉。

「是身不淨、穢惡充滿」：這個色身不清淨，穢惡充滿。有哪個人敢說他色身是清淨的？沒有啊！如果要講清淨，色界天人勉強可以說祂是清淨的，因爲祂身中如雲如霧，沒有不清淨的東西，勉強可以說。但在眞實義上還是說祂不清淨，因爲雜染妄想、身見不斷，才會出生祂的色界天身。祂有什麼雜染妄想呢？祂認爲覺知心常住不壞，一念不生就是涅槃；由這個雜染妄想，所以遠離欲界法而證得初禪乃至四禪，因此生到色界天去。既是從這個雜染妄想來，所以還是不淨；但是從人間的物質相來說，勉強可以說祂清淨，因爲祂都不用上廁所。所以說人身不清淨，穢惡充滿。

「是身爲虛僞，雖假以澡浴衣食，必歸磨滅」：又說色身虛僞，色身只會騙你，色身是貪得無厭的，你每天爲它吃飯、爲它吃菜、爲它喝牛奶，你得要每天餵它；都是爲了餵它，所以產生了很多的麻煩。爲了想要餵飽它，所以辛苦做事，賺了錢也是被它吃掉，所以色身貪得無厭，眞的虛僞。每天還要爲它洗澡、擦身體。天氣冷了，還要多弄幾件衣服給它穿。天氣冷了固然要多穿，天氣熱了還要弄個冷氣給它吹，可是必歸磨滅，你無法使它常住，所以它眞的很虛僞。我們知道它虛僞，不被它所用，我們反而拿它來用，作爲修行的道器。

「是身爲災，百一病惱」：這個色身就是病惱、災患的根由，我們如果不是有這個人身，根本就不會感冒。感冒生病，也會衍生種種病。有的人眞的是病得一塌糊塗，你看這幾天電視新聞報導，一個小女孩的一顆心臟就有九種病，那九種心臟病她身上統統有。有的人是從年輕時就一直病，病到老，就是死不掉；印順老法師就是這樣，他年輕時就一直病，到現在還在病，就這樣一直要病下去，那就是他的業力（編案：講此經時印順尚未捨報）。如果沒有這個色身，他就不會有病。如果你生到欲界天去也沒有病，欲界天的天人就沒有這一些病，所以這個色身眞是我們災難的根源。百一就是一百加一，就是說很多種啦！就好像一千零一一樣，眞的是百一病惱。

「是身如丘井，爲老所逼」：這個色身猶如土堆、猶如水井，爲老所逼。土堆堆久了，風吹日曬雨淋，最後消失了。水井也一樣，有很多井到後來被埋在地下，無人聞問，因爲乾掉了。很多古蹟挖出來的時候，原來它有井，結果爲老所逼，井的老就是被土沙蓋住了，或是水乾掉了。色身也是一樣，沒有人不老的，從出生時就開始老，只是我們把老的過程分階段，這個階段叫成長而不說是老，其實整個成長的過程也是都在老的範圍之內。

「是身無定，爲要當死」：這個色身沒有辦法決定常在，所以「爲要當死」。「要」就是不可避免的，將來一定會死。地行仙活上一萬年也照樣要死，就算他可以永遠不死了，但世界壞掉時，他也得死，逃不過去的；所以是身無定，一定會死。

「是身如毒蛇、如怨賊、如空聚，陰界諸入所共合成」：這個色身也像毒蛇一樣、也像怨賊、像空聚。爲什麼像毒蛇？《阿含經》有說，說有個愚人一天到晚抱著一個寶匣，寶匣裡面裝有四條毒蛇，佛譬喻那四條毒蛇是地水火風。有時候說這個寶匣裡面有五條毒蛇：色、受、想、行、識。每天都要跟這四條、五條毒蛇接觸，每接觸一次等於是被咬一口，解脫果的慧命就死掉了。我們也是一樣，每天醒來就要接觸，接觸就是被咬，所以又減掉一天的壽命，所以說它如毒蛇。又如怨賊，怨賊也就是講四大之賊，因爲這四大一定會壞，將來壞了都無所有；由於覺知心、意根據有這一世的財產、名聲、地位、眷屬，都是藉色身去獲得的，如果不藉色身，覺知心就沒辦法有名聲、地位、財產、眷屬；但這個色身是由四大怨賊幫你製造成的，它們終究會壞散。色身猶如空聚，色身爲什麼叫空聚呢？空聚就是說一個聚落裡面都是空而無人的，色身就像這個空聚，是誰住進來呢？是你的如來藏、你的七轉識住進來。所以色身本身它沒有作用，得要你住進來了，它才有作用；空掉的聚落就沒有作用了，要有眾生住進去，行來去止買賣生活，才有作用；所以說它是五陰、十八界、六入所共合成的。

接著維摩詰大士又開示說：「**諸仁者啊！這個色身是可壞、可厭的，既**

然色身有這麼多的問題、這麼多的災難，我們應該了知它是我們最大的心頭之患，應當要厭惡它。」可是厭惡它以後，不是變斷滅了嗎？那該怎麼辦？他說：「應該要樂於佛身。」那麼佛身是什麼？大士解釋：「佛身就是法身。」法身講的就是無垢識，無垢識就是第八阿賴耶識修行斷盡二障以後，到達佛地時改個名稱叫作無垢識，我們因地就叫祂爲阿賴耶識、阿陀那識、心、所知依，有時候方便稱爲眞如。這個無垢識爲什麼稱爲法身？因爲「**祂從無量功德智慧而生，有五法爲身。**」無量功德智慧是說，證如來藏之後——證得阿賴耶識之後——就生起了種種的智慧。並且祂本身有許多的功德，簡單的說就是**七種性自性來成就世**、**出世間一切萬法**，所以祂有無量的功德。了知無量功德時就具足一切種智了，因此而具足了戒身、定身、慧身，也具足解脫身、解脫知見身，有這五法爲身，所以無垢識心體稱爲法身。

「**這個無垢識的成就，也是從慈悲喜捨而生**」，因爲成就無垢識之前，在第三地就得要具足四無量心，所以也不能離開慈悲喜捨而有法身，離開慈悲喜捨就不能獲得無垢識的功德，就不能成就法身的功德。「**無垢識法身的成就，還得要有布施、持戒、忍辱、柔和、勤行、精進、禪定、解脫、三昧、**

多聞、智慧，要有這些波羅蜜才能夠出生法身。」如果沒有具足這些法，只能稱為因地法身，不能稱為佛地法身。波羅蜜就是到彼岸的意思，修布施、持戒、忍辱，乃至多聞、智慧諸波羅蜜，才能具足無垢識的功德。

但是這一些波羅蜜的修行要懂得方便，所以說「從方便生」。方便波羅蜜是七地菩薩之所修行，沒有具足種種善巧方便也無法成就無垢識的功德。三地滿心前還要加修五神通，到六地滿心證滅盡定時得漏盡通，具足六通；一定要經過這些階段，才能說他成佛了。如果沒有經過這些階段，而說他成佛了，那一定是大妄語。

又說「**從三明生**」，意思是說，修行成佛的時候，如同阿羅漢一樣，也是要具足三明的。慧解脫阿羅漢沒有三明，俱解脫又有五神通的大阿羅漢就有；可是佛地一定要具足大阿羅漢所有的證德，所以祂也得要有天眼明，還要有宿命明、漏盡明。也就是說，佛地的天眼明，不但要像阿羅漢一般的具備，還要再超越，因為祂發起了一切種智的功德必定如此，所以三明六通阿羅漢能看到未來世的狀況，都不超過八萬大劫，但佛陀看未來世可以無量。宿命明也是一樣：天眼明是看未來，宿命明是看過去；大阿羅漢的宿命明只能看到八萬大劫，但是佛無止境。漏盡之法也是一樣，阿羅漢的斷盡有漏是方便說，因爲他只斷煩惱障的現行，而不斷煩惱障的習氣種子，佛卻已經究竟斷盡，漏盡明是遠超大阿羅漢的；所以佛一樣有三明，但是三明超過大阿羅漢。

自稱成佛的人而沒有三明，那是講不通的；所以，有人自稱他們已經究竟成佛了，還說他們已經證得報身佛果了，勝過釋迦佛了，那應該是究竟佛了！那麼請問他三明中有哪一明？就只問他一種就好了。天眼明、宿命明如果不方便問，問漏盡明也可以啊！請問你：「**我見斷了沒？我執斷了沒？習氣種子斷了沒？**」就只要問這一些。如果你問他這三個法，他就跟你翻臉，那你就說：「**你連煩惱障的現行都沒有斷，談什麼明！**」你給他一巴掌就走了，他如果追上來：「**你爲什麼打我？**」你就問他：「**是什麼？**」我告訴你，那些活佛們一定會罵你神經病，然後就走了，他們根本就不懂。所以如果沒有三明而說他有法身，那是不對的。一切佛都得要具足三明，諸佛的無垢識法身也是要具足三明的，所以說從三明生。

「從三十七道品生」：諸佛法身也是從三十七道品出生的，因爲同樣都要經過三十七道品的修證。可是菩薩的三十七道品，和二乘聖人的三十七道品有異有同，將來看有沒有機會，能有我們哪一位親教師願意把它寫出來《大乘三十七道品》，把二乘的三十七道品跟大乘的三十七道品一一做個比對，讓那些「原始佛法」的弘傳者知道異同在什麼處，要教他們以後閉嘴，不要再亂講法。所以大乘法三十七道品涵蓋了二乘法的三十七道品，必須具足兩種才能夠成就無垢識法身，不然永遠只是異熟識，或者永遠只是阿賴耶識，因此維摩詰大士說：佛法身也是從三十七道品生。

「從止觀生」，說諸佛法身也是「從止觀生」，這個最容易懂。你們來同修會學法，要學會制心一處、淨念相繼，不會亂攀緣，這就是修止。然後還要教你修觀，會功夫了就教你觀，觀什麼呢？觀察蘊處界入都虛妄，觀察如來藏在哪裡，這都是觀。止屬於定，觀屬於慧，不過止與觀是雙運的，是相輔相成的，不能相捨離的，所以觀中有止，止中有觀，這個我們在講經這裡就不談它。但是想要成佛，從初學佛、初見道開始就在做止觀了，一直到佛地之前，止觀是不能停的；因為，如果離開止觀，一切種智就不能成就，習氣種子的隨眠也無法斷盡，一切種智修行也不可能成就，所以止觀是從初學佛一直到成佛爲止，一直都要做的；所以止觀就是修行，修行就是止觀。佛地無垢識的功德也得要從止觀而生，如果只是每日一天到晚叫你打坐一念不生，那是修止而無觀行，這種人說他已經成佛了，也是大妄語。

「從十力、四無所畏、十八不共法生」：成佛了，得要有十力，還得要有四無所畏，更要有十八不共法。那些自稱成佛的人，我們請問他們：「你十力中得了哪一力？有沒有具足十力？」我看都是一力也沒有。又問他們：「四無所畏，你有哪一種無畏？」如果說他具足了，那好！哪一天請他來正覺講堂，請他上座說法，我在下座聽，看他有沒有這個膽。那麼來講什麼？很簡單，問他最基本的：如何親證如來藏？講這個就好，不必講深的，看他有沒有畏懼？我看是全都沒有那個膽量；光是這個簡單的邀請就已恐懼了，佛地的四無所畏就更別提了。十八不共法呢？我看他所有的法是跟眾生都共，沒有一法是不共眾生的，更別說是跟聲聞、菩薩不共。所以成佛時要有許多的法，不能夠說「明心了就是成佛了，見性了就成佛了」，不能這麼說。

六祖講「一悟即至佛地」，那是從理上說，說「我悟了是這個眞如心，佛也是這個眞如心，理上來說我已經成佛了」，這是從理上說，不包含事相上的修行，所以都是方便說。可是有人把方便當作眞實，那就太隨便了，那是不應該的。所以如果不具足這一些法，而膽敢說他成佛了，諸位！你們就可以一一的去考他，你只要記得名稱就好：十八不共法、十力、四無所畏、三明六通。記這些名相就好，遇到他們自稱成佛時就問他，一個一個問他：「三明裡面你有哪一明？我們說說看。」他一定跟你說：「不要談三明，談別的好了。」你說：「好，那不然談六通。」他說：「不要談六通。」因爲他們那些密宗祖師所謂的神通，都是死了以後才宣傳出來的，生前都沒有神通。他現在生前，你就問他：「你現在有哪一通？」如果不談神通，談別的，那你說：「不然談十力。」我告訴你，他沒有一法敢跟你談，所以都是騙人的。要有智慧，不要被人家矇騙。

有什麼樣的果位，當然一定要有什麼樣的證量，果位的名目與他所宣稱實證的證量要相符合。如果老是講得天馬行空，但是眞正說到實際，根本都只是玄談，那有什麼證量可說？這樣而說證什麼果、證幾地，都是騙人的；你證第幾地，得要有第幾地的證量拿出來；你證了什麼果，要有斷五下分結、五上分結等等證量拿出來。所以，必須要斷一切不善法，集一切善法，才能說他成佛了。那些藏密的法王、活佛們說他們成佛了，那就問他：「你的欲貪斷了沒？」沒有！因爲還在追求淫樂的四喜，那就是欲貪未斷。「斷一切不善法，你斷了沒？」沒有啊！「明明我見是錯誤的，結果你還要堅持說它是正確的，還要堅持說意識是眞實不壞的，最簡單的不善法你都沒有斷，如何說是斷一切不善法？一切善法你生了沒？」也沒有！且不說道種智，光說解脫智就好，就已經沒有實證了，那怎麼叫作集一切善法呢？如果修行沒有斷一切不善法，沒有集一切善法，顯然他的佛地法身還沒有出生，他們的第八識仍然只能稱爲異熟識，稱爲阿賴耶識。

「從眞實生，從不放逸生」：而且諸佛法身是從眞實生，從不放逸生。眞實，絕對不是離念靈知；離念靈知是因緣所成的法，怎能叫作眞實法呢？也不是他們所謂的大樂光明中的覺知心、樂空雙運中的覺知心，因爲那是不淨法相應的意識；而且也是因緣所成的法，不是從眞實生的。並且是從放逸而生、從無明而生、從貪欲而生的。所以，成就佛地法身，一定是經由眞實法、不放逸法才能出生。

「從如是無量清淨法，生如來身」：從前面如是所說無量的清淨法，才能出生如來之身。請問：無量清淨法是什麼？無量清淨法指的就是普賢身。沒有善財童子五十三參，天涯海角到處尋找善知識，最後才能成就普賢身。所以遊盡普賢身的人都是等覺菩薩。普賢身：你現在在這裡，你身上就是普賢身；下一輩子生到極樂世界去，極樂世界那個蓮花化生的色身也是你的普賢身；然後認爲說在那邊獲得的證量已經可以了，可以回來娑婆度眾生了，所以回到這裡來，這裡得到的色身還是普賢身，所以普賢身是無量無邊的。

因爲你下一輩子不曉得要到哪裡去，也許到琉璃光淨土去，也許到另一個世界海的某一尊佛那裡去，所以普賢身是無量無邊的廣大。但是普賢身固然無量無邊的廣大，若把它擠壓起來，就是你這個五尺之身，懂嗎？你要再壓縮還是可以的，壓縮以後，「噓——」，不見了！真正的普賢身其實就是你的如來藏，祂無形無色，哪裡還有什麼物質大小？所以無量清淨法，指的就是遊盡普賢身。三大無量數劫中遊盡普賢身，進修一切無量清淨法，才能出生如來身，這如來身才叫作佛地的法身。所以諸佛的法身，祂有不同的涵義：第一、佛地的無垢識是佛法身，第二、佛地自受用的自性身也是法身，第三、佛顯給諸地菩薩所見的他受用身也是法身，因爲他受用身與法身無垢識不一亦不異，這些都是從佛的無量清淨法中出生的。

然後，維摩詰大士作個總結：「**諸仁者啊！想要證得這個永遠不壞的佛身，而且想要斷盡一切眾生煩惱病、色身病的人，都應該要發起無上正等正覺之心。**」就像這樣子，長者 維摩詰爲那些來向他探病的人，如其所應而爲說法；觀察他們不同的因緣，什麼人的因緣適合說什麼法，他就說什麼法。就因爲這樣一場病，就使得無數千（無數千就是很多萬，因爲古印度最大的數目單位是千，沒有萬；若是一千千，就是他們所說的億了，其實是一百萬。所以我們講一萬，他們講十千；我們講十萬，他們講百千——一百個千），令無數千人，就是使得很多千人（不能計算出來的極多千人）都發起無上正等正覺之心。

〈弟子品〉第三

【爾時長者維摩詰自念：「寢疾于床，世尊大慈，寧不垂愍？」佛知其意，即告舍利弗：「汝行，詣維摩詰問疾。」舍利弗白佛言：「世尊！我不堪任詣彼問疾。所以者何？憶念我昔曾於林中宴坐樹下，時維摩詰來謂我言：『唯！舍利弗！不必是坐爲宴坐也。夫宴坐者，不於三界現身意，是爲宴坐；不起滅定而現諸威儀，是爲宴坐；不捨道法而現凡夫事，是爲宴坐；心不住內亦不在外，是爲宴坐；於諸見不動而修行三十七道品，是爲宴坐；不斷煩惱而入涅槃，是爲宴坐。若能如是坐者，佛所印可。』時我，世尊！聞說是語，默然而止，不能加報，故我不任詣彼問疾。」】

講記：〈弟子品〉講的是 世尊的弟子們，現在終於輪到他們上場了。這些弟子們真的是沒辦法來跟 維摩詰大士問病的。有些菩薩則是演戲，他們也故意推說：「我沒辦法去看望他的病。」因爲這本來就是 文殊菩薩與 維摩詰二人該演的戲。現在第一位上場的是舍利弗尊者。本來鏡頭是在 維摩詰大士家裡，現在把鏡頭拉到 佛這邊來。佛這邊本來正在爲眾生說法，前面不是顯現了那個三千大千世界的寶蓋嗎？後來鏡頭拉到　維摩詰大士那邊去，現在再拉回來。現在長者　維摩詰心裡面這樣子想：「**我因爲生病而臥在床上，世尊大慈大悲，怎麼就不垂愍我呢？**」爲什麼不憐愍我、不派人來看望我呢？這叫作無風起浪。病就病嘛！何必再弄那麼多人來？不過他是故意無風起浪，藉個小事端，要弄出個大事件出來，再藉這個大事件來幫助　世尊利益很多人，所以他就故意這樣想。

這麼一想，　佛感應到了，爲了滿他度人的大願，就開口說：「**舍利弗啊！你去吧！去維摩詰居士那邊看病，看他病況好不好。**」舍利弗就向　佛稟白說：「**世尊啊！我沒有能力去維摩詰大士那邊向他看病，爲什麼我這麼說呢？**」你如果向　佛推辭，一定要有很正當的理由，所以你們如果定中或夢中感應到　佛來交代你什麼，千萬別推，不管多麼困難，你都別推辭，一定要答應；如果你想要推掉，一定要有極爲正當的理由。如果沒有正當的理由，你推掉，就表示你修行一定不會很快，不能把長劫化入短劫，一定快不起來。如果你能夠承擔下來，你這一世修行會很快，未來世也會很快。因爲　佛如果交代你做什麼，你的能力若是不夠，祂就會幫助你，會把你提升上來，讓你具足那個能力。千萬不要說：「**我能力不足啦！所以我做不到，世尊！您請別人做。**」不要這樣，　佛一定是有把握把你提升上來，讓你能勝任，才會叫你做那個事。所以如果 佛有交代你做什麼，夢見了或者定中遇見了，不論 佛陀交代什麼，你就先答應。你答應了，做不到，那不是你的事情，那就是 佛的事情。眞的是這樣啊！祂交代你做什麼，你一定要當場答應。你如果答應不了，除非說某一種情況，眞的是做不到，有正當理由，你才能推辭。

現在 佛給的使命，舍利弗他眞的沒有辦法做到，因爲等覺大士的智慧，他當然無法相提並論，他不堪任，所以他說明了理由：「我記得以前曾經在林中宴坐於樹下，那個時候維摩詰居士來找我，他向我說：『喂！舍利弗啊！不必一定是打坐才叫作宴坐。』」不打坐而能叫作宴坐，有這個法？諸位！你們要好好聽看，不管你悟了或沒悟，你都得好好聽聽看；這個道理，沒有人敢詳細講，更不要說寫到文字上了。維摩詰大士曾經告訴舍利弗說：「喂！舍利弗，不必一定是靜坐才叫作宴坐啦！眞正的宴坐，其實是不在三界中現起你的色身，也不現起你的心——意識，這才叫作宴坐。」

舍利弗尊者敘述自己以前聽到這句話時說，當時覺知如同死了一般不能回應。因爲宴坐一定要有色身在這裡啊！得要依七支坐法好好的坐，結果卻說不於三界中顯現有色身，而且還不能有意識；可是宴坐時一定要有意識，因爲宴坐都是四禪八定境界；四禪八定境界中當然都要有覺知心制心一處，不散亂、不中斷，才是禪定的宴坐；這維摩詰大士竟然來向他說：眞正的宴坐是不於三界現身意。是說身也沒有顯現，意識也不存在，這才叫作宴坐。他想：「完了！我根本做不到。」但菩薩就是這樣讓二乘聖人摸不著頭腦。二乘聖人宴坐時一定有身、有意識，即使是滅盡定中也要有意根、也要有色身，但菩薩不然；可是舍利弗又不敢反駁，因爲這個人證量是很高的：「我們所知道的解脫道，他統統知道，而且知道的比我們更多，顯然他不是亂講的。」所以舍利弗沒辦法應答。

接著他又說：「維摩詰大士又對我講：『不起於滅盡定（也就是繼續住在滅盡定中），但是卻能同時顯現出種種的威儀。』」威儀是什麼呢？威儀當然就是有行爲才叫作威儀，舍利弗的意思是：「我舍利弗也沒辦法啊！不出於滅盡定之外，而照樣能夠顯現三行的威儀來，這我沒辦法。我如果要顯現威儀，一定要離開滅盡定。維摩詰居士又說：『不捨道法而現凡夫事。』」凡夫是什麼呢？凡夫就是有煩惱的人；「『雖然一天到晚奔忙，吃喝拉撒，可是卻沒有離開道，沒有離開正法。』，我做不到。維摩詰又說：『心不住內，也不在外，這叫宴坐。』可是我如果宴坐時，心一定在裡面，他說的宴坐，我根本不懂，沒辦法做到呀！他又說：『於諸見不動而修行三十七道品，才是宴坐。』可是我舍利弗修行三十七道品的時候，明明有種種見解生起，見是一定要動的，這我也沒有辦法，他卻說這樣才叫宴坐。然後維摩詰又說：『不斷煩惱而入涅槃。』可是我們成爲阿羅漢的人，都是斷了煩惱才能入有餘涅槃，都是要斷見惑、斷思惑；思惑不斷的話，無法入有餘涅槃。將來捨報的時候入無餘涅槃，也是因爲斷了思惑煩惱，可是他竟然說：『不斷煩惱而入涅槃，這才是宴坐。』他又告訴我說：『如果能夠這樣坐的人，這個宴坐才是佛所印證認可的。』當時我，世尊啊！我聽他說了這些話以後，只能默然而止，我不能回報他任何一句話，所以您叫我去看維摩詰的病，我眞的沒有辦法，我不堪任。」

諸位可以想一想，這道理是什麼意思？我們來跟諸位把謎底掀開吧。你若是沒有破參，這就是個謎，也是好多個謎；你若破參了，也就沒有謎。所以現在爲諸位講解，你若是還沒有破參的人，就聽聽這個謎底是什麼。已經破參的人，這個謎底你已經知道了：「不必是坐，是爲宴坐。」確實是這樣，所以大乘法所講的宴坐和二乘法所講的宴坐，有異、有同。同的部分，阿羅漢們是知道的，異的部分則是維摩詰大士講的：大乘法所說的宴坐就是不於三界現身意。

一般人宴坐，都是在三界中有色身，也顯現他的意識是住於定中；是一念不生，制心一處，不起語言文字妄想。但是大乘菩薩的宴坐，在追趕跑跳碰中忙得不亦樂乎時，也仍是宴坐；吃喝拉撒也是宴坐，說法聞法也是宴坐，因爲三界中身現前的時候，意識心、意根現前運作的時候，另外有一個第八識心不現身、不現意，如如不動，那不叫作宴坐，又是什麼？因爲修定就是想如如不動，可是菩薩的意識心儘管動，如來藏照樣如如不動，這才是眞的宴坐。意識心的宴坐會出定、會入定，有入有出即是生滅法，是變異法；可是這個如來藏，祂永遠不出於定外，祂也永遠不住在定中，這個叫作大龍之定。這種定，永遠沒有入出，這才是大定，這才是眞正的宴坐，比二乘聖人的宴坐妙太多了！我們一天到晚乃至跟人家說笑話、講笑譚、跟人家吵架時，照樣是宴坐，二乘聖人沒有辦法，一定要在那邊盤腿，具備七支坐法而制心一處。我們打妄想時也是宴坐，因爲如來藏法身不於三界中現身意，永遠不出定外；二乘聖人得要出定，我們菩薩不出定，永遠是大龍之定，永遠不出定。

阿羅漢們每天托缽回來，飯食已訖，洗缽完了，經行完了，肚子不撐了，就入滅盡定去了；可是入了滅盡定以後，就不可能顯現身口意行諸威儀。可是我們菩薩不一樣，我們永遠沒有離開滅盡定，並且這個滅盡定還比他們的滅盡定更妙；

他們的滅盡定還只是滅了意根的受與想，我們的如來藏卻必然滅除受與想；我們菩薩這個滅盡定是永遠不觸知六塵，他們的滅盡定還是要意根去接觸法塵，不然他們還出不了滅盡定。我們這個滅盡定則是根本就不住於六塵，所以我們的滅盡定比他們更好，但是我們無妨繼續住在滅盡定中，不起於滅盡定而照樣行來去止、行住坐臥，請問：「你舍利弗做不做得到？」做不到。所以 維摩詰大士說：「不起滅盡定而現諸威儀，這才是眞的宴坐。」舍利弗尊者不敢答腔。

「不捨道法而現凡夫事」：道法是什麼？清淨無染，不隨外境而轉，無貪、無瞋、無癡。永遠都住在這種清淨道法裡面，卻不斷的在顯現有凡夫事：無妨找個阿羅漢來說說法。維摩大士就是這樣，找個阿羅漢說一些法，讓他抬不起頭，看他們能不能因爲慚愧心而迴小向大，這就是 維摩詰大士。「**不捨道法**」，可是看起來他做的是凡夫事，因爲有時候入治政法，跟國王討論事情，都是世俗事，但他卻是照樣不捨道法。阿羅漢不行，阿羅漢吃飯時就是吃飯，已經落入六塵中而捨了道法。跟人家說話時，有人來問候：「您最近身體好不好？」他不能回答說：「欸！你這話，講的跟佛法無關，不跟你談。」他不行，他還是要答：「我最近身體好啊！」回答身體好，落入六塵中了，那就是捨了道法，他落在世俗法裡面了。但 維摩詰大士不一樣：「**我現凡夫事，但我不捨道法。**」因爲如來藏本然如是，這個才叫作眞實的宴坐。

「**心不住內，亦不在外，是爲宴坐**」：這個心，大有文章；若是沒有把這個心定義清楚，讀經時一定會嚴重的誤會經義、佛意。一般大法師講經時說的心，都是定義爲覺知心意識；假使他不是定義爲意識，就一定是把意識離念時誤認爲如來藏心，所以講法時就會產生嚴重的偏差了。譬如《楞嚴經》一般說的七處徵心（其實是八處徵心），固然是在講意識不住內、不住外、不在內外中間，其實是說：意識並非能夠自己獨住的，也不是單憑**因緣**就能出生意識，更不是單憑各種外緣就能**自然**出生祂，而是要由如來藏持種作爲大前提，才能憑藉種種**因緣**而**自然**的出生了意識；意識種子既然是依如來藏而住，如來藏無形無色，不住於色身、不住於六塵，也不住於色身的內外中間，那麼意識依如來藏而現行時，怎能說意識是有所住的？不論是在內、在外、在中間……，都不能找到意識的住處。所以說：**意識心非因緣生，非自然生，本如來藏妙眞如性**。

但是如果單講意識心自身，不是把祂歸併在如來藏內，不是把祂轉依如來藏所有的話，意識就一定是在外法、在內法中不斷運作而用心的，那又怎能宴坐呢？

譬如入定時，意識住於內心境界中，是有所住的；出定時，意識向六塵攀緣，不住於內而住於外，也是有所住的；意識覺知心不論有念時或者離念時，都是有所住的，從來都不能離開外法、內法而住，從來都是要住外法或內法才能安住的，這就不是維摩詰大士講的宴坐了。此經中講的心，卻不是在講意識覺知心，而是在講第八識如來藏；如來藏妙心從來都不在色身中住，因爲祂對色身並沒有執著，祂只是在實現因果律，只是在執行善惡種子而已，所以祂不住於身內。祂既然無形無色，又怎能說祂有所住？祂也不對六塵生起執著，又怎能說祂被外六塵所迷惑而有所住、而向外攀緣安住？如來藏妙心在三界中不斷的運作時，從來都是無所住的，對於外法、內法，祂永遠都是無所住的，所以不能說祂是在內、在外。祂就是能夠這樣不住內、也不住外，而永遠都不會生起妄想與攀緣，這才是大乘法中說的眞實宴坐。這絕對不是意識所能做得到的，所以舍利弗聽了維摩詰大士的說法時，不知道該如何回答。

這一句**「心不住內亦不在外，是爲宴坐」**，確實很容易誤會；大家都讀過《楞嚴經》，許多大師都說經中說的是七處徵心，其實應該是八處徵心。可是那個七處（或者八處）徵心（徵是徵求、尋找，從七、八處來徵求尋找見聞覺知心的所在，證明祂是不在內、不在外、不在中間等處），但是那個心講的是六識妄心，不是在講眞心第八識。可是那些「大善知識」們，十個人中倒有九個人說：「**那個七處徵心的心，講的就是眞心。**」那眞是誤會很大，因爲經中明明是在徵尋見聞覺知心的所在，是意識等六心，所以是在證明六識心都不是因緣所生、也不是自然所生，而是附屬於如來藏、從如來藏心中流注出來的**妙眞如性**：是徵求六識心的所在都不可得，原來只是**如來藏**藉諸因緣而自然出生的，所以綜合十八界性而回歸於第八識如來藏，故說「**非因緣生，非自然生，本如來藏妙眞如性**」，所以楞嚴是綜說第八識如來藏與前七識妄心的。但《維摩詰經》中講的卻不是在妄心上面來講，而是直接就講眞心如來藏，不是像《楞嚴經》一樣從十八界等虛妄法講起，最後彙歸於第八識如來藏。

這個眞心如來藏不住在裡面，也不住在外面。很多人也許一開始時會想：「**這眞心明明在我五陰中，怎麼不在內？明明是在內。**」其實只是同在一處而不相在，所以不能說是住在五陰之內。不在外，大家比較清楚瞭解，可是外面的學人、大法師們，他們其實也不瞭解，譬如達賴喇嘛說：「**眞正的心是在虛空，在外面，不在身中。**」盧勝彥自稱是 阿彌陀佛化身，其實是附佛法外道，他說：「**虛空就是眞**

如心。」如果虛空是眞如心，猛地向虛空打一掌，就該說是打到虛空了；所以那些人是心外求法的外道、虛空外道。

很早期，我們會中有一個親教師（當然也離開很久、很久了），他跟我爭執說：「老師！你這個《眞實如來藏》寫錯了，怎麼可以寫說：『眞心不在十八界中。』眞心明明在十八界中。」我們有些親教師知道這是在講哪一位，我說：「你想得太簡單了！如果眞心在十八界中，那我請問你：『眞心是在六根中的哪一界裡面，還是六識的哪一界裡面，還是六塵的哪一界裡面？』而說是在十八界中？」這一問，他嘴巴張開，不能答話。我說：「眞心如果『在十八界中』，就是說十八界中的某一界就是眞心了，才能含攝在十八界中；可是你明明知道十八界都是眞心所生出來的，怎麼可以把祂含攝在十八界中？譬如媽媽懷孕了，你如果說這個兒子在媽媽身中，這還可以勉強講得通；但你一定不能夠說媽媽在孩子身中，這講不通的。」可是雖然不能答我的話，他也還是不肯認錯，就不了了之了。眞心如果是在十八界內，祂顯然是十八界所攝的法，才會在內。如果眞心在五陰內，那祂應該是五陰裡面的某一陰，才能稱祂爲在內。如果祂是五陰中的某一陰，那又變成生滅法了。還有個很大的矛盾：成爲五陰出生了身心，或者五陰自己出生自己。都是因爲主張眞心就是五陰中法，所以會變成這樣。這個，不要說是出世間法，光是世間邏輯就講不通了，所以不可說眞心在五陰之中。

如果要方便講：眞心如來藏和五陰和合似一、同在一處。這樣方便講是可以講得通的，但不能夠說在它裡面，因爲眞心是出生五陰的法，是生十八界的法，祂怎麼會是攝在五陰十八界之中的法呢？這個說法講不通的。在阿含裡面早就已經講過一句名言，並且是否定眞心的印順法師所常常引用到的一句話，他的《妙雲集》、《華雨集》常常引用說：「色蘊非我、不異我、不相在。」阿含裡面又說：「受想行陰乃至識陰，非我、不異我、不相在。」這已經講得很清楚了！這個眞我當然不可能是講五陰。他既然說這個眞我與五陰不一、不異、不相在，也就是說，不可以講這個眞我如來藏在五陰之中，或者講這個五陰在眞我如來藏中，不可以這樣講，已經明說是不相在了嘛！

就好像一顆明珠，明珠表面有很多影像，胡來胡現，漢來漢現，請問：「這個明珠上面的影像，能不能說它在明珠之內？」不能說它含攝在明珠之內，也不能夠說這個明珠含攝在那些影像之內，因爲那些影像是明珠所顯，你怎麼可以說那明珠含攝在影像之內？講不通，所以說不相在。同樣的，如來藏不能往虛空去找，當然要在我們身上尋找，但你不能夠因此就說「如來藏這個眞心在我們身體裡面」，因爲不相在。如果說是在身體裡面，就會有過失了，《阿含經》中有個故事：國王把一個大村落封給一個人，他對村民有生殺予奪大權，只要有人犯了王法，他可以把那個人殺掉。有一次他就把一個死刑犯抓來，就叫人拿刀子把他身上的肉，一片一片很仔細的割棄，又叫兩個人在旁邊詳細的看著，看割到最後都沒肉的時候，有沒有什麼眞識跑出來？因爲如果在色身裡面，割到最後一定會剩下一個眞識存在；結果身肉割完了，都沒有眞識跑出來。他又叫人把那個人的骨頭打碎：「會不會藏在骨髓裡面？」結果打碎了所有骨頭，也沒有找到眞識。

這意思就是說，如果眞心（阿含經裡面叫作識）——眞正不壞的本識，如果祂是躲在肉體裡面，應該肉體割完了就會跑出來，結果是沒有。他又想：「是不是在骨頭裡面，藏在骨髓裡面呢？」又把骨髓一分一分把它搗碎，結果也沒有，他說：「所以可見沒有眞心，眾生只有六個識，死後斷滅。」他是個斷見外道，後來是被童女迦葉菩薩所度。但是我們悟了，明明親證了，所以說祂就在這裡。但因爲祂沒有形、沒有色，與色身不相在，你怎麼可以說祂在哪裡？所以我們方便說：「祂在這裡！不在虛空。」這是方便說。

如果阿羅漢入滅了，他的第八識單獨存在，而十八界都滅盡了以後，你說：祂在哪裡？如果他在娑婆滅了，你能夠說祂在娑婆嗎？無形無色的東西，你怎麼可以說祂在哪裡。所以你不可以說：「祂在十八界裡面，在五陰裡面，在色身裡面。」所以不能夠說祂在內。不在內，一般人就會想：「那就在外！」所以就有西藏密宗行者苦練氣功，又如道家練氣功，都是要去吸取日月精華，西藏密宗則說要從女性身中吸取精華，有時又說要從虛空中去吸取能量，說能量就是眞心。如果能量就是眞心的話，那最簡單了，二百二十伏特的電流加給他，那是很大的能量。如果還覺得不夠瞧：三百八十伏特的電流加持你，或者一萬二的給你吧！好了！早就沒命了！什麼能量？都是亂講！這就是外道見。

因此，祂既然無形無色，你就不可以說：祂在內，或者在外，或者在中間。當然，祂是和我們在一起，但不是誰在誰裡面，不能說五陰在如來藏裡面，也不能夠說如來藏在五陰裡面，因爲它們不相在。五陰是依附於如來藏在運作的，我們大家都看到五陰，可是五陰其實就像明珠表面的那個影像一樣，它是在如來藏的表面上運作的；事實上是這樣，所以不能夠說如來藏是在五陰裡面，這個講法在理證上講不通，教證上也講不通，所以不該說眞實心是在內或者在外。不在內、不在外，有些聰明人就轉變說：「那在中間！」已經告訴他說無形無色、沒有處所了，怎麼還可以有一個中間呢？中間也是依於內外而講的。所以眞正懂得心不在內、不在外的人，這才是眞正懂得宴坐的人。

如果從另一個方面來說，假使他所悟的是離念靈知，離念靈知就一定有內外，因爲祂在十八界內，不離十八界，離念靈知就是十八界中的意識界所攝。如果範圍要加大一點，可以加上前五識，也是六識所攝，仍在十八界內，當然就是在內。但是從另一個方向來講，你可以說離念靈知心不在十八界內，爲什麼呢？因爲祂畢竟只是因緣假合而成，祂不是眞實有色法的東西，怎麼可以說祂有內外？有內有外，得要是個實體——有色法物質的眞實體。譬如說五色根，你可以說在內在外：現在正在講堂內，或者還沒到的時候說還在講堂外，要看什麼樣的場合，來說它的內外。我們從另一個角度來說，因爲《楞嚴》是從另一個層面上來講，說妄心其實不在內、不在外、也不在中間，不在哪裡哪裡等等，因爲都是可還滅之法，所以說妄心六識都不能說在內、在外、在中間。這爲我們說明了：能知能覺能見之性，都非因緣所成，亦非自然所成，是從如來藏中藉種種因緣而自然出生的，本是附屬於如來藏的自性——本如來藏妙眞如性。

所以，也不可說妄心離念靈知、見聞知覺性有內外；但是從另一個角度來說，說祂一定在內而不在外，爲什麼呢？因爲祂不能跟外五塵接觸，怎麼會在外？永遠都在十八界內，永遠都在五陰之內；祂所了知的，所接觸的六塵，都是如來藏所生的法，所以祂本來就在如來藏內，不在如來藏外；妄心就是這樣，離念靈知永遠在如來藏內，本就是附屬於如來藏的所生法，所以沒有內外與中間可說，但這是從可還與不可還來說。六識心的自性，既然不在內外中間，其實本來就是如來藏所出生的自性，是如來藏很多種自性中的一個小部分。所以，妄心也有妄心的說法，從不同的角度可以作不同的說法，但道理都是相同的，並沒有衝突，沒有矛盾。因此說，能夠證得一個不在內、不在外的心，以這個心來安住，那才叫作宴坐。可是眾生所知的心，阿羅漢所知的心，一直都是對六塵接觸的妄心。既是對六塵接觸的心，自然而然就會跟外法相應而向外攀緣，卻不知道所緣外法其實都是內法的相分，那就變成在內而緣外法，那就有內外之分了；可是眞心離見聞覺知，不觸內外，沒有內外差別可說。阿羅漢不曾證得如來藏眞心，所以不懂得這個道理，因此即使是智慧第一的舍利弗尊者，他聽到這個道理而沒有辦法弄懂，當然就不敢去看望維摩詰菩薩。

「於諸見不動而修行三十七道品，是爲宴坐」：既然要修行三十七道品，心一定要動；從開始聽聞善知識開示「什麼叫作三十七道品」時，心就已經動了，了知時就是動心了，又將如何不動心而修三十七道品？如果修行的時候，對這三十七道品所說的四聖諦、四正勤、五根、五力、七覺支、八正道、十二因緣法……，一面聽聞、一面思惟而去整理，然後得出一個修行的方法、結論，再去付諸於實行，當然心一定要動。心不動，又怎麼能修行三十七道品？一定是心有動，心動了以後生起種種見解：應當如是修，不應當如彼修。見解一定會出來，所以一定是於諸見已經了知、領受，心中起了勝解，然後才能修行，在二乘法裡面一定如是。現在 維摩詰大士竟然講，於諸見不動而能夠修行三十七道品，說這樣才是宴坐。「這樣一聽下來，原來我們諸大阿羅漢每天入滅盡定，都不算是宴坐了！」因爲他們聽不懂這是什麼意思，所以不敢應命去探望 維摩詰大士的病。但是我們來跟諸位解釋以後，諸位聽了就會懂。

我們到目前爲止，沒有看見過什麼善知識能正確的註解《維摩詰經》，如果有所註解，都只能是依文解義，照字面的意思講一講，但是今天我要讓諸位眞的聽懂。也就是說，三十七道品的修行，聞思修以及親證，這其實都是意識心的事情，意識心在三十七道品的聞思修證過程中，生起了種種見解，所以**於諸見**一定會動心。可是大乘佛菩提所修的法，並不是以意識心爲中心。二乘法的修行爲什麼會被稱爲世俗諦？是因爲它的三十七道品都是在五陰、十二處、十八界上面修行，特別是重視意識心的永滅而永不復生；但這一些法都是屬於三界中世俗有爲法，都要滅盡才能取涅槃，所以二乘聲聞法雖說能得解脫，說它是眞諦，但這個眞實諦卻是世俗法上的眞實諦，所以稱爲世俗諦。然而大乘法的修行，不但兼顧到世俗諦，同時也是含攝第一義諦的，並且以第一義諦來含攝世俗諦。

瞭解了這一點，這個時候諸位應當就容易理解了！二乘聖人的世俗諦，所修的是側重在前六識上面，但是前六識在修學解脫道時，對於三十七道品一定會生起種種的見解，一定會動心，否則就無法攝取正見，也無法實修正道。可是大乘法的修證，是同時證得世俗諦後面的實相，也就是萬法根源的第八識；當前六識與意根在三十七道品上面生起種種正知見而動其心，修正自己的心行時，同時有另一個實相心如來藏，這個第八識卻從來都不動其心；以這一個第八識心的不動其心、不起諸見，來修行解脫道及佛菩提道，所以說是「**於諸見不動而修行三十七道品**」，因爲大乘菩薩已證得第八識如來藏而轉依祂了，在修三十七道品時祂從來不動心，菩薩以祂的這種眞如法性爲歸，而由意識等心來修學三十七道品，這才是眞實的、最究竟的宴坐。

大乘法中也有三十七道品，但是它的三十七道品函蓋了二乘法的三十七道品。這樣於諸見不動而修三十七道品的時候，七識心是念念心動而於諸見產生種種見解，也付之於實行而修三十七道品法；但是同時有一個第八識如來藏於諸見都不動，卻能支援配合這七轉識來修三十七道品，能夠這樣修，才是眞實的宴坐：所謂宴坐就是住於寂滅境界，才是眞實的宴坐。七轉識於三十七道品上面努力精進修行，於諸見有所動轉，但是同時存在的第八識心於諸見不動，配合著七轉識來修三十七道品，在這個過程中，祂始終處於寂靜無爲的狀態中，仍然是無漏法，這樣才是眞正的宴坐。舍利弗尊者那個時候還沒有證得實相心，當然聽不懂；假使是後來迴心大乘而悟得實相心如來藏了，就能聽懂大士的開示。如果你是從二乘法中轉來聽 維摩詰大士這個開示，那就絕對聽不懂。等你證得如來藏的時候，你才能眞的懂這個意思。

接下來說：「**不斷煩惱而入涅槃，是爲宴坐。**」這句話，二乘聖人也是聽不懂的；因爲二乘聖人的法是一定要斷煩惱，才能證菩提的。但他們所斷的煩惱，菩薩一樣能斷，只是菩薩不急著斷它。二乘人一定要斷見惑與思惑，也就是斷六種根本煩惱。六種根本煩惱裡面的惡見，是屬於見惑所攝；這個見惑，菩薩同樣也斷，在大乘見道的時候也同時斷見惑。可是接下來，二乘人要證有餘涅槃時一定要斷盡思惑，如果不斷盡思惑，他就證不了有餘涅槃，死時就入不了無餘涅槃。思惑就是我執，對自己七識心的執著；以及把如來藏的功能性內執爲我，把祂據爲己有，這也是我執；加上三界境界的貪愛、對於六識心功能的貪愛，就是我所執。二乘人一定要斷我執、我所執，才能入涅槃，這個思惑煩惱如果不斷的話，他無法入涅槃、無法取涅槃。但是大乘菩薩不一樣，大乘菩薩從初地到六地都是不斷思惑的（他們都有能力斷，但都不斷），就已證無餘涅槃中的實際了。

你若還沒有明心的話，聽起來會覺得很玄：「這講不通啊！怎麼不斷煩惱可以入涅槃呢？」但是大乘菩薩確實不斷思惑煩惱，卻已經住在涅槃中。阿羅漢是死了入涅槃，菩薩是不死也在涅槃，但是爲什麼會這樣？阿羅漢絕對想不通。可是對還沒有明心的人，我們可以把這個道理說明一下，聽了也就懂了，但是仍然不是實證。所謂涅槃，佛曾開示說：涅槃無體，涅槃亦是假名施設。有一句耳熟能詳的話，諸位如果有努力用功在學法，應當都聽過，般若經中有一句話說：

「設復有法過於涅槃，我亦說如幻如夢。」假設有一個法可以超過涅槃，那個法也是如幻如夢，都不眞實的。超過涅槃的法都已如夢如幻，你想涅槃怎能不是如幻如夢呢？所以涅槃無體。涅槃以何爲體？以如來藏爲體。涅槃是依如來藏心自己的境界來說的，把七識心所住的境界排除在外，來說如來藏自體的自住境界，即是無餘涅槃：七識心滅盡而永遠不再現前了，成爲如來藏獨存的境界，就是無餘涅槃。

換句話說，七識心滅了以後就是沒有六塵、沒有六識、也沒有六根，十八界都滅盡了。諸位想想看：十八界滅盡的時候，沒有六根、也沒有我們六識自我存在、也沒有了六塵，色聲香味觸法都不在了、自我也不存在了，是不是眞正的寂滅？眞的是寂滅啊！這個時候就稱爲無餘涅槃。可是這個無餘涅槃裡面不是斷滅空，它就是如來藏，所以說涅槃——不生不滅——以如來藏爲體；若無如來藏，即無涅槃可證，就成爲斷滅空。

無餘涅槃裡面只剩下如來藏獨存，在那個狀況中，如來藏離六塵、離見聞覺知、已滅盡六識與意根，這叫作涅槃寂靜。阿羅漢們入無餘涅槃時，他們自己已經不在了——阿羅漢的五陰已經不存在了——這樣叫作無餘涅槃。可是菩薩證入這個境界卻不必等到捨報以後；當十八界自我都還存在著，就已現前觀察自己的如來藏本心離見聞覺知、離十八界獨存的境界，那時不生亦不滅，究竟寂滅；這樣究竟寂滅的境界，即是涅槃。菩薩這樣子親證涅槃，是什麼時候得到的呢？在明心的時候得到。這是證得**本來自性清淨涅槃**，簡稱爲性淨涅槃；可是這位明心的第七住賢位菩薩的思惑，這時都還具足存在著。所以阿羅漢要斷盡思惑煩惱才能證入涅槃中，菩薩卻只斷見惑、只證明心的境界，不斷思惑煩惱而單以第八識心自己的境界來看，就知道無餘涅槃中的境界是怎麼回事了；菩薩還沒有捨報、還沒有斷思惑時就已經現前分明看見了，並已經轉依這個涅槃，入住於本來性淨涅槃之中——親證無餘涅槃中的實際而住於性淨涅槃中。但是阿羅漢得要斷盡思惑才能入無餘涅槃中，菩薩卻是不斷思惑煩惱就已經入於這個涅槃當中。而這個涅槃，菩薩以他自己的七轉識，現前觀察自心如來藏離六根、離六塵、離六識的境界，確實是究竟寂滅的；能這樣現觀無餘涅槃中的實際確實是究竟寂靜的，永遠不被六塵所動心，才叫作眞正的宴坐。當時的舍利弗還沒有迴入大乘中學法，聽不懂；如果當時有人爲他這樣解釋了，他就會懂，但仍然是尚未實證本來性淨涅槃的；在二乘法中是必須斷盡思惑才能入涅槃的，與菩薩不斷煩惱而入涅槃是不同的。

如果 維摩詰大士也這樣詳細爲他解釋，他一定會懂；但是 維摩詰大士的目的不是要讓他懂，我今天卻是要講到讓諸位都懂。維摩詰大士的目的只是要讓他迴心大乘，讓他仰慕大乘法的勝妙，所以不爲他解釋，只說：「不斷煩惱而入涅槃，才叫作宴坐。」要使他對大乘生起稀有心，服膺大乘法，讓他瞭解：你爲別人教導要斷見惑、斷思惑，然後入無餘涅槃，說那叫作宴坐；你教人家證滅盡定，叫作宴坐。那其實都不是眞正的宴坐。大士只是要讓舍利弗發起菩薩性，要讓他了知大乘法的眞實勝妙，使他對大乘法生起仰慕之心，可以迴心而入大乘法，不再留在二乘法中，所以他只說明：不斷煩惱而入涅槃，這才是宴坐，你說的宴坐道理不對。但不跟他解釋。所以你們已經明心的人，今天聽我講這個，你的智慧就比當時的舍利弗尊者好，因爲你確實現前觀察：我思惑煩惱不斷，只斷見惑而已，但我已經入涅槃了，這就是宴坐。但後來舍利弗已迴小向大而且明心了，所以現在的智慧當然是比大家好。

然後 維摩詰大士說了前面很多個宴坐，做一個總結說：如果你舍利弗尊者能夠這樣子宴坐的時候，這才是 佛所印可的宴坐，你們二乘法的宴坐，從佛菩提道中來看，是 佛所不印可的。舍利弗尊者轉述了當時 維摩詰大士對他的說法以後，他說：「當時聽他說了這一些話以後，我只能默然而止（我無法對答），一句話也不能說——不能加報。所以我不堪任去探視維摩詰居士的疾病，因為我若去探望他的病，他一定還會藉病跟我說法，我還是無法回答啊！我怎麼去探病呢？所以我不堪任。」舍利弗說老實話，推辭掉了。

【佛告大目犍連：「汝行，詣維摩詰問疾。」目連白佛言：「世尊！我不堪任詣彼問疾。所以者何？憶念我昔入毘耶離大城，於里巷中為諸居士說法；時維摩詰來謂我言：『唯！大目連！為白衣居士說法，不當如仁者所說。夫說法者當如法說：法無眾生，離眾生垢故；法無有我，離我垢故；法無壽命，離生死故；法無有人，前後際斷故；法常寂然，滅諸相故；法離於相，無所緣故；法無名字，言語斷故；法無有說，離覺觀故；法無形相，如虛空故；法無戲論，畢竟空故；法無我所，離我所故；法無分別，離諸識故；法無有比，無相待故；法不屬因，不在緣故；法同法性，入諸法故；法隨於如，無所隨故；法住實際，諸邊不動故；法無動搖，不依六塵故；法無去來，常不住故；法順空，隨無相，應無作；法離好醜，法無增損，法無生滅，法無所歸，法過眼耳鼻舌身心，法無高下，法常住

不動，法離一切觀行。唯！大目連！法相如是，豈可說乎？夫說法者無說無示，其聽法者無聞無得；譬如幻士爲幻人說法，當建是意而爲說法；當了眾生根有利鈍，善於知見無所罣礙，以大悲心讚于大乘，念報佛恩不斷三寶，然後說法。』維摩詰說是法時，八百居士發阿耨多羅三藐三菩提心；我無此辯，是故不任詣彼問疾。」

講記：這一段經文，是因爲舍利弗尊者說不堪任去看望 維摩詰菩薩的病，所以佛又轉向大目犍連。佛向大目犍連說：「你去吧！去找維摩詰，探問他的疾病。」大目犍連尊者就向 佛稟白說：「世尊啊！我也不堪任去他那裡看望他的病，爲什麼不堪任呢？我想起以前有一次進入毘耶離大城的時候，在城中爲一些居士們說法，那個時候維摩詰又來了，他來時向我頂禮（我們講的這個譯本沒有一個字一個字譯出來。玄奘菩薩的譯本，譯出來時是說，維摩詰大士來見這些阿羅漢時，都先向他們頂禮，頂禮完了再爲他們說法。所以菩薩弘法做事時，勝法高高在上，身行低低在下。菩薩都是這樣，因爲沒有慢心、沒有習氣煩惱，特別是等覺大士都是這樣。下面所說的每一位阿羅漢都一樣，維摩詰大士見面時都是先向他們頂禮——都一定先稽首禮拜，然後才爲他們說法。前一段對舍利弗時如此，現在對目犍連也一樣，先頂禮以後再說法），維摩詰頂禮我以後就對我說：『喂！大目連啊！爲白衣居士說法，不應當像您這樣說。』他說：『所謂爲人家說法時都應該如法而說，該怎麼說呢？法無眾生，離眾生垢故。』」

目連尊者一聽，又不懂了：怎麼法無眾生？因爲二乘菩提的解脫道都是從眾生相上面來修的，都是依五陰、十八界、十二處、六入等眾生法來斷我見與我執的，都是因爲有我、有人、有眾生，所以才要修行，斷壞諸法。今天 維摩詰菩薩卻來跟我說「法無眾生」，諸法中若沒有眾生，那要怎麼修行？這就像我們寫書說：「意識覺知心虛妄，眞心離見聞覺知，要依眞心而修行。」那些佛門外道們聽不懂，就斥責我說：「你蕭平實怎麼亂講？你說意識是生滅，又說眞心沒有見聞覺知，如果沒有意識，那你怎麼能寫書，你怎麼能說法？」就罵我。還有附佛法外道爲此而登報罵我，前後兩次共花了六百多萬台幣。但是我已經寫得很清楚了：前六識、第七識虛妄，還有個第八識離見聞覺知，是眞妄心並行。他們偏偏就讀不懂，眞是拿他們沒辦法。同樣的道理，維摩詰菩薩說：「法無眾生——眞實法沒有眾生相。」眞實法就是實相心如來藏。爲什麼祂沒有眾生之相？因爲祂「離眾生垢」。眾生會有污垢，是怎麼樣有污垢的？是因爲六識分別色聲香味觸法，然後第七識意根就在六識所分別的法上面生起執著：這是我所有、我所領納。因爲這個緣故，所以祂就把見聞覺知的六識心據爲己有，就在六識心的種種功能上生起執著；祂就是第七識意根，其實意根應該說就是「你、我」啦！大家都一樣！意根就是眞實存在的自內我，正是眾生的自內我。這個我，向外把意識等六心的功能據爲己有，也把意識等六心所分別的六塵據爲己有而說：我所領受，我所領納。然後向內把如來藏的功德據爲己有，說「這也是我，我能夠如何、如何」。可是如來藏爲什麼會被祂據爲己有而一點兒都不反抗？因爲祂離眾生垢。眾生有污垢，貪著種種苦樂境界（苦的境界也貪著，所以沒有一個人願意自己是受傷時不知道痛、被打了不知道痛，沒有人願意這樣，所以苦也是執著）；執著苦樂境界，有了這個執著所以心地污垢了。但是如來藏被意根據爲己有，祂都無所謂，天生當個勞碌命；祂也沒有任何的障礙，也沒有任何的罣礙，從來都不抱怨、不耽心，所以祂也沒有任何的心地污垢。

法，也就是如來藏，諸位想想看：離見聞覺知，也都不會作主，也都不會抱怨。你想這心像不像眾生？你能不能找到一位眾生離見聞覺知也不報怨、也不受苦樂，你能不能找到這種眾生？你永遠也找不到這種眾生。這一種離眾生垢的心，才是眞實法；但是六識心一旦現起了，必定六塵具足。如果只有意識現起，能不能六塵具足？照樣可以六塵具足，不然你夢中怎麼痛得哀哀大叫？有時夢中又樂得說：「哎呀！我今天中了第一特獎！」又樂得像什麼一樣，還是六塵具足，這就是眾生。但是如來藏離見聞覺知，從來不了知六塵，既不作主，也不思量；從來不歡喜，也不抱怨；既不痛苦，也不快樂；祂不會因此而起執著，離眾生垢，所以才是眞實法。

維摩詰大士又說：「**法無有我，離我垢故。**」眞實法，無我性。二乘菩提所修的法都是在「我」上面用功的，凡夫因爲認爲自己眞實、自我眞實，所以不能證初果。有很多學佛人到如今還認定這個靈知心：有妄念的時候就是妄心，沒有妄念時就是眞心。所以堅持認爲離念靈知是常住的不壞法，說祂是實相，這就是我見未斷，所以我說他是凡夫；但他們還不服氣，還堅持離念靈知是眞，所以未斷我見；那是在嘴巴上充分證明自己是我見未斷的人，這就是有我垢：「我」這個見解沒有斷掉，具足凡夫的我。這個「我」就是污垢，即是二乘法所要斷的我見。

二乘人斷思惑，就是在斷我執，也是在「我」上面用心；因爲十八界使眾生覺得眞實有我：六根是我，六塵是我，六識是我，所以十八界具足。大乘法同樣也要斷這個我執，但這個我執是到七地滿足的時候才斷的，在這之前是不斷我執的。可是我執的現行繼續存在，卻已經先分斷我執的習氣，這就是菩薩。阿羅漢是斷我執的現行，但不斷我執習氣的，所以阿羅漢如果被侮辱的話，他扭頭就走；菩薩若被侮辱，他會詳細爲你說明法義，救你迴入正道。阿羅漢如果被否定了，他會說：「你不懂啦！」就走了。菩薩如果被否定了，往往會詳細爲你說明，因爲菩薩是以無我性的眞實法如來藏爲歸的，所以菩薩不是在五陰十八界法上面用功的。而法界實相全部都圍繞著如來藏，以如來藏爲中心；但是如來藏離我垢，如來藏沒有我性；沒有我性所以是常住法，常住法所以才稱爲眞我。凡是有「我性」的都是變異法，都不可能是常住法。

有的人會說：「你們都主張證得如來藏才叫開悟，你就是執著如來藏，如來藏就是我，正是自性見。」所以印順法師說：「如來藏富有外道神我色彩。」這個說法的後果很嚴重，這一句話說出來了就是一闡提人，因爲是謗方廣，方廣諸經所有法義中心全部是講如來藏。可是第八識如來藏跟眾生我不一樣，眾生我總是會想：我喜歡，我討厭，我要吃飯，我要遊山玩水去了。如果叫某甲來做義工，做三天可以，要長年累月只有付出、沒有所得，爲眾生不斷的做下去，他一定推辭說：「我不幹了！」可是菩薩不一樣，菩薩爲什麼能夠只有付出、沒有收入，而一直爲眾生做下去？盡形壽做，還不算數，還發願生生世世這樣做。菩薩爲什麼能這樣做？因爲他沒有我垢：他已轉依如來藏了。

如來藏跟眾生我不一樣，眾生我這個七識心總是會想：我今天來說法，你們總得供養我兩、三萬元，而且我講的是最勝妙法，我今天來辦一場三時繫念法會，一、兩千人，難道我收個三十萬、五十萬元，過分嗎？不過分欸！但菩薩不是這樣想的。菩薩想：利益眾生就是利益自己。所以菩薩根本不想要什麼錢財，沒有想要這一些世俗法。爲什麼他能這樣？因爲所證跟凡夫不同，也與二乘法不同。二乘法所修的都是在五陰十八界上面修，菩薩在修證五陰十八界的種種行爲過程當中，卻是轉依如來藏。而如來藏本身離見聞覺知，從無所得，怎麼會有我垢呢？如來藏從來不曾如此想過、了知過：我自己存在著。

且不說如來藏，意根就已經不會反觀自己存在了。意根若能知道自己存在時，得要靠意識爲助緣；如果不靠意識，就都不知道自己存在。有沒有人想對這一句話抗議？請舉手。第二講堂、第三講堂有沒有人想要抗議？沒有人抗議。諸位有智慧，因爲你如果抗議，我只要很簡單的講一件事情，就讓你知道自己抗議錯了。

如果意根知道有自己，那問題很大了，那你每天晚上都沒睡覺了，世間應該沒有睡眠之法了。請問：睡著的時候，你有返觀自己嗎？眠熟時你知道自己仍然存在嗎？你都不知道了嘛！但是意根的你其實仍然存在不滅的。意根就已經如此了，所以祂才叫作無記性，雖然祂有無明障覆，但祂卻是無記性的。如果意根也知道自己存在，那你晚上睡著無夢的時候，應該很清楚知道「我在睡覺」，那你就不是在睡覺了。但是意根在清醒位時卻能依靠意識來返觀確定自己的存在，而如來藏比祂更徹底，不論意識與意根在或不在，祂從來既不自知我，也不對六塵做任何的了知，更不要說語言文字的分別或相應；所以七轉識有我，有自我執著的垢染，但是如來藏沒有自我執著的垢染，所以說祂離我垢。可是二乘人怎麼想都想不通，因為他們要修的是斷見惑與思惑的煩惱，他們所做的修行都是在我見與我執的斷除上面用功，都是有我法的：要把自我滅了。所以他們的法是在自我上面修行的。這個時候目連尊者聽維摩菩薩說「法無有我，離我垢故」，聽不懂了！二乘法中說的法是蘊處界入等法，都是有我的法；要否定了這些法，才能說是無我的；但維摩詰菩薩說的法卻是無我、離我垢的，目連尊者當然聽不懂。

維摩詰菩薩接著又說：「**法無壽命，離生死故。**」二乘人所修的法都是有壽命相的，七識心在人間出生到死亡，是一期的生死，在這一期生死當中幾十年，一般不超過百年，這是有壽命的。可是菩薩現前無妨五陰十八界有壽命，而眞實法卻沒有壽命：如來藏從來沒有出生過——這阿賴耶識心體從來沒有出生過——沒有出生的法就不會有死，有出生的就一定會死，有生有死就有壽命；祂從來無生故無死，怎麼會有壽命呢？所以說「法無壽命，離生死故」。

但是問題來了，目連尊者所修的法是要斷我執的，我執是五陰十八界所攝的法，是有壽命的。證得無餘涅槃以後，這五陰十八界壞了，就說壽命到此永遠終結，不再有來世的出生；所謂壽命的終了，是捨報後永遠死亡而不復生，是一期生命永遠終止啊！下一世的生命是全新的，不同於此世的壽命，所以壽命是有前際與後際的。可是菩薩所修的是涅槃的實際、本際，是五陰十八界的根源，祂從來沒有生，怎麼會有死？又怎麼會有壽命？可是這個本際，阿羅漢們還沒有證得，他們當然無法了知。阿羅漢們是因爲有生死，所以他們想要離生死。可是菩薩無妨每一世生死，但是卻從來無生死；菩薩們是依如來藏而安住，如來藏是眞實法，是無始劫來不曾有生的，當然也不會有死，所以眞實法是離生死的。阿羅漢目連尊者既然尚未證得從來無生的實相法，當然聽不懂。

維摩詰大士接著又說：「法無有人，前後際斷故。」眞實法是無人的，沒有「人」可說的。如來藏既然離見聞覺知，又不思量，也不作主，當然沒有喜怒哀樂，也不了知六塵，你說這像人嗎？當然不像人嘛！所以往往有人不能接受我評論諸方大師法義的錯誤，就開罵說：「蕭平實眞不是人！」我說：「你罵得好！我本來就不是人，因爲我轉依了如來藏。我這個色身是人，覺知心無妨是人，但我轉依如來藏以後就不算是人了。」「不是人，那你是什麼？」「是菩薩嘛！」我當然要當菩薩。你不讓我當人，那我就當菩薩，就這麼簡單嘛！既然你說我不是人，我就承認我不是人，我就來當菩薩。

「人」一定有個前際、有個後際，一切人都不能免除前際與後際。前際，譬如以我來說，我在一九四四年出生，在一九四四年正當出生前那一剎那，那就是我的前際；我將來死了，死時就是我的後際，人都有前際、後際。可是我死了也沒有關係，爽爽快快就走了，沒有牽掛就走了；事情做完了就走，還留戀這邊幹什麼？又不是要等著受供養、等著收紅包，一天到晚坐在禪床上給人家禮拜。事情做完當然就走了，看別的地方有什麼事情再去做，這就是菩薩做的事。但是這個五陰是有前際的，可是五陰所轉依的如來藏，祂沒有前際、後際。

所以經中說「**阿賴耶識本來而有**」，意思就是說祂無始以來不曾有過出生的時候；既然沒有出生的時候，當然就沒有前際。沒有出生過而本來存在著的阿賴耶識，當然將來就沒有滅的時候；因爲祂是無生的，無生之法怎麼會有滅？沒有滅，就沒有後際；既然沒有後際也沒有前際，當然不是人；所以不是人才不會死，不會死滅的人才叫作眞人，蘊處界所含攝的人當然就都不是眞人。所以，如果哪一天，我寫一本書，署名叫某某眞人，你也別奇怪，正因爲轉依如來藏了才叫作眞人。但是外面的「某某眞人、某某眞人」，我告訴你：**他們都是假人**。因爲他們都是有生有滅的法，都是有前際、後際的，具足爲「眾生人」的人同分。這道理很深奧，所以當　維摩詰菩薩說：「**法無有人，前後際斷故**。」目連尊者聽不懂，因爲他所知的法都是蘊處界入等法，都是有前際、有後際的，不是斷前後際的。

當菩薩證悟以後，前、後際就斷了，因爲前際、後際的施設是一期生死的五陰所有；可是轉依如來藏以後，就沒有前後際可說了，所以前後際就斷了。但是阿羅漢無法斷前後際，他們怎麼想也想不通；因爲他們的五陰十八界永遠都有前際，最多只能斷後際而入了無餘涅槃，不再來三界中，從此沒有後際，永斷後際。可是前際還是在，他們斷不了；因爲沒有前際的如來藏是無始劫以前就在的，根本無法斷，他們不證如來藏所以聽不懂，當然沒有能力去向 維摩詰菩薩探病。

維摩詰大士又說：「**法常寂然，滅諸相故。**」阿羅漢當然又聽不懂了！明明有十八界，這個五陰具足六根、六塵與六識，既然有六塵被六識所領納，什麼時候寂靜過？沒有啊！如果不是慧解脫的阿羅漢，而是俱解脫的阿羅漢，托缽回來吃過飯，經行一會兒消食，然後腿一盤，入滅盡定去，算不算寂然？算。不過問題是那個寂然是短暫的，不是永遠的寂然；就算他入了無餘涅槃，前際仍然不是眞正的寂然；因爲過往無量世都不寂然，入滅後才寂然，所以他過往無量世有種種相，喜怒哀樂不曾斷過；這一世也仍然一樣，如果出去托缽，托不到食物時怎麼辦？托空缽回來時，肚子餓得難受，就去拿牛糞充飢，騙騙肚子。好吃、不好吃，且不管它，至少它可以吃，先把肚子騙過，又入滅盡定去，等明天再說。

古時阿羅漢吃牛糞的人很多，菩薩則不是這樣的，菩薩可以每天三餐美食佳餚，卻無妨依舊解脫；維摩詰大士就是這樣，菩薩總是不愁吃喝的。阿羅漢如果托空缽回來，路上總是會想：「我今天得要吃牛糞了。」能寂然嗎？不寂然。因爲苦相出現了，不能滅諸相。可是菩薩今天午餐列出來，不管三菜一湯或者九菜二湯都好，他無所謂，吃得很好吃，而且還會讚歎說：「哎呀！典座菩薩！你煮得眞

好，謝謝你！」當菩薩大快朵頤的時候，無妨寂然，因爲六、七識正在領受好吃、正在讚歎的時候，所轉依的如來藏還是寂然，祂離見聞覺知、離六塵，怎麼不寂然？所以祂沒有任何諸相，無妨繼續有喜怒哀樂諸相：「好好吃喔！」讚歎的相也有，領受味塵的相、領受香塵的相也無妨繼續存在，但同時也是離相的，滅種種喜樂相，一切我相、人相都滅。這個「滅諸相」阿羅漢就聽不懂了。

維摩詰菩薩又說：「**法離於相，無所緣故。**」阿羅漢出去托鉢時有托鉢相，行走時有行走的威儀相，飲食時有飲食的威儀相，爲什麼會有這一些相？因爲有所緣。阿羅漢所修的法，一定要緣於五陰十八界法。若不緣於人相、眾生相，二乘聖人能修什麼行呢？他們的二乘菩提是無法修證的。菩薩照樣也修證二乘菩提法，但是同時轉依如來藏；於如來藏的立場來看，如來藏沒有任何一相，因爲祂離見聞覺知，祂是無覆無記性，不執著自我，祂也不執著自己附屬的六、七識；反而是眾生的六、七識把祂執著住，抱著祂不放，拖著祂去輪迴生死，祂是被**眾生我**所害而繼續流轉於生死中。祂不害你，因爲祂沒有任何相可說，因爲祂不緣一切諸法，你在六塵當中、在六塵所生的法當中不斷的攀緣執著，祂卻不攀緣。

但是祂也有所緣，所緣的是無漏有爲法。你若沒有悟，這句話就聽不懂了！

等悟了你就知道：原來祂緣這一些無漏有為法。悟後終於知道了！「終於知道了」這句話，表示你的智慧就開始出現了。可是有智慧後的你所緣的仍然是六塵萬法，祂如來藏仍然是對六塵一無所緣。在不攀緣中，你所需要的六塵，祂仍然如鏡現像一樣現給你，讓你去了知，祂自己從來都不加以了知，所以說祂無所緣。這個法，阿羅漢就聽不懂了，所以就無法去看望 維摩詰居士的病，因為怕 維摩詰大士會問他這個法。維摩詰大士為他講了很多，其實只要問他其中一樣就夠了，目連尊者就已無法回答了，所以他不敢去看望 維摩詰菩薩。

維摩詰居士又說：「**法無名字，言語斷故。**」眞實法離言說相，名字就是言說，叫作名言。名字、言說，這個名言，在一切種智裡面說有兩種名言：一個是顯境名言，一個叫作表義名言。表義名言就是我們大家用語言文字在互相溝通，表達你心中想要顯示的意思。表就是表現，顯示出一個意思。譬如說，某甲向某乙講：「**我明天要去台中。**」這意思，你能夠用你的表情去表達嗎？你沒辦法！你一定要透過語言去說出來，把「我明天要去台中」這個意思表示出來，這叫作表義，表達你心中的意思出來。這意思是說：我這個人，到了明天將要去台中。

可是這個表義名言不能離開顯境名言來表義，如果沒有顯境名言，就無法表義。換句話說，某甲要有顯境名言，某乙也要有顯境名言，兩個人都有顯境名言，某甲說這一句話出來，這個表義名言才能表達出他的意思。什麼是顯境名言？顯境名言就是說，能夠顯示出境界相。境界相如何顯示出來？要六識心出現。六識心如果不出現，你就聽不懂人家的意思，看不懂他嘴巴在講什麼，無法從他的肢體及語言上面去瞭解對方在講什麼。六識心出現後的功能叫作顯境名言，但不是說六識心本身是顯境名言。換句話說，六識心要有五遍行、五別境十個心所法，或多或少的配合，才能具足顯境名言。六識心如果不出現，或者六識心出現時，別境心所法若不出現（事實上不可能不出現），也無法產生顯境名言。所以六識心以及祂的心所有法——也就是祂的親所緣緣——出現的時候，你的六識心就能夠了知境界相，把境界相顯示在你心中，這個顯示出來的功德就是顯境名言；它也算是名言的一種，也是言說相，因爲要由顯境名言——對六塵的了知，才能理解對方的表義名言。所以，言說相不是只有單靠語言，離了語言還是有其他的言說相。

譬如文字，譬如畫圖，依文、依圖解義；譬如手語——我要去玩，我坐火車去——這也是言說相。或者說軍艦、童子軍用旗號，那也是言說相；所以名言——言說相——不是只有單指語言，所以這個「名」字，都是屬於言說相所含攝的。

但凡有名言（凡是有名字，凡是有言說相的），全部都是萬法所攝。如來藏這個名稱是我們把祂假名安立，你若是去問如來藏說：「我把你叫作如來藏好不好？」祂絕不會跟你說好，那你說：「那就是不好囉！」祂也不跟你說不好。如果祂跟你說不好，祂就有名字相、就有言說相了。當你找到如來藏時，告訴祂說：「我叫你阿賴耶識好不好？」祂不會說好，也不會說不好，因爲祂離名字，從來都不與言說相、名言相相應：言語之道到不了祂身上。我們爲了弘法方便，把祂安立一個名相叫作如來藏、阿賴耶識、異熟識、無垢識、所知依、心、種子識、眞如等無量名字；但祂本身沒有名字，祂擁有的所有名字，都是我們六識心把祂安上去的。

祂從來不曾講過一句話，不說話的才是眞說法者；我在這裡爲你們說法，這都是假的；但是我有一個不說話的，祂爲你說的法才是眞正的法；那要看你有沒有慧眼，你若有慧眼，你就聽見了。如果我這一句話是講假話，是籠罩人的謊話，我們明心的人都會當場抗議：「你說謊！」是不是這樣？（衆答：是！）是啊！我若是說謊，爲什麼他們到現在還相信我？所以我說的是眞實法，眞實法沒有名字，祂離言語相，從來不跟言語相相應。當你證得這個心的時候，你轉依這個沒有言說相的如來藏時，才可以說你眞的已經言語道斷：言語之道已經斷了。你找到祂了，當你跟你的如來藏溝通時都不必用語言。這才是眞正的神通，要用語言溝通的，那個神通是可以修得的，將來緣散時一定會壞掉；但這種通，修不得——沒辦法修得，因爲祂本來就這樣，是永遠不會壞掉的神通，所以叫作大神通。祂眞的從來都不必用語言來溝通，你若故意要用語言來跟祂講，我告訴你：祂也不理你。但你不必用語言講，祂都知道你在想什麼，都不需要用語言。你轉依這樣的眞實心，才能夠說你的所證眞的是言語道斷。可是二乘人修習的法，都要用語言來溝通，因此當 維摩詰菩薩說：「**法無名字，言語斷故。**」阿羅漢就沒辦法聽懂了，所以目連尊者不能答話。

維摩詰大士又說：「**法無有說，離覺觀故。**」奇怪了！剛剛我不是跟諸位說：我另外有一個在爲你說法的嗎？爲什麼此時又說無有說？可是眞相是：**無有說的才是眞說法，有語言說法的都是假說法，都是在幫助你怎麼樣去找到那個離語言而眞正在說法的人。**祂從來沒有用語言文字爲你說法，但是祂卻沒有一天停止爲你說法，也不管你是否悟了，永遠都一樣。就算你是還沒有悟，還沒有找到祂，祂也是每天一天到晚都在爲你說法。這個不說話的，才是眞說法者。

爲什麼說祂從來不說話、沒有言說？因爲祂離六塵覺觀。祂就像一面鏡子一樣，你不是有十八界嗎？你的十八界中共有六塵，六塵是祂供應給你看的，是祂顯現給你的。可是這個六塵：祂就好像鏡子一樣，祂接觸外面的六塵進來，就顯現內六塵給你；就好像鏡子把影像反應出去給人看一樣，那個境中的影像美與醜，鏡子都不做分別的。鏡子不會說：「這個影像好醜，我不要顯示給你看。」你拿起鏡子來照照自己的臉，鏡子不會說：「你現在剛睡醒，醜相畢露，不好看，不要顯示，我顯示另一個比較漂亮的給你看。」如來藏就像鏡子一樣，不了知美或醜，直接顯示給你看。祂不對六塵做了知與分別，離覺觀；既然離覺觀，怎麼可能有言說相呢？可是二乘人所修的都是在五陰、十八界、七識上面，所應斷除的這七識是跟語言相相應的，而眞實法如來藏不與語言相相應，所以維摩詰大士說：「**法無有說，離覺觀故。**」目連尊者當然聽不懂。

維摩詰大士又說：「**法無形相，如虛空故。**」二乘人所修的，要毀壞五根，要永遠滅掉意根。五根有形相，覺知心也一直在跟形相相應，可是如來藏都不跟這些相應，無形無相，猶如虛空一樣。虛空，你拿火燒它，它也不氣；你拿粉塵丟它，它也不氣；你拿刀砍它，它也不氣；它完全不動，如來藏就像這樣。虛空，你拿火燒，燒不到它；拿刀砍它，砍不到它；拿粉塵，要它沾得一頭粉，你也沾不上它；如來藏就像這樣，所以祂沒有形相，猶如虛空一樣。虛空永遠不會和六塵相應，可是六、七識都會跟六塵相應，與虛空不同；如來藏就像虛空一樣，不跟六塵相應，不跟形相相應。而二乘菩提所修的，都是六識、七識上的法，會跟六塵及形相相應，所以看見了眾生：這是男人、這是女人，這個英俊、這個醜陋，這個漂亮、這個醜陋。都會跟六塵所顯示的形相相應。現在 維摩詰菩薩說有一個眞實法是無形相的，二乘聖人目連尊者就聽不懂了。

維摩詰菩薩又說：「**法無戲論，畢竟空故。**」什麼叫作戲論？就是言不及義的言論。言不及義，是很嚴厲罵人的話；也就是說，他言語所講的內容和主旨都不相干。言不及義（本來這句話是佛法中的話，教外人們是把它拿來引用，說他講的跟所要討論的主題完全無關，叫作言不及義）。在佛法裡說言不及義，就是說他所講的道理跟二乘菩提的眞義不相應，所以言不及義。大乘法裡面說，他所講的若跟第一義諦無關，也叫作言不及義。言外之意是說：「你這個人是很外行的啦！」言歸正傳，戲論就是言不及義，都只在語言文字上面做文章，只是堆砌一些詞藻，講些漂亮的門面話，但是所說言語都跟解脫無關，或者都跟實相無關。

怎麼樣叫作與解脫無關呢？譬如有人說：「諸法全都緣起性空，緣起性空就是五陰十八界全都滅掉了；但是滅掉了以後，不是斷滅，因爲滅掉以後的滅相還在，滅相是永遠存在的，所以叫作眞如。」但是這樣跟解脫有關嗎？無關。因爲人家說的滅相就是蘊處界都滅盡了，滅盡了就是空無，空無就是斷滅。他說：「不！不是斷滅，因爲這個滅相中還有一個意識的細心常住不滅。」他恐怕落入斷滅空，又建立一個意識細心常住不滅說，這一樣是戲論；因爲意識細心不管有多細，都是緣生法，緣生法都會滅壞。他既然要講解脫，就不要再建立意識細心的常住說；這一建立，又落回到五陰裡面，又落到十八界的意識界裡面，那還是沒有斷我見，這樣的解脫與佛法中講的解脫完全不相干，所以印順這個說法就叫作戲論。

如果說，像阿含講的，阿羅漢們親證了無我的現觀，確實詳細觀察到五陰十八界的一一陰、一一界、一一處、一一入都是虛妄法，我執斷盡了，樂意捨壽後自我斷滅了！但是我執斷盡以後，把自己捨了入無餘涅槃，仍有涅槃的本際不滅，但不屬於十八界所攝的任何一法：既不是意識也不是意根，十八界都滅盡了，剩下本際稱爲如（阿含裡面有時候稱爲眞如，有時候說是實際，有時候叫作我），這樣才是眞實的二乘解脫道。這個聖教眞理，未來在《阿含正義——唯識學探源》書中，我們會慢慢舉證來寫（編案：總共七輯，已於 2006 年八月起陸續出版，2007 年八月已出版完畢）。如果要講眞實法的話，從大乘法的實證者來看二乘法，它仍然是戲論，因爲大乘法是以涅槃中的本際作爲眞實法，可是這個本際，二乘聖者不能證得：他們只能把自己滅了，剩下第八識獨存，所以他們所說的法都不能言及實相。因此說阿羅漢們凡有所說言不及義：所說都講不到第一義諦。

涅槃中的本際才能是實相，祂既能生名色等一切諸法，但是也可以獨自存在；既能出生種種戲論相，自己卻從來都無戲論相；既能出生喧鬧的種種六塵，自己卻都不受六塵的影響而永遠處於絕對寂靜、恆離六塵的境界中，這樣才叫作自在，這才是眞實法。但是二乘法永遠談不到這個地步，修不到這個地步，也證不到這個地步，所以說：從大乘法來看二乘菩提，二乘法仍然是戲論。

乃至當有人證得涅槃的實際如來藏的時候，出世爲眾說法，所說的法也仍然是戲論；他所說的法就像指月之指：「月亮在那邊。」把月亮指示出來的那個指頭，就是三藏十二部中的那些文字。我出來弘法十幾年所說的話，也都是指月之指；至於哪個才是月？你自己的如來藏才是月。但是自古以來，影月與眞月一向很難分辨清楚，只有菩薩再來才能自己分辨清楚。影月就是指月之指，希望藉假識眞；所以三藏十二部經，從實際來說也是戲論，它們存在的目的，就是要幫你去找到眞正的月亮，眞月如來藏才是勝義諦；因爲眞如也是由祂顯現出來的，所以祂在般若諸經中又被稱爲眞如。

法，爲什麼說無戲論？法是講如來藏心，是講涅槃中的本際，因爲祂畢竟空。可是那一些佛門中的外道都不懂，就說：「畢竟空就是一切法都空掉、都不存在，如來藏實有說，是外道的神我，不是畢竟空。一切法都不存在，才叫作畢竟空。」錯了！法有而眞實空：這個「有」不是三界有，祂眞實不空。眞實空就是畢竟空，是說祂無形無色，離一切諸法，但是也有畢竟不空的含義；要具足空與不空兩法，才是眞實法。畢竟不空就是說，祂眞實存在，並且擁有一切無漏有爲法：能生五陰，能生十八界，又能展轉出生一切諸法，所以畢竟不空；畢竟不空的法，才有可能是常住而不具有眾生我性的法，這個法才是眞正的空。不具有絲毫眾生我性的法，才能稱爲畢竟空，不是斷滅空可以稱爲畢竟空。在心體自身畢竟無眾生我性的情況下，說祂離一切諸法；離一切諸法，如何有法可說呢？所以祂當然是離戲論相的。

不論你如何度眾生、如何說法，說得天花亂墜——諸天都來散花供養而天花亂墜了——但是你所說的法義仍然是戲論，不管你說得多高興，或者度眾生時度得多痛苦，心裡想：「我講了老半天，怎麼大家都聽不懂？」可是你的眞實法如來藏仍然不起心動念，祂離戲論相，因爲祂本來就是畢竟空相。可是這個畢竟空，目連尊者不懂，所以他無法回答。

維摩詰大士又說：「**法無我所，離我所故。**」請問：「你鼻梁上架的眼鏡是誰的？」是你的嘛！你會說：「這是我所有的眼鏡。」乃至說：「你這個色身是誰的？」你說：「這是我所擁有的身體——我所有的身體。」這也是我所。請問：「你所有的眼鏡，你所有的錢財，你所有的眷屬、父母、師長、子女，這些眷屬是你所有的。但是你若沒有自己所有的身體，你能有這些身外的所有嗎？」不行！你在人間，一定要先擁有你所有的身體，然後才會有你所有的師長、父母、子女、財產，這些外我所才能屬於你。你所有的身體若壞了，這些資產等外我所也就不再屬於你。所以這些我所，是從你的身體開始的，有了身體才能擁有外我所。但身體是你的六、七識據爲己有的我所，身體也是你的我所；經由身體這個我所，來持有父母、師長、子女，來持有財產、名譽、性命、壽命等等。可是如來藏從來不說：「這身體是我所有的。」也不說：「你們意識、意根每天在作主、在思量分別，把我據爲己有，其實你也是我出生的，所以五陰的你也是我所有。」如來藏不會如此，祂沒有絲毫的意見，無始劫以來不曾表達過一次意見，有意見的永遠都是你，祂從來沒有意見；確實如此，一切親證者都是如此現觀的。所以眞實法是離我所的，如來藏從來不會說：「這六、七識也是我所有的，這身體也是我所有，這山河大地也是我所有。」祂從來不會如此，所以說眞實法如來藏是無我所的，因爲從來就遠離我所。

這部經中的某些經句，以前我曾對一些居士講過，我說：「這部經是禪門的照妖鏡，你們自認爲悟了，出世努力弘揚月溪法師的法，但是你們要先用《維摩詰經》自我檢查。如果能夠通過這部經的檢查，你才可以說你是眞的悟了，如果你無法通過這部經的檢查，你的悟就是假的。」你們去禪三被我印證回來的人，用這部經來自我印證看看；如果印證不過去，那就表示我爲你印證的法是假的，那麼現在馬上就可以起身，對我說：「莎喲哪啦！」我們講到這裡，諸位都可以時時驗證看看：你從現量上面來現觀看看，從你所親證的阿賴耶識如來藏的現量上來看，如來藏眞的是離我所。這才是眞實法。

維摩詰大士又說：「**法無分別，離諸識故。**」眞實法是離分別的，並且這個離分別是永離，而且是本來就離，不是修行以後才離，也不是悟後才開始有時候離、有時候不離。可是離分別三字，古今有多少人錯會了！那一些大法師們、大居士們總是說：「沒有語言文字時就是不分別。」那好！請問你：「你第一次來到正覺講堂聽經，剛見到我上座的時候，你心裡說：『啊！原來這就是蕭平實。』可是你起這個語言文字之前，是不是已經先分別完成了？」（眾答：分別完成了。）是先分別完成了，才有語言出生的，可見分別是不必要用語言文字的。如果有誰要跟我爭執說：「我了了分明，而沒有分別。」我當場就給他一巴掌，他不可以責怪我說：「你為什麼打我？」因為他如果責怪我，那顯示他了了分明時已經有分別了，因為有分別才知道我打了他；所以有些大法師說「了了分明而不分別」，那是睜眼說瞎話。但是如來藏從來不分別，只有七轉識才會分別，如來藏從來不分別，因為祂對六塵從來不生起覺觀，你要叫祂分別個什麼？

祂離諸識的功能差別，從來遠離前七識的功能差別，祂自己從來不起前七識的見聞覺知及作主思量的功能，所以祂才是眞實的無分別者。所以眞實法是從來就沒有分別的，不是像意識心修行以後有時分別、有時不分別；覺知心都只能短時間不分別，不是從來不分別，不是永遠不分別。定修得好的人就能永遠不分別嗎？在定中就眞的沒有分別嗎？還是有分別！所以他在二禪等至位中，很清楚知道自己正在二禪等至中。只有一個定是不分別的，但不能講是滅盡定跟無想定，因爲那二個定是意識心滅了，意識心是已經不存在的；只有在非想非非想定中才能無分別，因爲那個定中不起想了（阿含經中佛說想亦是知），他那時已經不起法塵上的知覺了，可是那時又不是完全無知，所以才叫非知非不知——非想非非想，但那個境界中的意識其實是個白癡。

菩薩的法道卻不一樣，菩薩的法道是：我現在不分別，但是我也正在分別。一般人聽了：「你這不是在睜眼說瞎話嗎？你這是在騙人！你當我三歲小孩子？」我告訴你：「不是！我是尊重你，才會這樣跟你講，不拿你當三歲小孩兒。如果當你是三歲小孩兒，我就會跟你講：『我了了分明而不分別。』這才是對三歲小孩兒講的。因爲尊重你，我才告訴你說：『我不分別的時候，我也是繼續在分別的。』」這就是說，無妨七轉識不斷的在分別，但同時有第八識從來不分別：分別與不分別並行。所以 克勤大師有個師弟遠禪師，他有一次上堂開示：「須是不離分別心，識取無分別心。不離見聞，識取無見聞底。不是長連床上閉目合眼喚作無見，須是即見處便有無見。所以道：居見聞之境，而見聞不到；居思議之地，而思議不及。」這樣才是禪宗眞正的無分別。所以菩薩是在分別萬法當中，轉依第八識的不分別，不是把能分別的、有智慧的意識心，修成不能分別的白癡心。

正因爲第八識本身不起諸識的分別性，所以說祂「**離諸識故**」；從來遠離諸識功能性的心，祂才是眞實法。目連尊者那時尚未迴心大乘，尚未證得如來藏，所以他當然不懂；不懂，在菩薩面前就沒有開口的餘地。所以我以前說：「**阿羅漢來到我面前時，沒有說話的餘地。**」法蓮師、紫蓮師、悟觀師、楊先生不信，現在《假如來藏》、《辨唯識性相》讓他們去讀了，看他們信不信？其實是心裡面信了，但是嘴巴繼續不信；因爲事實就是如此，我給他們的法就是這樣，他們也無法否定，這才是眞正的法啊！所以菩薩說法並不是故意在貶抑二乘，也不是故意在貶抑崇尚羅漢道的法師們，而是在說明眞相；既然是在說明三乘法義的眞相，就不得不說到二乘法與大乘法之間的異同與高下，這是因爲提出來相提並論而做分析以後，修學菩薩法的人就能很容易聽懂，所以必須要這樣做；目的不在比較高下，而是想要使學法者容易聽懂，也更容易激發二乘根性的法師、居士們迴小向大。

維摩詰大士又說：「**法無有比，無相待故。**」眞實法，三界中沒有任何一法可以拿來跟祂相比較的；因爲三界中沒有任何一個法是跟祂類似的，所以無法拿來相待、比對，所以說祂離開相待之相，所以又叫作絕待——絕對待。你們明心的人試著去找找看：十方三界，有哪一個法跟祂相同而能夠拿來與祂比較？沒有！所以說祂「無有比」。可是二乘菩提斷見惑、思惑所說的法，都是有法可以拿來相對待比較的，因爲都是在三界中的法。可是眞實法不在三界中，祂雖然被你拉著在三界中，可是祂自己所住的境界是三界外的，不是在三界裡面的，那是祂的自住境界；祂爲了配合你，不得不在三界中忙得要死，可是祂自己所住的境界卻不在三界中，因此說祂無相待故；目連阿羅漢聽不懂，與 維摩詰菩薩根本說不上話，所以無法去看望他的病。

維摩詰大士又說：**「法不屬因，不在緣故。」**說如來藏從來不是導致你去輪迴生死的因，所以祂不是你生死的因。可是有時候，菩薩方便說祂是眾生生死的因，因爲如果沒有祂，就不可能有眾生能在三界裡輪迴生死；可是眞要探究下來，眾生在三界六道中輪迴生死，是祂所害的嗎？不然！因爲眾生在三界中現世的生死，是由於往世有業——往世造了業。生死的業種固然是由如來藏執持的，才讓眾生有了這一世的生死；可是那個業種究竟是誰造下的？是上一世的眾生自己造下的。上一世的你——意根，藉著上一世的意識不斷的貪著而造業；造善業就生天，或者在人間享受福報；造了惡業就下墮三塗受惡報，還是眾生自己造的，如來藏只是爲你持住種子而被動的實現業果而已。

又如無明，眾生無量世在我見、我執上面不斷的造作增長，在我見上面不斷的熏習，增長我見，那也是意根與往世的意識做的，仍然不是如來藏做的，祂只是把這些無明種子收存著而已，所以眾生都是自作自受：**自己造了善、惡業自己領受**。祂只是幫你收存這個種子，讓你下一世再來。再來了以後，你很有錢，享受快樂，那也是你在享受，祂也沒有享受到，因爲祂離見聞覺知，怎麼會享受？喜怒哀樂都是你自己的事，跟祂都無關，所以祂根本不是眾生生死的**緣因**，因爲祂不在諸緣裡面幫助眾生生起我見、我執，也不在諸緣當中幫助眾生造作種種業，所以祂既不造業，不可能是**業因**的**緣因**，所以說祂不屬因，因爲祂的運行都不在六塵所攝的各種緣中。可是二乘菩提所說的，都是在因與緣上面（以前緣爲因）緣於三惡業，緣於六塵，造作了種種善惡業，成就了來世的生死因，這是二乘菩提。可是大乘菩提講的眞實法，離這些**緣因**，祂是離生死因、離相待因、離一切未來果報的因；因爲祂從來不曾在種種外緣上面用心，當然是離生死因的；可是目連尊者聽不懂，所以不敢答應去看望他的病。

維摩詰大士又說：「**法同法性，入諸法故。**」說這個眞實法和諸法的體性一樣，因爲祂入於諸法中。這一句是不是和前面說的法義，有些自相衝突、矛盾？還沒有悟的人讀了往往覺得似乎是自相衝突的，但其實一點兒都沒有衝突！因爲我們十八界、五陰、乃至種種貪瞋癡慢疑，也都是祂所含攝的萬法之一，不能自外於如來藏而存在。既然不能自外於如來藏，都是從祂心中出生的，怎麼可以說這些跟如來藏無關？當然也有關啊！所以說這個眞實法同於諸法的法性；清淨、染污，善念、惡念，都同於如來藏，因爲都是從祂出生的，所以不能說與如來藏不同。

就好像手，你不能說手不是身體，因爲手也是身體的一部分；但是如果說手等於身體，那你只要有手就好了，不必有頭，也不必有其餘部分的身體了，但是也不能說身體與手不同。同樣的道理，諸法都從如來藏中出生，當然諸法同於如來藏，所以說**法同法性**。因爲如來藏遍於諸法中，祂具有四種遍，遍十八界及諸法中，每一法都沒有辦法離開如來藏，都在祂裡面運行，所以說祂「入諸法故」。雖目連尊者一想：「糟了！這一句話我還眞的不懂，爲什麼眞實法入於諸法中？」雖然在諸法中，可是在十八界中找來找去，眞實法在哪裡？又都找不到！所以目連尊者不敢去看望大士的病。

維摩詰大士又說：「**法隨於如，無所隨故。**」這得要先解釋什麼叫作如。如就是說，祂完全不動心、不動念，那才叫作如。假使吃到一碗燒焦的飯：「哎呀！這飯好苦。」雖然嘴裡不罵，可是心中想：「我這個老婆眞不會煮飯。」雖然嘴巴不罵，心中也沒有責備的語言文字出現。但是：味道是苦，感受到苦，這就是苦苦；心裡面覺得不好吃，就已經是苦受了；吃飯的過程就是行苦，是苦苦加上行苦，這時覺知心能算是如嗎？已經是苦了，怎麼叫作如？可是飯吃完了，待會兒太太說：「對不起！今天飯燒焦了，用杜老爺冰淇淋供養你。」「欸！這卻不錯！眞好！」動心了沒？動了！這還叫作如嗎？不如了。因爲覺知心一定會跟三種受、五種受相應，既然相應了就不能叫作如。可是眞實法永遠「隨於如」，也就是說祂隨順於如的體性，永遠如此，無始劫以來就這樣，不是修行以後才這樣。

外面常常有善知識說：「我現在都是如如不動的。」你突然給他一巴掌，看他動不動心？看他如、不如？早就不如了。就算你都不給他一巴掌，他坐上三個鐘頭都是如，可是下座了以後還如、不如？我告訴你：還沒下座，他就不如了，因爲腳痛得要死：「引磬怎麼還不敲？」早已經不如了。就算腿功很好，仍然是如，那麼請問：有時如，有時不如，那個變異如，你要不要？才不要那個變異如呢！眞要是如的話，應該永遠都如、本來已如，那才是眞實如。眞實法從無量劫以來，祂就一直都隨順於如，每一刹那都是如。爲什麼祂能夠永遠都是隨順於如呢？因爲祂「無所隨」嘛！如果祂隨於六塵中的任何一法，就一定會不如。因爲祂永遠離六塵的覺受，所以祂無所隨，才能夠永遠隨順於如。離念靈知心與六塵覺受相應，當然不可能永遠都如。好了！二乘菩提的修法永遠都在五陰十八界法上面，怎麼可能永遠隨順於如呢？所以目連尊者聽不懂，就不敢去看望維摩詰大士。

維摩詰大士又說：「**法住實際，諸邊不動故。**」實際就是如來藏自住境界，祂自己所住的境界才是實際。菩薩悟了也說：「我們也住實際，因爲我們住於如來藏的境界，我們轉依如來藏了。」轉依如來藏，如來藏就是實際，萬法的根源當然是實際；涅槃既是祂，所以祂當然是實際。菩薩不入實際，而住於實際；因爲如來藏自己住的境界，你覺知心永遠不可能住進去。不可以說：「我現在住在眞心的境界中。」如果有誰膽敢這麼講，你就一巴掌再給他，他生氣的質問你：「你爲什麼打我？」「你不是住在實際嗎？你不是住在眞心的境界中嗎？眞心的境界離見聞覺知，你怎麼知道我打你？所以我沒有打你啊！」他只能吃悶虧了。所以住於眞心的境界，意思是說轉依眞心而安住，因爲你七識心永遠不能變成眞心，所以不可能像眞心那樣的住於實際。

可是現在很多大禪師們都是要把妄心意識變成眞心如來藏，都是誤以爲覺知心、妄心一念不生就變成眞心了，認爲就是住入眞心的境界中了！但那都是變來的，不是本來就眞，凡是變來的都是有生有滅。阿羅漢所證的無生，不能住於實際，所以他們的無生是「將滅止生」，六祖大師早就罵過了。「將滅止生」就是說，把一個法滅了，讓它永遠不再生起。但是菩薩的法不是「將滅止生」，是本來就無生，不是滅了某一個法而不使它再度出生；是另一個法本來就在，本來就不曾出生過而說無生。但二乘法中的無生都是滅了五陰而不再出生五陰，所以說是無生，都是將滅止生。悟錯的大師們則是從來落在有生之法中，誤以爲是已證無生，都是誤將覺知心壓抑著不動，錯認爲是不分別心、無生心；所以他如果正在一念不生之中，自以爲是不分別的清淨心，可是當他後來聽見有人說他不好聽的話，心想：「這個人是我的仇家。」就氣起來了，心就動了！覺知心每日這樣動搖過多少遍了？有人也許講：「我入定三天，心都不動。」騙人！你如果覺知心都不動搖，就無法入定；如果都不動搖，也出不了定，還能出定啊？即使是證滅盡定，我還是這麼說：因爲你要入滅盡定，還得要心有動搖，才能入；在定中，心不動搖，還不能出定呢。但是眞實法從來離這一些境界，因爲都不跟六塵相應，才是眞的不動心。覺知心進入各種定中時，還得要跟定境法塵相應，是動搖；會出定也是一樣，因為心動搖了，一念無明又出現了，一個念一閃而過，就出定了，還是動搖了；這些都是動心，因為跟六塵相應的緣故，所以心會動搖。可是如來藏從來不與六塵相應，所以祂是無動搖者。二乘菩提所證的都是在七識上用心，當然是會動搖的心，依於六塵的緣故。所以他不懂，就不敢去看望維摩詰菩薩。

維摩詰大士又說：「**法無去來，常不住故。**」眾生所知的心都是有去來的：離開了上一世，入胎來到這一世，有去、有來。覺知心今天晚上睡著而斷滅了，去了；明天早上醒來，又來了，所以有去、來。恆、審、思量的意根到阿羅漢入無餘涅槃的時候，永遠斷滅了，也是去了，所以一切法都有去、來。但是如來藏從來就沒有去、來，無始劫以來就一直都是這樣。無明眾生不斷的輪迴生死，去到地獄受盡百般的苦惱，恨不得趕快死掉；一死掉就去了，但如來藏還在，沒有去；正因為如來藏還在，所以業風一吹，覺知心又重新出現，重新再受苦，於是又來了，但如來藏還是繼續在，還是沒有去、來；死後業風一吹，覺知心又醒來了，如來藏還是本來就在，沒有去、來；覺知心再度現行時於是又受苦了，又悶絕過去，又死掉了，於是又去了；如來藏還是沒有去，還是在。這樣反覆的繼續下去，覺知心來來去去，如來藏仍是沒有來去，因爲本來就在。所以諸法都有去來，可是如來藏永遠常住，祂沒有去來。

我們離念靈知心今天早上來了，中午睡個午覺又去了；午覺後醒過來的時候又來了，晚上睡著了，又去了！被人打一記悶棍時覺知心又去了，又斷滅了！不斷的來來去去。菩薩爲什麼重法而不重視神通？諸位知道這個道理嗎？因爲神通是依意識心才有的，意識心一旦斷滅了，神通就不能現前了。神通再怎麼大，都敵不過麻醉醫師那一針；那一針打下去，再廣大的神通也會滅失不現了。神通依於意識心而有，意識覺知心依於五色根而有；五色根若被麻醉了，意識心滅了，神通就跟著滅了。所以有些被大力鬼神附身的女精神病患，力大無窮，三、五個壯漢抓不住她一個小小的女生，因爲她被大力鬼神附身了！後來終於把她弄進車子送到醫院去，麻醉醫師來了，加重份量的麻醉針打下去，她力氣又大在哪裡呢？附身的大力鬼神也沒辦法了。這樣子每天都打麻醉針，讓她無法動彈，到最後，大力鬼神也只好認輸離開了。爲什麼會這樣？因爲凡是有去來的法都有辦法對治，都是依意識心而有的；所以，只有眞實無去無來的常住的法才是眞實法。離念靈知，往往不必動到麻醉針，只要一記悶棍就解決了，祂就斷滅了，就去了！

等到潑冷水以後，才又慢慢的回轉來，都是有去有來的法，就是虛妄法。但眞實法如來藏也是「常不住」，爲什麼常而不住？因爲祂不住於諸法中：不住於六塵，不住於覺觀，不住於貪瞋癡中，這才是眞實法。目連尊者不曾證得這個實相境界，所以他不敢去看 維摩詰大士。

維摩詰大士又說：「**法順空，隨無相，應無作。**」眞實法如來藏，永遠隨順於空，不會在三界有裡面起執著，所以叫作法順空。但是二乘法所斷的十八界，不管哪一個法都不順空，都攀緣於三界有。既然都攀緣三界有，不順空，那顯然就不能無相，一定隨於有相、隨於三界中的種種有，最微細的就是隨順於無色界有。很多人誤以爲一念不生時就是證空，可是他們不曉得一念不生時仍然是有；覺知心一念不生時正是欲界有，因爲不離五塵中的覺知，所以是欲界有；即使他們打坐入未到地定過暗中，無所覺知，但是無所覺知的時候，仍然還有覺知心在，只是祂暫時不反觀自己而已，那還是欲界有。修入初禪時是色界有，修入第四禪時還是色界有。如果再往上進修四空定，修到最高的非非想定中，還是無色界有，不是眞空；因爲只要覺知心還在、只要意識還在，就是有；都將隨於有而不能隨於無相，因爲一定會跟三界境界相應。

可是真心如來藏這個眞實法，祂永遠不跟三界有相應，從來不起貪，起貪的都是意根；由於意根生起貪的作意、我執的作意，所以如來藏才無法離開你的五陰進入涅槃，所以如來藏祂本身是隨順無相的；因爲順於空，所以隨順無相，隨順無相就無作。意識心看見了漂亮的珠寶，眼睛爲之一亮。如果買到手，每天把玩、膚色光澤，這就是有作。可是意識心很歡喜的正在把玩珠寶的時候，祂眞心都無所謂，因爲祂既不了知它是什麼，當然就不會產生貪著，不生貪著也就不會討厭厭惡的物質或者六塵。凡是有貪著的、有喜愛的，它同時就會有厭惡；既然沒有貪著、也沒有厭惡，它怎麼會起有爲有作的心行呢？所以祂永遠都與無作相應，所以說**法順空，隨無相，應無作**。這個道理，神通第一的大目連尊者也弄不清楚，因爲他所知道的法都是十八界中的法，可是十八界中的每一法都**不順空**，**隨有相**，**應有作**。十八界法，諸位都知道是六根、六塵、六識，都隨於有相法，都不是無作法，所以他聽不懂。

維摩詰大士又說：「**法離好醜，法無增損，法無生滅，法無所歸。**」大目犍連尊者所知道的十八界法，不管哪一個法都是有好醜的，因爲十八界和合運作，就一定會有好醜。今天托缽回來：**不錯！有美食**。這一戶人家有錢財又恭敬三寶，早就準備好要供養的，今天我去托鉢得到了，吃起來很好吃；明天托鉢時沒得到，只好用牛糞充飢。古人對牛糞，並沒有那麼厭惡的；現在有的人看見了牛糞就作嘔，古人是不會的。我們小時候，鄉間房屋牆壁都是用竹篾編的，然後用牛糞去糊起來；有錢人家則是弄麻絲加上石灰土去糊起來；所以牛糞是建材之一，古人並不厭惡它。如果不得不爲了充飢而吃牛糞，比起昨天托鉢回來的美食，那當然就是醜了！十八界的法，永遠都會跟美醜相應。可是眞心，祂離六塵見聞覺知，所以祂永遠沒有好醜之分。

「法無增損」，六識心加上意根，這七個識都會有增損：以學書法來講好了，今天學習成績很差，明天、後天、明年、後年，後來這覺知心，在寫書法的時候不但都細緻的觀察到每一個地方，而且運作順暢快速，寫起來字很美，讓人家覺得有一種美感；這表示七識心可以在這一方面增長自己的功德。但是專心在這上面，也許他就把鋼琴給忘了，結果五年後重彈起來，好多雜音出現了，在鋼琴方面的功德損減了！十八界法總是如此，五陰一向是如此的，它是可以有增損的。你們來正覺學法，學到今天破參乃至見性了：哇！好有智慧。可是，好有智慧，是誰有智慧啊？還是七識心，所以七識心的功德有所增損，但眞心在這上面是不會有所增損的，因爲眞心不會在這上面相應。你把《心經》誦看看：「無智亦無得，無無明，亦無無明盡。」無一法與祂相應，祂怎麼會有增損？可是你來學法，找到了祂以後，你的七識心智慧增加了，煩惱損減了，至少我見煩惱不見了，思惑煩惱也有一分不見了！所以七識心這個法，是有增損的；在善惡法、在無漏淨法上面，祂會有增損。可是眞實法如來藏從來無增損，由於無增損，所以才說無眼耳鼻舌身意，無色聲香味觸法，無無明，亦無無明盡，無智亦無得；說白了也是無三十七道品。祂永遠都無增損，永遠無增損的心才是眞法；若是有增有損，顯然就是虛妄法，眞實法是絕對不增不減的。

可是，到底是哪個法無增損？大目犍連尊者弄不懂，就沒資格去看望 維摩詰大士的病；他怕萬一去到那邊看病，維摩詰菩薩問他：「我以前跟你講『法無增損』，你說來聽聽看。現在弄懂了沒？」沒辦法回答，那該怎麼辦？所以他當然要推辭。

「法無生滅」，眞實法沒有生滅，有生滅的都是虛妄法。眾生，特別是常見外道們，總是認爲離念靈知不生不滅。前幾年好多居士、法師在網站上一直與我爭執：「蕭平實竟然誹謗離念靈知，說祂是生滅法，顯然是個外道。」有時說：「能見之性、能聞之性乃至能知、能覺之性就是佛性，蕭平實竟然說都是生滅法、虛

妄法，他是毀謗正法，是邪魔外道。」可是今天他們不敢講話了，因爲以前根本都還沒有讀過我寫的一、兩本書，就只是爲了自身的名聞、利養受損而公然毀謗我；現在我們也在網站上面貼了很多本書，舉證很多了，他們才不敢再亂講了。所以，有生滅的法，表示它們會有增損，也就是說它一定是能熏的法，能熏的法就一定會有習氣增損。眞實法沒有增損，所以它一定是不生滅的。

當然，以前曾有許多法師說：「**阿賴耶識是生滅法，找到阿賴耶識以後還要把祂滅掉。**」最早講的當然不是印順法師，因爲在西天早就已經有凡夫論師講過了：安慧、月稱、寂天、阿底峽等人，在天竺晚期佛教的時候都已經講過了，印順法師的講法並不是創見，他只是吃那些未悟古人的口水而已。有智慧的菩薩們，連用腳去踩都覺得髒髒的邪見口水，他還去撿來吃。前年（2003年）初，我們也有一批人退失了，他們也跟著印順說：「**阿賴耶識是生、滅法。**」可是我們托了好多人傳話過去請問：「**阿賴耶識何時生、何時滅？**」他們卻又答不出來，只是一味的、不斷的堅持說是生滅法。既然那麼堅持，總得要講個道理出來：何時生、何時滅。如果理證上講不出來，教證上也可以舉證出來；教證若講不出來，理證上也可以；結果不管哪一方面，他們都無法回答。

古來類似這種說法是很多的，意思就是說，他們不懂什麼是生、滅，什麼是不生不滅；把不生滅的法毀謗成生滅法，然後說他們證得所謂的佛地眞如、初地眞如，原來還是意識心離念靈知，原來是退回凡夫常見中。但離念靈知確實是生滅法，因爲從世間人的常識就可以知道了！這很簡單：如果病得很痛苦，悶絕了，離念靈知就不見了；要不然打他一記悶棍，離念靈知也不見了、也滅了；要不然下了毒藥也可以把他毒死，離念靈知也不見了。因爲只要五色根壞了、不正常了，離念靈知心就不能存在了，所以祂是生滅法：有生有滅嘛！

也許有人說：「意根恆審思量，祂無始劫以來就在，所以祂不會壞，如果我不入無餘涅槃，祂會永遠在。」講得好像有道理，但是：他最後一句話說：「如果我不入無餘涅槃，祂會永遠在。」那就表示祂也是可以壞滅的了，既是可以滅的法，還是生滅法。眞正的法是永遠都不生滅的，可是很多人不懂，他們說：「佛法講無生，證悟的人就是得無生忍。」他就想：「我就把妄想滅了，一念不生，那就叫作無生。」也有這種愚癡的說法，並且是大多數所謂開悟者的說法。他們以前都說：妄想不生時就是證得無生忍。竟然也有這種無生忍。可是妄想是誰相應的呢？是覺知心相應，覺知心滅了，妄想也就永滅了！但覺知心卻是從來有滅、有生的法，那豈不是有滅然後才無生？這正是六祖大師所罵的「將滅止生」。用滅來說無生，不是本來無生；佛菩薩們證得的無生都是本來就無生的，不是滅後才無生的。

「法無所歸」：將滅止生，現在的代表者就是應成派中觀，印順法師是其中的佼佼者、第一把好手；他認爲把十八界都滅了，沒有一法存在時，這個滅相就叫作眞如，眞如就叫作無生。所以他們都弄不懂佛菩提，因爲他們以二乘菩提解脫道來取代佛道、大乘菩提，所以就產生這個大問題出來。因此他們所謂的無生都是以斷滅作爲無生，是將滅止生，不是大乘法所說的本來就無生，所以都是生滅法；可是眞實的法，是本來就沒有生、也沒有滅；沒有生也沒有滅，才是眞實法。既然無生也無滅，祂當然就無所歸了；不能把祂歸屬於某一法，當然是眞實法。有歸就表示某一個階段消滅了，所以妳們年輕人如果出嫁了，嫁了就叫作于歸——有歸宿了。有歸宿了，那你少女的身分就消失了、滅了，現在變成人妻；幾年後變人母，也許二十幾年後變人家的婆婆，所以是有所歸的。虛妄法都可以有所歸，譬如說萬法：發明原子彈的法，意識的法，什麼法都好，要歸到哪裡呢？歸到十八界，都是從十八界生。可是十八界仍然可以有所歸，繼續歸到後來，終究還是歸到如來藏去，都是直接、間接、輾轉從如來藏生嘛！可是如來藏從什麼生？

沒有啊！祂出生萬法，不從任何一法生，所以如來藏無所歸，無所歸的才是眞實法。大目犍連尊者所證的是二乘菩提，二乘菩提的一切法都有所歸，因此 維摩詰大士對他說：「**眞的法是無所歸的。**」他就傻眼了，因爲無所歸的法是哪個法？在何處？他不知道，所以當然要推辭，不敢去看望 維摩詰菩薩。因爲去看望的時候，維摩詰居士若是問一句說：「**我當時跟你說『法無所歸』，你弄懂了沒？**」大阿羅漢竟然不懂，被當眾一問，不就要臉紅耳赤了嗎？那怎麼辦？

維摩詰大士接著又說：「**法過眼耳鼻舌身心，法無高下，法常住不動，法離一切觀行。**」眞實法是超過眼耳鼻舌身心的境界。一般人所知的法，說穿了都是意識心，逃不過意識心的境界。不管哪一個證悟者所說的，都逃不過意識心的境界；如果來了一個糊塗蛋，他再加上意根的境界，叫作處處作主，那正是遍計執；這不是悟得更深，反而是更墮落。聰明人說：「**我的離念靈知統統隨緣，都不執著攀緣，都無所著。**」可是他老兄反而來個處處作主，那是在依他起性的離念靈知上面產生了誤計而成就了遍計所執，才會想要處處作主。所以眞正解脫的人，他是不作主的：什麼都不作主，處處都不作主。處處作主的人，他就得要輪迴生死，想作主就作不了主；能夠悟得不作主的心，轉依祂而不作主，他才能死後作得了主，他才是聖人，才能處處作主而決定自己的生處。

可是他們不懂這個道理：落在眼耳鼻舌身五根加上七個識中，祂們所了知的是三界中的法，不離色法、不離六塵；可是眞實心如來藏，祂能了知的太多了，卻都不是眼耳鼻舌身心所能了知。可是也許有人說：「你總得講出來吧！否則我憑什麼相信你？」但我就是不告訴你！等你悟了，你可以再一步一步去了知；因爲你縱使眞的開悟了，也仍然無法完全了知。悟的時候所知道的內容，就像某人講的說：「只有鼻屎那麼大。」只知道這麼一點點而已。你要慢慢的一步一步進修，才能越來了知越多。祂所了知的，絕不是五陰的自我所能了知的，祂了知的範圍太廣泛了，所以說祂是超過眼耳鼻舌身心的。

眞正的法沒有高下，可是虛妄法就有高下了，正因爲落入十八界的關係，所以就說：某某人比較聰明，某某人比較癡呆。就因爲十八界的關係，所以說：某某人長得比較漂亮，某某人長得比較醜。都有高下。但是眞實法不在十八界中，所以祂沒有高下的差別。如果螞蟻，牠眞的悟了，當牠遇見佛的時候，牠也會這樣子說：「佛的第八識跟我的第八識一樣，都是眞如法性，沒有高下差別。」佛聽了，也會說：「你眞的有智慧，說得好，確實如此。」絕不可能將牠推翻的，所以眞法沒有高下。凡是有高下的，都是因爲十八界法的緣故才會有高下；但十八界都是所生法，也都是可滅法，眞正的法卻是常住不動而無所住的。虛妄法都是有所住，所以不能常住，有時住於色塵，有時住於聲塵，乃至有時住於法塵，都是有所住的；有所住的心，這個住就是執著、所緣。

有所住就有所著、有所緣，有所著、有所緣就不能常住，因爲它會像猿猴一樣：取一放一、捉一棄一。猿猴永遠是這樣，牠現在兩手把果子抓滿了，再往嘴巴塞，塞到兩頰都鼓起來了，兩手也抓滿了，當牠看到另外一個時，就把右手中這個丟了再摘另外一個；看看樹上還有另一個，於是左手又丟了原有的，又再摘另一個，結果牠把滿樹的水果都摘光了，帶回家的卻還是嘴巴裡和兩手的，但整棵樹都被牠摘光了，猿猴就是這樣。我們的意根、意識也是如此取一放一，都是有所住、有所緣；有所住、有所緣的結果，住於這個法、緣於這個法，等一下又轉住、轉緣於另一個法中，不斷的轉換。所以上輩子在 琉璃光如來的世界，這輩子到娑婆來，下輩子又要去極樂了，換來換去，不能常住。如果以意識心、以離念靈知來講，自從醒過來，一下子緣於那個法，一會兒又緣另一個法，一直到睡著不見了爲止，都是如此有所住、有所緣，所以不是常住法。因爲會動心，不斷的動心，所以不能常住；能常住的心，是不在六塵上動心的，從來不動。當意識緣於五塵或單獨法塵時，即是有所緣；若無所緣的塵，意識就只能斷滅不在了。但是當你們明心了以後，可以試試看：有什麼東西能夠讓你的如來藏動心呢？不可能！實際上眞的不可能！你無法使祂動心，所以這個眞實法才叫作常住心。

正因爲你沒有辦法把祂毀壞，你要讓祂暫時一刹那的斷滅都不可能。你們找到如來藏的人，你想想看，你有什麼辦法能使祂暫時斷滅一刹那？有沒有辦法呢？根本就無法使祂斷滅一刹那，所以祂才是常住的。而能夠常住的心，絕對不會在六塵上動心。這個常住而不動的心，才能說祂是眞實法，除此以外都是虛妄法。

也許有人說：「我們因爲悟得離念靈知心，所以觀行很好。」問他怎麼觀行呢？他說：「我們常常會觀照自己有沒有起妄念。」原來觀行是在觀有沒有起妄念，不是在觀察我見斷了沒？不是在觀察有沒有打破無始無明，只是在觀察有沒有生起語言文字妄想。可是就算他的觀行正確，再請問他：「所觀察的心是不是能觀行之心？」答案是「能」，因爲他不能否定，因爲他的離念靈知就是會觀行的心。現在維摩詰菩薩說：「法離一切觀行。」所以他們不敢講《維摩詰經》，因爲不管講哪一句，他們都會自相牴觸。離念靈知既然能觀行、會觀行，那就是虛妄法，維摩詰大士說**眞實法是離一切觀行的**。

參禪也是一種觀行，就是依般若經的正見去尋找：到底我的如來藏在哪裡？這也是觀行的一種，所以六即佛裡面說**觀行即佛**位，就表示他還沒有悟，還在作觀行的階段中，還在找他的眞實法；因爲仍然找不出來，所以要一直觀行，在他尋找如來藏的過程中，我們就說他是觀行即佛位的菩薩，還不是開悟者的**相似即佛**位的菩薩。找到如來藏的人叫作相似即佛，看起來跟佛很相似，因爲他看佛時：**佛也有這個第八識心，也是眞如性；我也有這個第八識心，也是眞如性，跟 佛是很相似的。**其實與佛相差很多，可是從如來藏看起來是相似的，似乎沒有差別，所以叫作相似即佛。因爲他的第八識還沒有發起五法，沒有五分法身，所以不叫作**分證即佛**。可是即使修到諸地的分證即佛好了，那時的如來藏自身還是不作觀行的，能觀行的永遠都是六識心；所以六識心縱使修到佛地了，祂還是六識心，修到佛地都不會變成眞實法第八識；因爲佛地的眞實法第八識，是從因地的第八識轉變所含藏的種子而成佛地的第八識，不是因地的第六識去轉變成佛地的第八識。可是現在的大師們都想要把第六意識修行變成佛地的第八識眞如心，這就好像說我要把這個黃銅努力淬鍊以後變成黃金，都是誤會佛法的凡夫。所以說，眞實法是不觀行的，永遠不會作觀行，正是第八識如來藏。諸位！你們破參找到如來藏以後，看祂會不會觀行？祂永遠不觀行的，觀行永遠是我們六識心的工作，永遠沒有辦法派給眞心如來藏來做。

講完了那麼多法以後，維摩詰菩薩總結說：「喂！大目連啊！法相就是這樣的，這種法你怎麼可以用語言來為居士們說？」大目連一聽，還眞的是如此！眞實法的相貌就是這樣，所以說「不可說、不可說」，說出來的已經不是眞實法自身了。所以維摩詰居士接著說：「所謂說法（也就是指眞正的說法），是沒有語言相的、沒有表示的。沒有語言相、沒有表示，才是眞正的說法者。」

所以雲門禪師悟前去叩睦州禪師的方丈室，睦州禪師聽到他叩門，就把門打開，隨即又關上了！雲門禪師不得其門而入，只好回去；第二天早上又來叩門，睦州禪師聽到他又來叩門，門一打開又隨即關起來了，連著三天都這樣。後來雲門禪師想一想：「這樣不是辦法，我非得要弄清楚不可，不然我來找大禪師作什麼？」第四天他又來叩門，睦州禪師才剛把門一打開，雲門很快一腳就踩進去，不等他開口接人了。這意思就是說，眞正說法是無說亦無示的，睦州才是眞正說法者，只是當初雲門不懂。後來他突然一腳踹進去了，應該是讓睦州沒辦法關門了；可是睦州卻不管雲門把腳踩進來的事，他照關不誤，把雲門的腳給夾了，這一猛夾，雲門就悟入了！成爲跛腳禪師。所以說，聽法者無聞無得，這時候他終於懂得聽法了。前後四天，睦州沒有說法、也沒有表示，雲門也沒有聽到一句法，也沒有得到開示，但這才是眞正的說法與聽法者，會聽法的人要這樣聽。哪一天你如果來小參問我：「哪個是眞如？」我如果給你一棒，你可別怪我，因爲說法者無說無示，那你聽法者也該無聞無得。如果你聽見我跟你說什麼，看見我作了什麼？那就表示你一定還是悟不了，或是悟錯了。正因爲你的悟緣未熟，我得要先在知見上爲你說法，那都是因爲還無法眞的悟入。大目連尊者以前聽到 維摩詰菩薩這麼說法時，當然不懂，現在哪敢去看望他？

維摩詰大士說：「就好像幻化出來的一個人，爲另一個幻人說法，這才是眞正說法。應該建立這樣的觀念，來爲居士們說法，才算是眞正懂得說法的人。」所以我今晚上座講了一個鐘頭，其實並沒有說法，因爲都是言語。我用什麼來跟你們說法？用我這個幻化出來的人來爲大家說眞實法。在六十二年前並沒有我這個人存在，六十二年前幻化出來了，現在有了這個人名爲蕭平實，我用這個幻化出來的假人來爲你們這一些被幻化出來的假人說法（你們也都是幻人）；要由幻人來爲幻人說法，才是眞說法，而不是以口舌來爲你們說法；「以口舌而說出來的法都是方便法，不是眞實法。」所以眞學禪宗的人，都要懂得以幻人爲幻人說法。

「悟後要懂得這個道理，以這個道理來爲眾居士們說法，這才叫作眞的說法，你目連爲這一些居士們說法，這不是眞的在說法，不是在說眞實法。而且應當要了知，眾生的根性有利有鈍，有的人智慧很深利，有的人智慧很遲鈍。但是身爲菩薩、身爲說法者，應當要善於知見，要能夠觀察（見就是觀察，知就是瞭解）；觀察瞭解眾生根性的利與鈍，然後心中無所罣礙，以大悲心來讚歎于大乘法。」若是讚歎二乘法，用不著大悲心；因爲我只要這一世爲眾生講完二乘法，有人得解脫了，我該捨報時就走了，永遠不來三界中了，所以不需要起大悲心再發受生願。但是菩薩能得解脫之後，反而還要再生起一個願力來：「我還是要繼續的利樂眾生，不要入無餘涅槃，不可畏懼久遠劫的生死苦惱。」所以只好以這個大悲願故意留下一分思惑再來受生，這樣一來就得要有大悲心才行。得解脫了，而願意再來五濁惡世，跟五濁眾生混在一起，這眞的需要大悲心；有這種大悲心的人，他所修、所傳授的法一定是大乘法；既然是大乘法，當然是要有大悲心互相配合，所以說用大悲心來讚歎于大乘法。「這樣深心想念著要報答佛恩，使三寶種子不會斷絕。」報佛恩，不是趕快成爲阿羅漢入涅槃，或者躲到極樂世界去享樂，不肯再迴入娑婆來；那不叫作報佛恩，那叫作忘恩。忘了佛恩，才會只想去極樂世界享清福，學成之後不肯回來跟娑婆世界五濁眾生共事，那是不感念佛恩的人。

所以眞的感念佛恩的人，他的心態是說：「我既然悟了，依照《觀經》中的許諾，我去那邊很快就可以進入諸地，至少也有初地；最遲鈍的明心者去那邊，至少也可以得到初地智慧，人間沒有人可以來跟我挑戰了。」他想：「我應該這樣去極樂。」所以他是以回來這裡爲前提而去極樂的，不是爲了逃避這邊荷擔如來家業的辛苦，而是爲了將來有能力荷擔如來家業，所以他要去極樂，這樣的人就是念、報佛恩。如果多一些這樣的人，人間三寶就永遠不會斷絕了。「應該爲居士這樣教導，教導他們要念報佛恩，要以大悲心讚于大乘，要讓三寶持續不斷，然後以這種心態，也爲眾生這樣教導，來爲他們說法。」維摩詰大士這麼說。

目連尊者轉述了維摩詰大士上面的說法以後，又敘述說：「維摩詰居士說這些法的時候，我聽不懂，但那個時候竟然能有八百位居士因爲聽了維摩詰居士的說法而發起無上正等正覺之心。」換句話說，他們不再修二乘法了，要專門修大乘法、行菩薩道了。「而我目連沒有這個法義辨正的口才，根本無法跟他論法，連插一句話都插不上，所以我如果現在接受世尊您的指派去看望他的病，他要是問我這些法，隨便一句我都答不出來，那我怎麼辦？所以我真的不堪任去見維摩詰菩薩，不堪任去看望他的疾病。我不是推辭，所以世尊您還是另外派別人去。」

【佛告大迦葉：「汝行，詣維摩詰問疾。」迦葉白佛言：「世尊！我不堪任詣彼問疾。所以者何？憶念我昔於貧里而行乞，時維摩詰來謂我言：『唯！大迦葉！有慈悲心而不能普：捨豪富，從貧乞。迦葉！住平等法，應次行乞食；爲不食故應行乞食，爲壞和合相故應取揣食，爲不受故應受彼食；以空聚想入於聚落，所見色與盲等，所聞聲與響等，所嗅香與風等，所食味不分別，受諸觸如智證，知諸法如幻相，無自性無他性，本自不然，今則無滅。迦葉！若能不捨八邪，入八解脫；以邪相入正法，以一食施一切，供養諸佛及衆賢聖，然後可食。如是食者非有煩惱，非離煩惱；非入定意，非起定意；非住世間，非住涅槃。其有施者，無大福、無小福，不爲益、不爲損，是爲正入佛道，不依聲聞。迦葉！若如是食，爲不空食人之施也。』時我，世尊！聞說是語，得未曾有，即於一切菩薩深起敬心。復作是念：『斯有家名，辯才智慧乃能如是，其誰聞此不發阿耨多羅三藐三菩

提心？』我從是來，不復勸人以聲聞、辟支佛行，是故不任詣彼問疾。」】

講記：這一段經文，是換大迦葉尊者上場了！聲聞十大弟子中，前面已有二位推辭了：第一位是智慧第一的舍利弗尊者，第二位是神通第一的大目犍連尊者，現在第三位是頭陀行第一的大迦葉尊者。這大迦葉尊者也不曉得般若密意，所以他也無法去。　佛就是故意要向聲聞中的十大弟子一個、一個問，讓他們知道大乘法的不可思議，爲的是要發起他們的大乘心，將來才會迴小向大而成爲菩薩，後來果眞有好多位迴入大乘而證悟了。　佛接著告訴大迦葉尊者：「你去吧！去看望維摩詰的病況。」大迦葉尊者知道自己也無法勝任，就向　佛稟白說：「世尊啊！我不堪任看望他的疾病，爲什麼呢？因爲我想起以前曾經在比較貧窮的那些里巷中行乞，可是當時維摩詰菩薩來跟我講，他說：『喂！大迦葉啊！你有慈悲心，可是不能普遍，因爲你專門捨棄豪富的人家而不行乞，你的慈悲心都用在那一些貧窮人家，專向貧窮人行乞，不肯給富人種一、二次福田。迦葉！住在平等法的人，應該順著次序去行乞。如果先遇到的次序是有錢人家，你就不應該跳過去，你也應該給有錢人同樣能在你身上種福田的機會，這才是住於平等法的人。』」

如果是二乘法的行者，他就沒有平等法可說，因爲二乘法所觀行的，都是在十八界法中，可是十八界法中並沒有平等法，一定是一一界各不相同，所以一定會有貧富差別的看待；世間不可能有二個人財富是完全相等的，所以一定會有貧富差別，那不是平等法。可是最貧窮的人與最富有的人，他的眞實法如來藏完全平等無差別，這才是眞的平等法。「如果住在這個平等法裡面來看待富人，他跟窮人一樣是這個如來藏，你就應該平等的乞食，不應該跳過富人；你略過富人，顯然就是用你的意識心來看，說這個富人太有錢了，不必給他種福田，我迦葉專門要給窮人種福田。」所以就不是住於平等法了，但是他無法瞭解這個道理。

維摩詰居士又說：「**爲不食的緣故，所以應該要行乞食之法。**」大迦葉尊者更聽不懂了：「我們二乘人實行乞食就是因爲要吃飯，所以要行乞食；因爲我這個十八界若沒有飲食就不能生存，所以我才要乞食。今天維摩詰居士竟然跟我說：『是爲了不食才要乞食。』如果爲了不食，我乞食來幹嘛？」所以他無法弄通。但菩薩確實是「爲不食故應行乞食」，一切眞悟的出家菩薩都是這樣的。出家菩薩們受眾生供養，供養食物來了無妨就吃了，受供的錢財也是拿來買吃的；可是吃了這些錢財——飲食，目的並不是爲了要吃，而是專爲那個不吃的。（眾笑⋯）

講到這裡，就產生不同的狀況了：有的人聽了就笑，有的人聽到別人笑，所以也跟著笑——是跟著傻笑；有的人根本沒辦法笑，因爲眞的很痛苦——聽不懂。我告訴你：我若是在二乘人中講解這一部經，如果不是二乘聖人而是二乘凡夫，他們一定留不下來，一定會離席，只有在二乘法證聖的人才能留下來繼續聽。因爲讓我這樣講解下來，這二乘解脫的聖者好像是一文不值了；連俱解脫的聖者、三明六通的聖者給我一講下來，都成爲一文不值了。可是二乘法中的凡夫又不敢開口罵，爲什麼呢？因爲這是經文中講的啊！不是蕭平實自己編出來的。那該怎麼辦？越聽心中越痛苦，那就只好離席了。你們沒有離席，眞不簡單，這表示你們都是菩薩性者，一心求證菩薩法；即使有人聽不懂，也不願離席，想要繼續聞熏，增加證悟的機會；至少也可以成爲多聞熏習，將來必定會有悟緣。

菩薩出家了，下山乞食回來，他眞的是爲了不吃的才乞食，他不是爲了要吃的覺知心而乞食。表面看來，他是爲了要吃飯才去乞食，因爲他乞食回來得要吃了才能維持這個色身，然後可以在人間繼續給人家種福田，與眾生結下法緣，然後可以度眾生得解脫。可是菩薩出家了以後，他去乞食回來，吃飽了卻說：「我沒有吃。」不但說沒有吃，而且說：「我一生從來都沒有吃過飯。」他爲什麼乞食？而且吃完了竟然還說是爲了不吃？因爲他想要圓滿一切種智，也想要度眾生，讓眾生同樣圓滿一切種智，因爲成佛一定要靠一切種智。可是一切種智是什麼呢？是了知如來藏所含藏一切種子的智慧。一切種子含藏在如來藏中，如來藏卻從來不吃飯；出家菩薩是爲了要究竟了知不吃的如來藏，所以他要維持色身而吃飯，才要去乞食；如果不吃，生命不能存在，就無法證一切種智，也無法教導眾生證一切種智，所以他眞的是爲了不食的緣故而行於乞食。這樣一講，諸位就懂了。可是二乘人從來沒聽過這個法，維摩詰大士也只跟他講這麼一句：「**爲不食故應行乞食。**」不加以解釋，那究竟是在講什麼？眞的聽不懂。可是你們已明心的人，我不必解釋，你就已經懂了，所以我這個解釋是爲還沒有明心的人解釋的。

維摩詰居士又說：「**爲壞和合相故，應取揣食。**」揣就是揣，也就是團。我們人間的食物都算是團食，或者叫段食，一段一段的；菜拿來切了炒出來，還是一段一段；飯煮出來裝到碗裡面，也是一團一團的。那你說：「**水總沒有一團一團，也沒有一段一段吧？**」但是水仍然是物質，還是可以用容器把它裝起來，所以仍然屬於團食所攝。人間菩薩所吃的當然是團食，出家了出去托缽回來的食物也是團食；但團食是和合相，團食的受用者是我們的色身，色身也是和合相，都是和合相，能吃的與所吃的都是和合相。但是菩薩去乞食，是和合相。有能吃的色身是和合相，去乞討回來的團食也是和合相，能吃與所吃都不離和合相，可是這樣乞得團食回來，目的是爲了要壞掉和合相。也就是說，未悟的出家菩薩乞食，都是和合相；正是爲了壞掉和合相，所以才要乞食：「**你迦葉尊者去乞食時，也應該是要壞掉和合相才對。**」

這一句話他可能稍微有一點聽懂了，因爲如果捨報了入無餘涅槃，和合相就滅了；可是如果是爲了入無餘涅槃，那爲何要去乞食來壞和合相？爲何要用團食來壞和合相呢？不如就入涅槃算了。這道理又不通了！所以還是不敢吭聲。菩薩卻不一樣，菩薩出家了以後，乞食回來維持這個色身，目的是爲了要悟入無和合相的如來藏境界，爲了佛地的一切種智；可是一切種智是沒有和合相的，因爲都從如來藏而來；如來藏本身離和合相，所以取團食的目的是爲了壞和合相。

維摩詰居士又說：「**爲不受故應受彼食。**」從字面上來看，是爲了不受食物，所以要受那個食物。這怎麼能聽得懂呢？太荒唐了！你既然不受食物，爲什麼要受食物？如果你把這句話拿出去外面講，人家就罵你：「神經病！你明明是爲了要受這個飲食，怎麼又說不受？」因爲這句話很少人聽過，你先別告訴他是《維摩詰經》講的。你說：「你出來乞食、你出來托缽，就是爲不受食故，所以應受彼食。」

他就罵你：「神經病！」可是你隨著告訴他說：「這是維摩詰大士講的。」他就愣住了，不知道該怎麼辦了。可是請問：「你們一頓飯吃完了，到底你是有受、還是無受？你吃了沒？」眞悟的人說是吃了也沒吃：「所謂吃飯，即非吃飯，是名吃飯。」這才是懂得吃飯的人。因爲實相法確實如此，這樣不落兩邊，吃了飯又沒有吃飯，才叫作吃飯，所以不落兩邊，這才是中道；般若諸經、《金剛經》就是講這個道理。「那你吃了飯以後，到底有沒有吃？」還是沒有吃，吃了飯就是沒有吃飯，沒有吃飯所以才叫作眞的吃飯。請問：「你吃飯過程當中，你受了味道沒有？」有啊！明明有啊！六入分明，怎麼說沒有吃。可是六入分明當中，如來藏沒有受六入，這樣才叫作眞的受六入。所以：「爲不受六入故應受彼食六入。」所以：「所謂受食，即非受食，是名受食。」這樣才是眞正懂得接受飲食的人。你如果從二乘菩提來解釋，一定沒辦法弄懂我這些話，聽了也只好茫然。

「維摩詰居士又向我說：『以空聚想，入於聚落，所見色與盲等，所聞聲與響等，所嗅香與風等，所食味不分別，受諸觸如智證，知諸法如幻相，無自性無他性，本自不然，今則無滅。』」

「以空聚想而入於聚落」：什麼叫作空聚？如果把你的六識抽離了，六識不在你身中，那就成爲空聚落了，空聚就是講這個。進入聚落中乞食的時候，看見一切人都是行屍走肉，沒有常住不死的人，這才眞的是「以空聚想而入於聚落」，因爲一個個都是行屍走肉，如果沒有如來藏時就都是死人了，而如來藏自己又不是人。若斷了我見又證得如來藏了，不再看五陰聚落中的六識心，所以看來看去就都是如來藏，哪裡有五陰眾生人我？入了聚落托鉢時，一手托鉢，一手把錫杖震搖：鏗喨，鏗喨，鏗喨！然後等人家送飲食出來。可是你悟後進入聚落中所看的一切人，不都是如來藏嗎？哪裡有人？一個人也沒有！以這樣來看，你所看到的所有五陰聚落都是空聚，這樣入聚落，結果**「所見色與盲等」**，因爲乞食的人及施食的人，其實都沒有看見色塵，所看見的都是如來藏裡面的內相分色塵，有誰眞的看見了外色塵？所以，所見的色塵也都是如來藏，那麼就等於沒有看見了。

實際上你有看見色塵嗎？沒有啊！你坐在這裡看見了我蕭平實，是你的如來藏顯現了內相分的蕭平實的影像，不是眞的看見了我；你聽到我的聲音時，也是由你的如來藏顯現的內相分的聲塵，所以**「所聞聲與響等」**，只有聲音在響而已。**「所嗅香與風等」**，就是風吹來吹去，你如來藏也沒有嗅到味道；嗅到味道的是覺知心，可是覺知心所嗅到的味道又是如來藏顯現的香塵，你也沒有眞正的聞到外面的香，所以你嗅到的味道其實就跟風一樣，風本身沒有味道。「所食味不分別」，有人也許想：「我吃食物明明知道它是什麼味道，怎麼說不分別？除非阿羅漢，到阿羅漢位的時候就不分別味道。」如果眞的這樣，你拿狗屎給他，他是否就不知道是狗屎，照吃不誤？他可不吃喔！牛糞會吃，狗屎他可不吃。你說阿羅漢是分別或不分別呢？（眾答：分別。）是分別啊！成爲阿羅漢以後還是在分別的。

成佛的時候，精美甘膳飲食供上去，難道 佛不知道這是精美甘膳飲食嗎？ 佛也是知道，也是有分別的，可是爲什麼又說「所食味不分別」呢？因爲正當分別之中同時還有一個不分別的，不分別與分別的二心是同時同處的，這樣子才可以說是懂得般若。可是阿羅漢沒有證得如來藏，他飲食的時候明明就是有味道，現在 維摩詰菩薩說：「吃飯的時候沒有味道的分別。」結果他就不懂了。所以禪三過堂的時候，我叫你吃水果，問你：「好不好吃？」你說：「好吃！」好吃就給你一棒啦！你必須要證得那個吃水果的時候沒有味道的，那才叫做開悟；在那個時候你還跟我說好吃，那你就是落在妄心上面了。所以，我問你：「脆不脆？」你說：「脆！」好，又是一棒！受諸觸。要如智證才可以：既知脆而又同時有一個不知脆的。你答脆，當然就錯了！如來藏才不管你脆不脆，爛掉了祂也不管。所以受到這個觸覺的時候，你說它脆，還要懂得不知脆底，這樣才有般若智慧的證量。

又因爲不受六塵的關係，所以才能如實的了知諸法如幻相。一切法都是如來藏藉因緣所生，都是幻化的，沒有一法是眞實法。我見不斷的人都是不知道諸法如幻相，所以就把覺知心自我抱得緊緊的，永遠不肯否定祂，永遠死不掉。他們覺得覺知心的我、作主心的我，是那麼眞實的存在，這就表示說他不知諸法如幻相。可是你找到如來藏以後，看一切法都是如幻的，你可以很清楚的了知：**諸法沒有自性，諸法也沒有他性**。譬如眼識好了，眼識無自性，如果把眼根的扶塵根、勝義根破壞了，眼識就不能生起了，所以祂沒有自性。有自性就是說，可以自己獨自存在而不會壞掉，眼根壞了照樣存在，色塵壞了祂照樣存在，這樣才能叫作有自性。眼識，沒有他性，因爲祂只能了別色塵，你叫祂聽聲音看看，如果耳識說：「剛才那一響，我聽不清楚，你眼識告訴我那是什麼。」眼識也沒辦法回答，祂根本接觸不到聲塵，所以祂也沒有他性。

「**本自不然，今則無滅**。」諸法既然都是幻起幻滅，那可見不是由自己出生的，而是由如來藏出生的，是依如來藏而有，它不是自己存在的。既然是依如來藏而存在，顯然就是如來藏的功能差別之一，所以本自不然。既然歸屬於如來藏，如今又何嘗有滅？所以意識今晚滅了，明天早上還會起來。依二乘法來講意識有滅，依大乘法來講意識無滅；諸法也是無生無滅，因爲它們都歸屬於如來藏；既然是歸屬於如來藏，如來藏永遠存在，你這一些生滅法就可以也永遠存在。正因爲生滅法可以依於如來藏永遠存在，所以眾生才會有生死、才會有生滅，所以說：「**不生即是生之性，生即是不生之性。**」所以說：「**生滅即是不生滅，不生滅即是生滅。**」既然本自不然，現在也不必說有滅，你阿羅漢爲什麼急著要滅掉十八界入無餘涅槃？你滅了，你不存在了，如來藏還是存在，祂本來不滅；你有生死，祂沒有生死；你滅了生死，祂依然沒有生死。既然你滅了生死或不滅生死，祂都沒有生死，那你轉依祂，又何必滅掉自己的生死？菩薩就是因爲有這個智慧，所以菩薩不急著入無餘涅槃，他可以生生世世繼續在生滅當中住於不生滅，這樣來教導眾生、來利樂眾生。

「**維摩詰菩薩又對我說：『迦葉啊！如果能夠不捨八邪而入八解脫，以邪相入正法，以一食施一切，這樣來供養諸佛及眾賢聖，然後才可以吃。』**」他一聽，又糟了：「怎麼現在乞食，人家供養到缽中來，結果卻不可以吃？得要依照維摩詰居士講的那樣才可以吃？可是我無法像他講的那樣，我做不到，所以我就不能吃了。」

這對大迦葉來講，問題眞的很大。不捨八邪，是說不能捨棄八種邪見，世間眞修行人都不會說：「我們是眞正在修行的人。」不會說：「我們的覺知心就是眞實心。」只有世俗人才會這麼說。外道或佛門中的凡夫修行人說：「當我進入初禪一念不生，才是眞實法，這時候才是解脫。」這至少還有世間禪定的證量，不會像世俗人一樣說：「我現在雖然覺知心於五塵當中了了分明，這時一念不生就是解脫、涅槃。」只有世俗人才會這樣說，所以主張「離念靈知就是涅槃」的人都屬於世俗人，還談不上修行人。聰明伶俐、自己想像，開始進入修行階段而誤會涅槃時，他們會這麼想：「我進入初禪中妄想不起，這就是涅槃。」這是第一種邪見。

第二種邪見是：「入二禪，離開五塵而一念不生，就是涅槃。」這是第二種邪見。還有人進入三禪，身心受樂一念不生，他認爲那樣就是涅槃之樂；因爲聽說涅槃快樂、寂滅爲樂，誤認爲這就是涅槃，這是第三種邪見。第四種是捨、念清淨定——進入第四禪中：因爲三禪中仍有享受快樂，那也是無常法；現在把那個也捨了，一念不生，呼吸也斷了，心跳也停了，什麼都沒有了，只剩下覺知心捨棄一切法而獨存，認爲就是無餘涅槃。這是第四種邪見（若加上世俗人所謂的五塵中了了分明的離念靈知，共有五種，就是外道五現涅槃）。再來是空無邊、識無邊、無所有、非想非非想處，共有四種定境，他們認爲四空定中的境界就是涅槃境界，這又是四種邪見。但阿羅漢是滅掉這八種邪見，他們說：「從初禪到非想非非想定的境界，都不是涅槃，都要把它滅掉，是要滅掉自我才是涅槃。」所以他們捨壽前取證滅盡定，認爲外道把這八種境界誤認爲涅槃，都是邪見。可是現在 維摩詰居士說：「如果能夠不捨棄這八種邪見，而同時進入八解脫中。」大迦葉就想不通了。

菩薩確實是如此，當你有一天證得初禪，乃至有一天證得第四禪，你在第四禪等持位中現觀：「第四禪境界中確實不是涅槃、也不是解脫，但是我無妨同時是解脫的；因爲在第四禪當中，乃至不住在第四禪當中，都可以是解脫的；因爲自己的如來藏從來不生不滅，不生不滅就是涅槃，就是解脫。」十八界我、五陰我是在生死當中的，但自己的如來藏同時是涅槃；無餘涅槃中的解脫境界其實正是如來藏自身，而陰界入正在生死之時如來藏已是解脫的了，不必等到死後才解脫。

阿羅漢認知的八解脫中的初禪解脫，與菩薩所認爲的初禪解脫，其實不同。菩薩在一至四禪中也可以是解脫的，轉依如來藏時就是不生不滅，就是涅槃，乃至進入非非想定時一樣是涅槃。對阿羅漢來講，他們分不清楚菩薩的現見涅槃與外道的現見涅槃有什麼異同，因爲菩薩的現見涅槃不是他們所知道的，但他們不敢毀謗是邪見；凡夫類的印順等人，在完全不懂、完全誤會的情況下，卻敢大膽的毀謗爲外道見。對菩薩來講，菩薩依如來藏現見的涅槃，並不是外道的意識現見涅槃；一是生滅法的意識境界，另一則是不生滅法的如來藏實相境界，是能出生意識的第八識本來不生不死境界，所以菩薩的現見涅槃並不是邪見。

外道的現見涅槃，是將生滅法的意識心認定爲不生不滅境界，所以修到初禪乃至四空定時，將那八種境界當作是不生不死的涅槃，當然是邪見；二乘聖人則是要捨棄外道這八種涅槃邪見，將五陰身心全都滅除而取涅槃、取解脫，所以外道的八解脫其實正是邪見；但菩薩是從八種境界中的如來藏來看待不生不滅究竟解脫，所以不須棄捨這八邪就能實證八解脫，當時的大迦葉尚未迴心大乘，尚未悟入，所以不懂。

「**以邪相，入正法**」，因爲這八種境界都不是眞的涅槃，都是邪見相，菩薩以邪見相卻可以同時進入正法中安住。然後「以一食施一切」，以一食就是正法食，要以這個正法食來施給一切人，來供養諸佛及衆賢聖。因爲你如果眞正懂得這樣的法食來布施給衆生，這個功德正好拿來供養諸佛、供養衆賢聖，這叫作法供養。「如果你能夠這樣子乞食，那麼人家施給你缽中的飲食，你就可以吃了。」現在迦葉尊者麻煩了！沒辦法吃了。

接著維摩詰居士又說：「**像這樣吃的人，非有煩惱、非離煩惱。**」能夠這樣吃的人，是不食而食、不受而受；能這樣吃的人一定不是有煩惱的人，但是他也不離煩惱。爲什麼能夠這樣吃的人沒有煩惱呢？因爲如來藏從來不起煩惱；爲什麼又不離煩惱呢？因爲這個飲食太好吃了，萬一明天又托缽不到這種好飲食，又是另一個煩惱。如果今天飲食很粗劣，只有山珍海味——淋了鹽水加上幾片薑——眞的是不好吃啊！有煩惱了。有煩惱時如來藏卻又沒有煩惱，所以這樣吃的人非有煩惱、非離煩惱。

「**非入定意，非起定意。**」也就是說，這樣吃的時候，既不離決定心，但是又沒有決定心，因爲當你證得如來藏以後，正在受用人家所布施的飲食時，並不需要進入定中來吃；因爲如來藏從來不入定，入定是意識心的事。而且你正在飲食時，如來藏也沒有一個決定性，不會確定自己是正在飲食或不在飲食，所以沒有生起決定之意。只有意識心會說：「**我的如來藏從來沒有吃飯。**」可是意識心當時還是有在吃飯，心得決定，卻無妨如來藏不對吃飯決定了知，故無決定，所以非入定意。但也非起定意——也不離開定意，因爲意識堅決認定：在吃飯的是我，如來藏沒有吃，這個決定性是絕對不會改變的。

這樣來吃飯，既不住於世間，也不住於涅槃。當你在吃飯時，你的如來藏並不住在世間法中；住在世間法中的心一定會接受飲食中的六塵，可是如來藏從來不受，所以祂不住世間；可是這時你意識明明不在涅槃裡面，所以也非住涅槃中，卻無妨如來藏照樣住在不生不滅的涅槃中。對一般人及二乘聖人而言，不住世間就一定是涅槃，在涅槃中就一定是離開世間。但菩薩不一樣，菩薩既不住世間也不入涅槃；這是阿羅漢無法想像的，因爲如果不住於涅槃，就一定是在三界中，就一定在世間，可是菩薩竟然說：「不住世間，也不住涅槃。」阿羅漢們想不通，因爲正在飲食的時候絕對不是涅槃，絕對是世間，可是 維摩詰菩薩卻說：正在飲食的時候，不住世間也不住涅槃。當時的大迦葉不懂這個道理，所以他無法去看望 維摩詰菩薩的病。

接著 維摩詰居士又說：「如果有人布施飲食給你的話，並沒有大福德、也沒有小福德，對於布施者自己既無利益，也沒有損失，能這樣確實的觀察出來，才叫作眞正的進入佛道之中，不是依止聲聞法的人。」明明是因爲大迦葉故意跳過富人，專向貧窮人乞食，因爲他行頭陀行而不貪著飲食，只要維持生命就可以了，所以故意跳過富人，專憐愍窮人，要給窮人布施植福。可是他接受窮人布施飲食之後，要爲窮人祝願時，現在 維摩詰居士竟然說：「**布施飲食給你的人沒有大福德，也沒有小福德。**」那跟他所知道的布施因果完全相反，這時候他該怎麼辦？

我們在前面講解《優婆塞戒經》時明明說：布施給一條癩痢狗，來世還得百倍之報；如果布施給破戒者，來世還得千倍之報；布施給外道離欲者，還得百萬倍之報；布施給斷我見的須陀洹人就是無量報。明明都有大福德，爲什麼這裡又說**無大福、無小福**？這是因爲：不論大福與小福，都是妄心得、都是五陰得，然而五陰是生滅法，得了也是無常，也是壞空，能有誰得福？沒有人得。若是從實際理地來看福德，如來藏從來不受；往世你布施行做了很多，護持正法很努力，所以這一世萬貫家財，但是如來藏把你往世的福德種子帶到這一世來的時候，祂都沒有享受到，都是給你的五陰在享受。你說，祂能有什麼大福德，有什麼小福德？一點兒也沒有啊！所以眞的是無大福、無小福。

這樣子布施了以後，受施的眾生並沒有得到利益，也沒有損害；他布施給你，他的如來藏不可能得到利益，他的如來藏也不會受到損壞，所以眞的是「**不爲益，不爲損**」。「**如果你大迦葉眞的能夠這樣親證、確實的理解，你就是眞正的進入佛**

道了，這才是不依聲聞法的人。」從這一句話看來，顯然 維摩詰菩薩是說：「你大迦葉雖然開始在修學大乘法了，但你其實還只是在聲聞法裡面，還沒有眞的進入佛道啦！」你們說，大迦葉是阿羅漢，而且是大阿羅漢，他聽到菩薩這樣子說法，心裡面難道不難過嗎？當然有些難過啦！

接著 維摩詰菩薩又對他說：「迦葉啊！你如果能夠這樣吃你的飲食，才算是『不空食人之施』。」這樣來飲食，對布施者才算是確實有利益，才是沒有白白吃掉人家布施的食物。這樣看來，這些阿羅漢們還眞的是「空食他人之施」了。你想：大阿羅漢們都不免空食他人之施，現在南洋那一些自稱阿羅漢的凡夫們，海峽兩岸大乘法中自稱證果的某些出家凡夫菩薩們，他們受人施食，看來都已經變成空食他人之施了。像他們這樣子不懂大乘佛法的凡夫，你要請他們正確的講解《維摩詰經》，他們願意講嗎？當然不願意講，除非故意曲解了以後來講解。好在我不出去托缽，所以倒免了這個麻煩。但是如果依照 維摩詰菩薩的要求來看，我是有資格出去托缽的，只要去圓頂受了聲聞戒，或是雖不圓頂、不受聲聞戒，但如同文殊、普賢一樣捨家出家行童子行，也可以去托缽，不會空食他人之食了。

維摩詰居士開示以後，大迦葉尊者聽不懂，所以他這樣講：「世尊啊！我聽他講完這些話以後，眞的是從來沒聽過的法，所以我那時就對一切菩薩，深心之中生起了恭敬心。然後我又想：『像維摩詰居士這樣的人，雖有在家之名，可是他的辯才，他的智慧，竟然能夠如此，有什麼人聽到他這樣說法以後，能夠不發起無上正等正覺之心呢？』所以我從那一次聽了他說法以後，就不再勸人家用聲聞和辟支佛的法門來修行了！我的智慧距離他實在太遙遠了，所以說我眞的不堪任去見維摩詰菩薩問疾，世尊！您還是請別人吧！」這表示他後來是迴心大乘了！

【佛告須菩提：「汝行，詣維摩詰問疾。」須菩提白佛言：「世尊！我不堪任詣彼問疾。所以者何？憶念我昔入其舍，從乞食；時維摩詰取我鉢、盛滿飯，謂我言：『唯！須菩提！若能於食等者，諸法亦等，諸法等者於食亦等；如是行乞，乃可取食。若須菩提：不斷婬怒癡，亦不與俱，不壞於身而隨一相，不滅癡愛起於明脫，以五逆相而得解脫；亦不解、不縛、不見四諦，非不見諦；非得果非不得果，非凡夫非離凡夫法，非聖人非不聖人，雖成就一切法而離諸法相，乃可取食。若須菩提不見佛、不聞法，彼外道六師：富蘭那迦葉、末伽梨拘賒梨子、刪闍夜毘羅胝子、阿耆多翅舍欽婆羅、迦羅鳩馱迦旃延、尼犍陀若提子等是汝之師，因其出家，彼師所墮汝亦隨墮，乃可取食。若須菩提入諸邪見、不到彼岸，住於八難不得無難，同於煩惱、離清淨法；汝得無諍三昧，一切衆生亦得是定，其施汝者不名福田，供養汝者墮三惡道，爲與衆魔共一手、作諸勞侶；汝與衆魔及諸塵勞等無有異，於一切衆生而有怨心，謗諸佛、毀於法、不入衆數，終不得滅度，汝若如是乃可取食。』時我，世尊！聞此語，茫然不識是何言，不知以何答，便置鉢欲出其舍；維摩詰言：『唯！須菩提！取鉢勿懼。於意云何？如來所作化人，若以是事詰，寧有懼不？』我言：『不也！』維摩詰言：『一切諸法如幻化相，汝今不應有所懼也。所以者何？一切言說不離是相，至於智者不著文字，故無所懼；何以故？文字性離，無有文字，是則解脫；解脫相者則諸法也。』維摩詰說是法時，二百天子得法眼淨，故我不任詣彼問疾。」】

講記：這一段經文，大家從文字上直接讀下來，聽起來應該是蠻震撼才對。如果是面對一大批還沒有證悟的人，把這一段經文直接講出來，不說明是《維摩詰經》講的，使人誤以爲是他自己講的，那麼他一定會挨謗；因爲沒有人會相信佛法是這樣講的；可是你如果事先告訴他：「這是《維摩詰經》講的。」他們就不敢講話了。但是，你們諸位來聽《維摩詰經》，每一個人都要準備作 維摩詰菩薩的知音。什麼時候可以成爲他的知音呢？從你破參明心時，可以極少分成爲他的知音，因爲破參明心時你還是無法講它；得要破參好幾年下來，別相智發起了，你才有辦法講它；若是要深入的講解它，可就得要有深厚的智慧了。

現在，我們先從這一段經文的表面來解釋一下，然後再一句一句來講。這一段是說：佛告訴須菩提（須菩提尊者是解空第一，佛有十大弟子，每一個弟子各有一個第一。前面目連尊者是神通第一，大迦葉是頭陀行第一，現在他是解空第一，也就是說他最瞭解空理）。佛告訴須菩提尊者：「你去，去看維摩詰居士，探望他的病。」須菩提尊者向 佛稟白說：「世尊！我不堪任去那裡向他看病，因爲我想起以前曾經到他家去，向他乞食，當時維摩詰居士取了我的缽，把裡面裝滿了飯。他將要拿給我的時候就跟我說：『喂！須菩提！如果能夠在飲食這個法上平等、平等的話，那麼就可以看見一切諸法也都平等、平等。如果看見一切諸法都平等的話，於一切飲食也都是平等、平等，要像這樣子來行乞，才可以把這一缽飯拿去吃。如果須菩提，你能夠不斷除婬怒癡，但也不跟婬怒癡同時住在一起，不壞色身而能夠隨順法界唯一之相，不滅除癡愛而同時離開了無明，而生起明，得解脫，是以五逆之相而得到解脫（五逆就是殺父、殺母、殺阿羅漢、出佛身血、破和合僧），是現前身上具有五逆之相而同時得到解脫；對於四聖諦不能理解，但也不被四聖諦所縛，也沒有看見四聖諦；但又不是沒有見道，又不是沒有悟入二乘菩提。在證果上面，你沒有證果：你現在雖然是第四果人，但你沒有證果，也不是沒有證果；不離凡夫之法而又不是凡夫，你現在不是聖人，又不是非聖人；雖然成就一切諸法，一切諸法都現前了，但是卻離一切諸法的法相。你如果能夠像我前面所說的這樣，才可以取我給你的這一缽飯去吃。如果你須菩提既沒有看見佛，也沒有聽見佛法，那外道六師，譬如富蘭那迦葉等六個人，都是你的老師、你的師父。換句話說，你得拜這六師外道爲師；因爲他們出家了，那麼這六師外道所墮，你也隨著落進去他們的境界中，要這樣，你才可以取我這一缽飯去吃。如果你須菩提進入種種的邪見中而不到彼岸，並且住於八難之中而不得說沒有八難；和煩惱在一起而同時遠離清淨法；你這樣子得到了無諍三昧，但是一切眾生也都跟你一樣得到無諍三昧，心得決定而不退轉，所以那一些眾生如果有施捨一切供養給你的話，不算是供養福田。所以供養你的人們要墮落三惡道，都是和眾魔做同樣的事，都在三界中勞累而互相爲伴侶；你與眾魔以及一切眾生都在三界中種種塵勞中平等而沒有差別，並且都是對一切眾生有怨心，謗諸佛、毀於法、不入僧數，所以你不算是出家人，永遠也無法滅度。你如果能夠如我所說的這樣，才可以取我這一鉢飯去吃。』」

完了！須菩提現在沒辦法吃這一缽飯了，問題眞的很大。但這是等覺菩薩說的，你不能說他講錯了，他一定有道理才這麼講，可是聽起來跟二乘法的解脫道是完全顚倒、完全相反的。所以一般所謂的開悟大師們讀到這一段，你叫他深入來講，他最多只有依文解義，否則就只有口掛壁上，要不然就只能口似扁擔。但我們不會這樣子，我們也不必參考什麼註解來講，這就是要有證道的功德才做得到。你們看我拿著這些經文文稿，就只是經文，我沒有註解，就是這樣子講。這就是說，般若應當如此，般若非同小可；所以 達摩大師才會說：小智、小德，想要得到諸佛的心法，沒那麼容易。確實也是這樣，諸位讀過這一段經文，你們看，從文字表面上來看，怎麼講也講不通，怎麼想也想不透；但是，諸位！今天要讓你們眞的懂得這裡面的道理，懂了以後激發了勇猛之心，你說：「我好不容易來到正覺，我這一世要不把祂悟出來，還眞白來一趟，這一生可眞是白來了。」

現在諸位來聽看看，爲什麼說「能於食等者諸法亦等，諸法等者於食亦等」？這就牽涉到宗門的密意了！禪師們每天叫人「洗缽去！吃茶去！」吃飽了叫人洗缽，洗缽完了叫人吃茶，吃茶吃到肚子餓了又叫你吃飯去，這都是有道理的。也就是說，不管你吃早餐、吃午餐、吃晚齋，乃至你們有時候做事情很累了，耗掉很多體力，睡前還得來個宵夜，工作中間還要飲茶、喝水、喝果汁、吃水果，莫非是食。可是問題來了，吃早齋和吃午齋到底等不等？有沒有平等？一般人都會說：「不平等啊！早上吃粥，好一點的加個饅頭再來點小菜，中午則是一定要吃乾飯的，炒出好幾盤色香味俱全的菜來，早餐與午齋怎麼會平等呢？」絕對是不平等的。晚齋又不一樣了，你們學佛前可能晚齋時會來一杯小酒，也許湯又弄得特別豐富，那跟午齋顯然不同；這三齋加上喝茶，喝茶跟吃飯一樣不一樣？當然不一樣，可是你學大乘法以後卻得要是一樣。

當然有人會這樣子講：「對我來講是一樣的，因爲我都了了分明而不分別（眾笑…），我都不管它味道怎麼樣，我反正都是吃，所以平等平等。」眞的平等嗎？如果眞的平等，你吃了一定是沒有反應，才叫作平等，可是爲什麼內人（或者外子）鹽放太多了、辣椒放太多了，你就哇啦哇啦大叫！有的辣椒很辣，昨天買的辣椒不辣，放了許多，炒了剛剛好；今天買的辣椒很辣，但事前不知道，同樣放這麼多，炒了吃下去，可就嚇死人了，渾身都冒熱汗。請問：「你今天都冒汗了，與昨天大不相同，這是二餐平等嗎？」顯然不等啊！應該是你二餐吃了完全都沒有反應，那才叫作平等。既然辣椒放多了，你會冒汗，你會口舌痲辣，顯然你心中覺得不平等。於食上既不能平等，於諸法也一樣會是不平等的。

譬如你本來聽經聽得好好的，突然間後面的人無緣無故給你一拳，你嚇了一大跳，心裡就起了個念：「這傢伙！這麼粗魯，也不看是什麼場合，亂打一通。」你動了念，那是平等還是不平等？顯然不平等，因爲都是以覺知心意識爲中心，所以於諸法都不平等。但是對菩薩來講卻是平等的，因爲菩薩不是在覺知心上來看這些事，而是從如來藏來看這些事，所以你吃得很好吃的時候，覺知心無妨不平等：「太座！妳今天炒得太鹹了，今天中午辣椒又放得太辣了。」你仍然可以講，但實際上同時仍是平等的。應當如此，於不平等當中就有平等的，菩薩是這樣子證得般若。因爲從眞心如來藏、從法界實相來講：諸食平等、諸法平等。能於諸食、諸法都平等，你若出家了，就有資格去　維摩詰大士家門前托缽；托了飯來，你絕對可以安心地吃。當他問你這些問題，你當場就吃給他看，管他什麼戒不戒、平等不平等的。他當然要問你：「你既沒有證得眞平等，憑什麼吃這一缽飯？」我告訴你：他雖然問了這句話，你要打理他也很容易，你就把缽捧著高高的，手就伸出去抓一把飯，胡了滿嘴給他看。他會說：「你眞的有資格吃這一缽飯了！」

維摩詰居士說：「如果你須菩提不斷婬怒癡，亦不與俱，才可以吃這一缽飯。」怎麼叫作「**不斷婬怒癡亦不與俱**」？也就是說，於食物的味道裡面起貪，這叫作婬；但是對於不合口味的食物生起厭惡之心，這就是怒；於食物、飲食之法中，不能瞭解這些食物都是從如來藏變生的，不知是哪裡來的，那就是癡。婬怒癡與無婬怒癡是可以同時存在的：婬怒癡固然存在，你同時卻不跟婬怒癡在一起。你明心了以後確實是這樣的，因爲婬怒癡都是覺知心意識的事情，可是實相如來藏心從來都不跟婬怒癡相應，卻與意識同時存在；所以意識的婬怒癡不斷除，存在著，但是另外有個如來藏心卻不跟婬怒癡同在一起，這樣子現觀具足了，你就有資格吃他這一缽飯了。二乘人沒有辦法吃這一缽飯，你若明心久了，就有資格吃了。他如果問你這一句，你就拈起一分菜來，塞進嘴巴裡，就含含糊糊的跟他講：「嗯！好好吃，好好吃！可是沒有味道。」他就知道了，就說：「你眞的是有資格吃我這一缽飯。」

維摩詰居士又說：「**不壞於身而隨一相**。」眾生身相個個不同，張三、李四、王五、趙六，長得各不一樣，但是有一相是完全相同的；不但人類之間如此，我們若再跟動物來比較，也是一樣：動物四隻腳在地上爬，禽類兩隻腳走卻有一對翅膀天上飛，魚在水裡游，餓鬼餓火中燒，各類有情種種法相各不相同，可是統統一相，沒有二相。當然，諸位來正覺熏習那麼久了，就知道是哪一相，一定是講如來藏那一相，因爲都一樣，大家都沒有差別；問題只是說，還沒有破參以前，到底如來藏在哪裡？如來藏的法相又是如何？這個問題比較大。統統一相，沒有一個有情不是這一相，上至諸佛，下到地獄眾生，都同樣這一相。這是在有情及自己都活著時，就可以親證的；所以，**見到同一相，不必等到壞身以後才同一相；在活著當下就是同一相，如果能這樣，那你須菩提就可以吃這一缽飯了。**

「**不滅癡愛，起於明脫**」：二乘菩提都說要把見惑、思惑斷盡了，才可以得解脫、才可以得明。斷無明，是二乘菩提的法。但是在大乘菩提，不是這樣的，儘管思惑煩惱還很強烈，但沒有妨礙，照樣可以離於無明、照樣證得解脫。不斷思惑而證得解脫，二乘人無法想像，因爲二乘人想要得到的解脫是把五陰、十八界全部滅除，全無我執，叫作親證解脫；滅除以後成爲無餘涅槃，叫作親證無餘涅槃。可是大乘菩薩不是這樣，大乘菩薩一旦明心了，他看著阿羅漢一定要入涅槃，就覺得好笑；因爲阿羅漢把自己滅了入涅槃，還是那個如來藏、還是祂的本來自性清淨涅槃，只是把五陰十八界滅了，另外給個名稱叫作無餘涅槃罷了，其實還是如來藏的本來自性清淨涅槃。菩薩說：「根本不用入無餘涅槃，我現在既有癡、也有愛。這冰淇淋好吃，我照吃；冬至到了，湯圓我照吃；各樣的包餡的湯圓，再貴我也照吃。貪，無妨不滅；愛，無妨不滅；癡，也可以不滅，因爲我還在思惑裡面；但是有什麼關係？我無妨現在就是解脫。阿羅漢滅了癡愛，把十八界滅了，才證得解脫；但我癡愛都還在、十八界也都還在，一樣是解脫、涅槃。阿羅漢滅了十八界以後剩下第八識本來性淨涅槃，但我這個本來性淨涅槃現前就在，無妨蘊處界都還具足存在著，所以我不滅癡愛而起於明、起於解脫，所以我有資格吃你維摩詰大士這一缽飯。」二乘人想要吃 維摩詰居士那一缽飯可難，但不管是哪個在家、出家的眞悟菩薩去了，都可以照吃不誤。

「**以五逆相而得解脫**」：五逆，殺父是第一逆，犯五逆罪都是要下地獄的。殺父、殺母是兩個逆罪，正是天地間之大逆。還有殺阿羅漢，也是一大逆；但你們不要怕，說某某人是不是殺死了阿羅漢？我告訴你：「現在沒有阿羅漢，因爲南洋那些所謂的阿羅漢，我見都還沒有斷，你沒機會殺到阿羅漢。」殺阿羅漢是第三逆。第四逆是出佛身血，應身佛在世時，惡心想要害 佛（當然是害不死，因爲有護法金剛護著，所以害不死。像提婆達多那樣推下大石來，也不過是砸傷了佛腳的大拇指而已），出佛身血，所以要下地獄。最後一個大罪是破和合僧，也就是挑撥離間，使得本來和合如一的聲聞僧團、或者凡夫菩薩僧團、或者勝義菩薩僧團，被挑撥離間而分裂了，那個挑撥離間的人就是破和合僧者。這五個罪是天地間最重大的罪，必入無間地獄，不是入普通地獄。維摩詰居士說要具足五逆相而得解脫，你想這有可能嗎？當然是不可能嘛！但是菩薩卻有可能，聲聞緣覺絕不可能。

在說明菩薩以五逆相具足而證得解脫之前，先講個公案給你們聽；有一天老趙州跟侍者在庭院中邊走邊談話，有一隻兔子看到他們兩個人來了，蹦起身子就逃走了，這侍者問說：「和尚！您是大善知識，爲何兔子見驚？」爲何兔子看見你就怕得要死？他說：「只爲老僧好殺！」只因我老趙州最喜歡殺生。殺生，是殺死眾生呀！世間人拿刀子殺、拿槍殺，但眾生其實是殺不死的呀！這身體壞了，下輩子又出生，你殺不死的；可是老趙州把眾生殺了，就永遠殺死了。我殺人也是這麼殺，這就是殺生。請問你：「佛是誰作？」你說：「佛就是釋迦牟尼佛作。」那我就問你：「釋迦牟尼佛是誰作的？」你說：「悉達多。」請問：「悉達多又是誰作的？」當然是祂的如來藏。有人問：「如何是佛？」趙州說：「佛是人作。」有

人稱讚當來下生 彌勒尊佛，有個禪師聽了就說：「彌勒還是祂的奴才。」有人說這個叫作訶佛罵祖。請問：「彌勒是誰的奴才？不但彌勒，釋迦也是祂的奴才。祂又是阿誰？」你們當然都知道：祂是如來藏。

所以如果諸佛說：「我是佛。」只有一個情況是被容許的，就是方便說，爲眾生方便言說：「我已經成佛，我是某某佛。」諸佛心裡面不會想：我是某某佛。就像《金剛經》講：阿羅漢如果說他是阿羅漢，如果他想著自己是阿羅漢，他就已經不是阿羅漢了。懂了這個道理，才是眞正成阿羅漢了。請問：「諸佛是誰作？」諸佛是五陰十八界來作。當你把這五陰十八界統統推翻掉了，那就成爲菩薩；推翻到徹底時，你就是成佛了。可是現在這句經文說的成佛是把佛全部推翻掉，因爲佛是五陰十八界作的，而諸佛的眞佛、法佛，叫作無垢識（因地名爲阿賴耶識），無垢識自身並沒有佛可說，當你現觀到這個道理時才眞的是殺害了佛。殺佛時如此，殺父與殺母也是一樣的道理。這樣子殺了父與母，當然可以吃 維摩詰居士的飯。

請問：「你家堂上老父母是誰作？」是他們的五陰十八界作。你如果眞孝順，你就要把那兩位老人家殺死。換句話說，要讓他們眞的證實：我這個兒女心中的老爸爸，是到今天才由兒女度了我，說明我確實是假有的。他眞的一一現觀：果

然我是假的。無妨老爸還是老爸，老媽還是老媽，但無妨他們都已經死掉了——活著就已經死了；這樣把堂上兩尊活佛給殺了，才是眞報恩，這就是兩個五逆罪了。殺阿羅漢也是一樣，阿羅漢一樣是五陰十八界作，那當然不是眞阿羅漢，眞阿羅漢是他們的第八識如來藏。你如果找到一位阿羅漢，讓他瞭解：**你這阿羅漢是假的、是方便說阿羅漢，實際上眞阿羅漢是你身上的第八識。**他如果在你幫助之下眞的明心了、證悟了，這阿羅漢就不再是阿羅漢了，你就是殺死阿羅漢了。

阿羅漢認定有阿羅漢，也是方便說，因爲我執已斷盡了；菩薩也不認定有阿羅漢，因爲阿羅漢是五陰十八界作的，實際理地並沒有阿羅漢，實際理地就是如來藏的自住境界，哪裡會有阿羅漢？當你度到一個阿羅漢明心了，那就是說你已經殺掉阿羅漢了。這時已經具有三個五逆罪了，還有第四個是出佛身血。你在末法時遇不到應身佛，化身佛也沒有血可以讓你出，那又是以什麼叫作出佛身血？就是破壞諸佛的血脈，這就是出佛身血。三乘菩提一切法理都是佛血，三乘菩提的法義流傳就是佛的血脈綿延；若是破壞了三乘菩提法義的流傳，以外道法來取代，或以誤會後的解脫道來取代佛菩提道，就是出佛身血。

但在這裡講的出佛身血，意思不同。當你有一天弄清楚了：**原來實際理地沒**

有一法可得，佛說的三藏十二部經典，老僧拿來撕了擦瘡疣，身上長瘡化膿時我就拿來擦瘡；不然就拿到地板上疊起來當作我的座位來坐，因爲實際理地無一法可得，那些經典中何曾有法可說？有法的是誰？都是七識心的事。從如來藏來看：沒有一法可得。這樣就等於把佛的身血都破盡了、出盡了，這樣就有四罪了。

再說破和合僧：一般說破和合僧，是在菩薩僧團或聲聞僧團中挑撥離間，使僧團分裂，這是地獄罪。但從般若實相智慧來說，菩薩卻一定要破和合僧，才能成就道業，這是從理上來說：和合僧也是由五陰來做，並且是由許多五陰來和合；可是菩薩現觀一切五陰都是虛妄，何曾有僧可以和合？實際理地中，人間的佛教中有僧寶，可是僧不是本住法，不論聲聞僧或菩薩僧，都是由色、識、受、想、行和合所成，都是由十二處、十八界和合所成，所以一切僧人都是和合而成的。菩薩現觀一切由蘊處界和合而成的僧人，全都虛妄不實而加以否定，轉依非僧的如來藏眞如法，而如來藏自身無僧可說，這也是破和合僧。這樣子，菩薩已經具足五逆罪了。諸位若能像這樣具足五逆時，還有沒有本來自性清淨涅槃？有沒有？（眾答：有。）有嘛！還沒有破參時就不敢答，因爲不知道有沒有，跟著人家答也不好意思，有一點兒冒充的味道。但若從如來藏自身來講，又沒有性淨涅槃可說，也沒有僧可說了！所以你若能夠如是具足五逆相的時候，一定是已經證得本來自性清淨涅槃了，那當然是解脫者。以這五逆相而證得解脫，你就有資格吃　維摩詰大士的這一缽飯了。

「亦不解、不縛、不見四諦，非不見諦」：不解就是不懂、不能理解四聖諦，因爲二乘人是從四聖諦來修的。請問諸位：「是誰能瞭解四聖諦？」（眾答：七轉識）對啊！是七轉識嘛！都是意識心在瞭解四聖諦，如來藏從來不管什麼四聖諦、不四聖諦的，祂從來不管，祂從來不理解四聖諦；因爲祂離見聞覺知，離見聞覺知的如來藏怎麼會理解四聖諦？「不縛」，不被四聖諦所繫縛。請問：「什麼人會被四聖諦所繫縛？」是五陰十八界的凡夫眾生。因爲四聖諦是他們求取解脫唯一之道，所以他們每天要在四聖諦上面用心觀行，可是如來藏根本就不管四聖諦，你從早上跟祂囉唆到晚，講上一天一夜，祂連聽都不跟你聽，所以祂不被四聖諦所縛；祂也不見四聖諦，因爲祂連聽都不聽。能看見四聖諦的道理，都是你六識心在那邊聽、想、思惟，才會看見四聖諦。見了四聖諦就得初果了，再進修斷盡思惑，就成爲四果人。可是你證的初果，祂如來藏永遠不證；你成爲阿羅漢，祂永遠不成；你四聖諦都證悟了，成爲見道的聲聞初果人，祂還是不會跟著你見道，祂不管你見道或不見道，都不理你。雖然祂不解四諦、不縛四諦、不見四諦，可是畢竟你還是已經見諦了，你還是已經取證初果、二果…等等，所以又不是沒有見諦；你能夠現前這樣觀察，你就有資格去向 維摩詰大士托鉢了。

「非得果，非不得果」：當菩薩看見聲聞人證果時，菩薩不會說他得果了，也不會說他沒有得果，因爲得果是六識心所證的；可是六識心得果時，如來藏卻是不得果的；六識心所得的果卻又是無常的，死了以後果也就沒有了。就好像你買了蘋果來，還沒有吃下肚以前，它還不能算是你的，隨時可能會被你遺忘，丟了或被搶了都不一定，當你吃下肚了才算眞正是你的；可是吃下肚以後，就沒有果了。一樣的道理，阿羅漢證果是六識心所證，但六識心捨報就滅掉了，果也就不在了，所以其實他們都沒有得果；可是從六識心還在人間的狀況下來看，不能說他沒有得果，所以說非得果、非不得果。這個得果其實還是依如來藏才能說他得果，可是如來藏離見聞覺知，也不懂四聖諦，也不修八正道，祂什麼都不修，所以祂也無果可得。但是因爲有祂，所以有六識心可以得果，所以又不能說祂沒有果可得；因爲六識心是依附於祂而得果的，然而六識心會斷，祂不會斷，所以得果實際上還是祂得：故說非得果、非不得果。你現前觀照到這個道理，如果 維摩詰大士還在世，你可以找上門去：「我要吃你這一鉢飯！」

「非凡夫，非離凡夫法」：以前有個祖師開示說：「凡夫具足聖人法，而凡夫不知；聖人離凡夫法，但卻具足凡夫法。凡夫若知，即名聖人；聖人若知，即成凡夫。」意思大約是這樣子。諸位想想看：一切凡夫都具足聖人法，因爲每一個凡夫身中的如來藏都是離貪瞋癡的，怎麼不是聖人呢？誰敢說祂不是聖人？一切聖人無非就是想要斷掉貪瞋癡，才要那麼辛苦修行呀！可是凡夫身中的如來藏也是離貪瞋癡的，那不是具足聖人法嗎？問題只是：凡夫不知道，所以他們叫作凡夫。凡夫如果證得了這個心，果然是離貪瞋癡的，本來就離貪瞋癡的，他就不叫凡夫了，他就稱爲聖人了。假使有大乘聖人事事都知，卻不知那個不知的，總是落在了了「常」知中，那個聖人其實正是未見道的凡夫。凡夫正因爲不知道身中有這個聖人法，所以叫作凡夫。你看古時候祖師就這麼講了，雖然他換個方式來講，卻是跟《維摩詰經》講的一樣：非凡夫，非離凡夫法。

在這個情況下，請問諸位：「你要去哪裡找一個聖人？」你來同修會，隨便不小心撞到了一個人，正好就是聖人；你出去外面，怎麼樣也找不到，確實是如此。可是你撞到了他，他很客氣跟你說：「抱歉，抱歉！我不小心讓你撞著了。」因爲他不會覺得自己是聖人，所以反而向你道歉，怪自己沒注意避開。只有二乘聖人會覺得自己是聖人，因爲斷盡了思惑，卻還有習氣種子存在；但菩薩不會，因爲眞實法中無凡無聖可得。聖人是六識心作，五陰十八界作，可是我轉依了如來藏，如來藏根本沒有所謂凡夫與聖人可說，哪來的聖人可以自豪？所以他不會以聖人自居。如果誰敢開口跟你說：「我是聖人！」你就給他一巴掌，因爲他已經表示他不是聖人了，他的所謂開悟密意一定是聽來的，所以沒有轉依成功；轉依成功了才叫作聖人，但大乘聖人心中無凡無聖。所以雖然阿羅漢非凡夫，但是也不離凡夫法。凡夫是一天到晚追趕跑跳碰，只是爲求糊口，爲了吃飯、謀生活；可是他們身中都有聖人之法，凡夫都不知道，所以他是凡夫。

「**非聖人，非不聖人**」：如果有一個人，他的心是離貪瞋癡的，你就不能說他不是聖人。可是每一個凡夫都一樣，都另外有一個離貪瞋癡的心，所以凡夫也不能說他不是聖人，從菩薩來看是這樣。凡夫不可以說他不是凡夫，但凡夫也不可以說他是聖人，菩薩有時卻會說凡夫也是聖人，這不是腦筋壞掉，而是有智慧。所以有時候我寫《公案拈提》，拈提某個大師說：「你如果在寺院到處行走，看見每一個弟子，你都要向他禮拜，因爲他是你的善知識——每一個凡夫弟子都是你的善知識。」講的就是這個道理。雖然不能說那些未悟的弟子們不是聖人，但你也不能說他們是聖人，因爲他們畢竟還沒有找到身上活靈活現的聖人法，所以仍不是聖人。當你證到如來藏，現前觀察到自己或者維摩詰大士，都一樣非聖人、非不聖人，那你就可以伸手向他開口：「維摩詰大士，取飯來！」你眞的可以向他伸手。如果他開口問你：「你憑什麼要跟我取飯？」你就再說一次：「取飯來！」一句話就夠了，包管他要拿飯給你。

「雖成就一切法而離諸法相，乃可取食」：雖然在三界中一切諸法都生出來了，無妨貪瞋癡具足；無妨跟凡夫一樣，一天到晚爲了生活，爲了服務家庭：堂上二老要供養，子女小，也要扶養，所以跟凡夫們一樣，每日裡奔波不停，一切世俗法都現前了。出去工作爲了賺錢，難道你可以說沒有貪嗎？爲了錢當然有貪的法相。爲了維持一家人的生活，這樣辛苦奔波眞的是白癡：賺了錢財自己不留著吃，要買食物給家人吃。但是有時候，天下起雨來，偏偏這些東西都不許淋雨，心中急得一塌糊塗，心裡面就罵起來：「老天爺眞不賞臉！」這時瞋相也有了。無妨貪、瞋、癡相都有了，一切諸法相都現前了，但是同時卻有自己的另一個心不在諸法相中，與這六塵一切法相都不相應。明心以後就是這樣，無妨七識心一切諸法的法相都在，同時有如來藏離一切諸法的法相。「如果你須菩提能這樣，就可以取這一缽飯吃了。」須菩提不敢吃，因爲那時候他還在小乘法中，還沒有轉入大乘法中悟入，所以聲聞解空第一的須菩提，也是吃不了 維摩詰居士這一缽飯。

聲聞出家人想要吃菩薩的飯，都沒那麼簡單。以前常常有大禪師，寺院裡已經沒有錢糧了，他就派徒弟：「你去找某某巡撫、知州、知府、知縣。」因爲那都是他的徒弟。「你去向他化緣。」這某甲徒弟去了，到了那邊，這大居士拿起一袋銀子就問：「是什麼？你要是講得清楚，全部供養。」結果某甲徒弟說：「銀子。」那巡撫說：「對不起，請上人回山。」不供養他。證悟的菩薩，你想要向他化緣可不容易呀！但他出手往往很大方。這禪師看徒弟空手回來了：「啊！不行。」就派另一個已破參的某乙徒弟去，這某乙徒弟去了，大居士還是來這一套，可是某乙徒弟就向他答：「銀子！」這大居士也就供養了。你看妙不妙？前後二人所答，一字不易！他卻得大把銀子供養。這裡面當然有蹊蹺，你若是眞正悟入了，自然就知道蹊蹺在哪裡；你要是還沒有悟，不懂，同樣答銀子，可就沒得供養了。問話一般，答話也一般，爲什麼某甲來他就不供養，某乙來他就供養，是什麼道理？就是這個道理：成就一切法而離諸法相。

某甲徒弟成就一切法卻不離諸法相，某乙徒弟成就一切法而離諸法相，那大居士當然有法眼能分辨呀！法眼金睛能分辨清楚。如果你哪天拿一千萬台幣來供養我，問我：「是什麼？」我還是告訴你：「一千萬！」你還非得供養我不行，我還是用你的名字存到同修會去，收據還是開給你，供養法事就完畢了。所以菩薩法不是聲聞聖人所能瞭解的，因爲菩薩智慧無量。可是同樣的，心胸也是廣大無量。菩薩總是不計較別的，但菩薩也常常會跟眾生計較，他會計較「你有沒有菩薩性」。你要是沒有菩薩性，被他看出了聲聞性，有的禪師甚至有可能拿刀子把你腳後跟給剁了；他才不管你阿羅漢不阿羅漢，照剁不誤。

接下來　維摩詰居士又說：「若須菩提不見佛、不聞法，彼外道六師：富蘭那迦葉、末伽梨拘賒梨子、刪闍夜毘羅胝子、阿耆多翅舍欽婆羅、迦羅鳩馱迦旃延、尼犍陀若提子等，是汝之師；因其出家，彼師所墮，汝亦隨墮，乃可取食。」經上的記載，這富蘭那迦葉等六師外道不斷的在毀謗　釋迦牟尼佛，釋迦牟尼佛總是讓他們去毀謗；謗過一段時間了，六師外道聚集了一大批人了，　佛就去當眾說法破斥他們，六師外道的徒眾們聽到　佛陀的說法，領受了眞實法義以後，就被　佛度化了，就會有許多人出家，其餘人也都信受，於是全都成爲佛弟子了。總是由六師外道去召集一批人，然後 佛再觀察因緣去度化他們的弟子。六師外道看看這個城市沒辦法攝受眾生了，又跑到另一個城市去謗佛；佛陀又繼續等，後來有人來通報了：六師外道又在某某城亂說法、謗佛。佛說：「讓他們去毀謗。」等到他們聚集的人數很多了， 佛又去了，又當場把他們的錯誤法義都給破了，眾生一聽：「啊！這才是眞正的佛陀呀！」於是又一大批人皈依及出家，於是六師外道好不容易度來的一批人，弄成了寺院， 佛又來度化了。 佛常常會用這個方法度人，不必一個一個眾生去度，常常是讓外道們去找人；找了一批人來， 佛才來度化。所以六師外道遍歷當時印度各大城去謗佛， 佛就跟著他們腳後跟一步一步去破，一步一步度化。現在 維摩詰大士說：「須菩提呀！如果你能夠不見佛、不聞法，而這六師外道是你的師父，因爲他們出家的緣故，所以這六師外道的落處，你也隨之而墮，這樣你才可以取食。」完了！這下子，眞的完全聽不懂了。

每天去聽 釋迦牟尼佛說法時，聽法與見佛的究竟是誰？是覺知心、離念靈知啊！可是見佛、聽法的都是妄心，若以這個心作爲眞心時，就不能吃 維摩詰大士的那一缽飯了。所以你想：中台山惟覺法師吃不吃得了這一缽飯？他吃不了欸！因爲他見佛時就是見佛，聞法就是聞法，無法在見佛聞法時不見佛、不聞法的。

因爲他所「悟」的心是意識等六識心，是能見能聞，了了分明、清清楚楚、明明白白的心，他怎麼講的呢：「師父我在這裡說法，你們坐在下面聽法；我這說法的一念心，你那聽法的一念心，就是眞如佛性。」好！既然能見佛，也能聞法了，那他當然吃不了維摩詰居士這一缽飯；這表示他根本就沒有悟，他成就了一切諸法而不能同時離諸法相。

六師外道怎麼能在佛門中出家？我請問諸位：「六師外道到底出家了沒？有沒有出家？」（許多人搖頭表示「沒有出家」）正因爲他們都是外道嘛！所以好多人搖頭，認爲他們都沒有出家。但我告訴你：他們都出家了！因爲他們身上就有一個從來不在三界中的眞人，這還不是半仙，可是眞仙呢！那你說，他們有沒有出家？當然是有出家。菩薩看到的是這樣啊！二乘人與凡夫菩薩看到的六師外道不但沒有在佛門中出家，而且還是外道。但菩薩看六師外道們是個個都已出家，因爲他們身中的眞人是離三界法的，早就出三界家了啊！六師外道們一直都落在這個身中的眞人既沒有貪瞋癡與我見、我執，那就是已過三界境界了，怎麼不是出家？地方，只是他們自己不知道；不但如此，諸位！你們之中還沒有破參的人，也都同樣落在這裡面；但是卻要悟得這個法界實相，才是眞出家。

「等你開悟了，看見他們其實也都落在這個本來自性清淨涅槃裡面，你當然就會跟著掉進去；等你能跟著六師外道一樣掉進本來出家之境界中，你就可以吃我維摩詰這一缽飯了。」所以你們有很多人都可以吃這一缽飯了。但是你如果還沒有破參，即使成爲阿羅漢了，還是沒有資格吃他這一缽飯。所以，菩薩怎麼認定出家、在家的？就這麼認定：出三界法的才是出家，還在三界法中的人都不算出家，即使剃頭受聲聞戒了，一樣是尚未出家。所以有個禪師說：「如果你明心了，找到身中的那個大丈夫了，不管你身爲男人、女人，都叫作丈夫。」丈夫就是說不會小鼻子、小眼睛、小家碧玉的，什麼都愛計較，大丈夫是什麼都不計較的；別小看你自己是個女人，你們一個個都是大丈夫，我看你們都是大丈夫！（眾笑⋯）對啊！事實正是這樣嘛！所以剛才有許多人以笑聲幫我證明了。你看！既然你找到了大丈夫，轉依你身上這個大丈夫，你就不再是女人了！因爲女人是以這個色身在當女人，當你轉依了你身上的大丈夫，怎麼還叫作女人啊！

哪一天假使有會外的哪位大師來跟我說他是男人，我還是給他一巴掌，我說：「你還是女人！」因爲禪師就這麼認定：沒有悟入以前，男人還是女人，因爲心眼小，老愛計較；悟入了，女人就是男人，而且還是大丈夫。所以菩薩是這樣認定的，對於出家與在家，都不是在身相上來看。聲聞人都是要從身相來看的，但菩薩不從身相來看。所以維摩詰居士說這六師外道本來就出家了，無量劫以來就是出家的；他們既已落在這個地方，你須菩提也必須跟著六師外道同樣落在這個地方，才可以取我這一鉢飯吃。可是須菩提聽不懂，就不敢伸手去接那一鉢飯。

「若須菩提入諸邪見、不到彼岸，住於八難，不得無難，同於煩惱、離清淨法；汝得無諍三昧，一切衆生亦得是定，其施汝者不名福田，供養汝者墮三惡道，為與衆魔共一手、作諸勞侶；汝與衆魔及諸塵勞等無有異，於一切衆生而有怨心，謗諸佛、毀於法、不入衆數，終不得滅度，汝若如是乃可取食」：這一段經文說，如果須菩提進入種種邪見而不到彼岸，才可以取維摩詰居士的那一鉢飯食。

這又有問題請問諸位了：學法是不是應該依止正見？（衆答：是）是啊！當然是應該依止正見，不會有人反對這一點。可是菩薩卻不依止正見，你說：「我們要斷見惑、要斷思惑、要取證菩提而入無餘涅槃、得解脫。」菩薩卻罵：「你這個是邪見！」解脫道中的凡夫說：「不！你的才是邪見。明明佛說要斷見惑、斷思惑才能證菩提、取無餘涅槃，這才是正見。」菩薩說：「我不依止你這個正見。」凡夫菩薩就罵證悟的菩薩：「你這個正是邪見！」菩薩說：「好！我就入諸邪見，安住於這個邪見，但是我得解脱。」

阿羅漢都說：「我已經到解脱彼岸了。」菩薩說：「不！你沒有到彼岸。」阿羅漢也許不服：「明明佛已印證我是阿羅漢，已到解脱彼岸；你說我沒有到解脱彼岸，豈不是邪見？」菩薩說：「我可以安住於這個邪見，沒有關係！但我照樣得解脱。」阿羅漢說：「奇怪！你安住於邪見，怎麼能得解脱？我不住邪見才得解脱。」菩薩說：「不！你不到彼岸，我才有到彼岸。」阿羅漢總是認爲自己已經到彼岸了，但菩薩說：「不！你沒有到彼岸，不到彼岸的才是到彼岸。」阿羅漢一聽：「奇怪！不到彼岸的才叫作到彼岸，怎麼有這個說法？」不信！菩薩就告訴他：「聽你說，你是解脱到彼岸了，那我請問你，你入無餘涅槃眞實解脱時，你還在不在？」阿羅漢說：「我不在啊！完全無我啊！」菩薩說：「那不就結了！你已經不在了，你又怎麼到彼岸？一定是彼岸也在，你也在，才叫作到彼岸嘛！你已經滅了，又怎麼能到達彼岸？所以，你的無餘涅槃是不到彼岸的。」阿羅漢一聽：「嗯！也對，眞的不到彼岸，因爲到彼岸就是我滅了，我滅了才是到彼岸；可是我滅了，又是誰到彼岸？沒有人到彼岸，所以無人無我到彼岸；不到彼岸，才是眞的到彼岸。」阿羅漢終於懂了，可是他們懂歸懂，只是在意識層面中自以爲懂，無法證實，眞

的是這樣啊！所以維摩詰大士說：「須菩提！你得要這樣入諸邪見而且不到彼岸，

你才能吃我給你的這一缽飯。」所以維摩詰菩薩的飯不容易吃。

「住於八難，不得無難」：八難，前面我們已經講過了，現在不再解釋它，因為眾生在人間具有八難，是很常見的現象；但是一切住於八難中的眾生，眞的有得到八難嗎？其實也沒有人眞的被八難所障礙。可是在八難所障礙的當下，又不妨無八難。有誰正在八難中？從菩薩的慧眼、法眼看來是沒有的，但阿羅漢的所見卻是有。住於八難，無妨同於煩惱；因為住於八難中，一定是煩惱很重的：想要聽佛法聽不到，想要值佛見僧都見不到，八難之身就是八無暇。可是菩薩無所謂，何妨八難俱在，同於煩惱，離清淨法，卻仍然是解脫的。

阿羅漢不能認同這一點，因為阿羅漢的看法是要把煩惱除掉的，是要離八難才能見佛、聞法、修道，而且是不離清淨法的。菩薩卻不管這個事情，不但離二法，連清淨法也離。凡夫想：「奇怪了！你維摩詰居士怎麼亂說法？清淨法為什麼要離？」但我告訴你：就是眞的要離。因為如果一直住於清淨法中，離不開清淨法，那就表示這個人還是會繼續跟染污法相應，所以阿羅漢有餘習，原因就在這裡，因為他不離清淨法。不離清淨法的意思就是說：他也同時不離染污法。所以阿羅漢被罵時也會起瞋，只是不恨、怨、惱；所以阿羅漢見到過去世的傭人，他會不自覺的起慢；所以難陀比丘上座說法時，他總是會先看女眾，餘習都還在；雖然他已是大阿羅漢了，始終都不離清淨法。正因爲不離清淨法，所以另一面同時會跟染法相應。只有已離清淨法的才不會跟染污法相應，並且是從來就不跟染污法相應。得要以意識住於八難中而悟得一直都不與清淨法相應的第八識心，才能吃這一缽飯；「所以你須菩提，如果住於八難，一直都有八難，同於煩惱而離清淨法，你才可以取我這一缽飯吃。」這一缽飯還眞不容易吃喔！

維摩詰居士接著又說：「你須菩提證得無諍三昧，都不會跟任何人爭執，而且已經心得決定，永遠如此了。但是我告訴你：一切眾生也跟你一樣得到這個三昧。」有人當然不服氣，心想：「維摩詰大士說這個話，是亂講吧？」但是我告訴你：「菩薩無妨正在大發脾氣的時候，同時又不發脾氣。」你說：「天下哪有這回事兒？這不是籠罩人嗎？」但菩薩法界中確實是如此的。有時候禪師還用發脾氣來度人，度人悟了以後卻是不發脾氣的，這才奇怪呢！但是等你有一天眞的悟入了，一點兒都不奇怪，事實就是如此。所以說：「你須菩提得無諍三昧，但是一切眾生也都有無諍三昧。不管你怎麼欺侮他們，凡夫眾生被你欺侮到七孔生煙、暴跳如雷，但他們身中還有一個心是仍然跟你無諍的，祂從來都具有無諍三昧功德。既然如此，你得無諍三昧，眾生也得無諍三昧，那你跟眾生其實都一樣嘛！那麼眾生布施給你飲食，又怎麼叫作種福田呢？所以眾生在你身上布施，就不能稱爲種福田。」

「供養你的人也都將和你一樣墮於三惡道。爲什麼會墮於三惡道？三惡道都是從貪瞋癡三法來的啊！會跟三惡道相應的，會跟貪瞋癡相應的，又是阿誰啊？還是這七識心嘛！所以供養你須菩提尊者的這些眾生都是有貪瞋癡的，都是三界中的凡夫。既然是這樣，你須菩提接受供養的時候又是誰？還是這七識心，還是覺知心啊！那這樣子，虛妄的施供與受供，跟眾魔還不是同一路貨色、做同樣的事？眾魔也都是和你一樣呀！同樣都是在世間作諸勞侶：同樣是一天到晚勞勞碌碌的一類人嘛！」眞的是勞侶。「你須菩提及眾魔都在三界中有種種的六塵上的勞碌，平等平等而沒有差異。可是你須菩提跟眾魔一樣，於一切眾生都有怨心。」爲什麼有怨心？現在先要把眾魔的身分弄清楚，不要以爲眾魔來到人間示現的時候都是青面獠牙、指甲很長、沾滿了血。眾魔來人間示現時，可眞是斯文得緊！可眞是道貌岸然哦！你不容易看得出來的。天魔來示現時是很莊嚴的，絕對不會輸給菩薩的。他如果示現青面獠牙，你還會聽他的嗎？

「眾魔也自稱得解脫，也自稱阿羅漢，也自稱是成佛了，所以他們都對眾生有怨心。」度眾生就是要對眾生有怨心。我對你們每一個人都有怨心，所以都要把你們殺掉；殺掉了我見、我執以後，那就不再叫作眾生了，改叫作初果人、二果人、某住位菩薩、某行位菩薩等等，就不再叫你是眾生了，眾生就死了。所以我對你們每個人都怨恨得要死，都要把你們殺掉，非殺透不可；平時殺不夠，去到禪三要幫你開悟以前，還要再殺一遍，只怕殺你不死，所以我於一切眾生都有怨心。那你說菩薩與諸佛對眾生有這個怨心，這講得通呀！諸魔是想要讓眾生不斷輪迴生死的，爲什麼他們也會有這種怨心？有呀！魔認爲他的境界就是出離生死的境界了，所以他也想要殺掉你呀：要讓你**永生**。可是想要幫助你永生的就是魔，因爲諸 佛都說要滅度，把你滅了才能度過生死的彼岸，魔卻要幫你五蘊永遠不滅而得度，所以得**永生**。凡是要度你永生的都是魔，與他化自在天魔是同一類。眾魔既然也是要度你得涅槃，所以他們也說要幫你斷我見、斷我執，可是他們總是把我見、我執抓得緊緊的不放，卻當作是已斷我見、我執的境界，如同很多人悟錯了卻當作是眞正開悟了。同理，他們也說他們證得涅槃，所以他們對眾生也有怨心呀！要把眾生的「我見、我執」殺掉呀！可是他們所謂的殺掉我見、我執，其實是增長我見、我執的，但從他們的心態來看，還是於眾生有怨心啊！

須菩提說：「無佛無法亦無人。」魔也說：「無佛無法亦無人。」因爲天魔也聽佛說過般若經，他也懂得說這個法。菩薩也說：「無佛無法亦無僧。」因爲菩薩的看法是：佛是五陰十八界作，從佛的法身無垢識來講，並沒有佛可說，所以無佛。法是五陰十八界所證、所修，若從法身自己的立場來講：沒有法可說。所以《金剛經》一直唸下去，唸到最後什麼都沒有了，統統不存在了：無智亦無得。所以菩薩說：沒有法。菩薩又說：「僧是五陰十八界作，可是五陰十八界虛妄，從法身來看也是沒有僧可說，所以無僧。」有一般阿師就跟著說：「你一天到晚在講成佛之道，其實沒有佛可成啦！你還成什麼佛？」他就表示說：「所以我比你更高，你把成佛之道講出來，是在努力修行成佛之道，那你心中就是還有佛，你就是凡夫。我心中卻無佛。」他就從文字表面來講，自認爲他比你高，其實是誤會了！可是菩薩說無佛可成，表面上看來是謗佛與毀法，因爲他認爲無一切法可得。明明有三藏十二部經種種世出世間法，爲什麼無一切法可得？那就是毀法。有人因此就罵：「啊！某某菩薩在毀法，他是假菩薩，是外道、邪魔。」但是眞毀法的，才是眞菩薩啦！因爲法界實際理地中並沒有法可說，這才是眞佛法。

「不入眾數」：眾數是指出家的眾人，是說僧眾，就是說出家眾。不入眾數，是沒有出家人可說，不論是菩薩僧或聲聞僧。一切僧人都是虛妄無常的，從實際理地來看，無僧可說，這叫作不入眾數。誰出家呢？是五陰十八界出家，如來藏還能出家嗎？當然不能。如來藏本來就在三界外，還要出什麼家？這樣一來：謗諸佛、毀於法、不入眾數（不算入僧數之中，不算出家人中的一分子），結果是永遠都無法滅度。請問：「滅度是誰滅度？」是五陰十八界滅度。阿羅漢捨報入無餘涅槃，五陰十八界滅盡了，而說他得度了。可是阿羅漢的五陰十八界滅盡了以後，是誰得度？是如來藏啊！可是他們的如來藏能滅度嗎？不能滅、也不能度。因爲你滅不了祂，沒有任何一法能把祂滅掉，那祂也無法滅度呀！因爲祂本來就在涅槃的彼岸，還要你度祂做什麼？你總不能把祂拉到三界中來，再把祂推回去吧！祂不需要你如此做，而你也拉祂不過來，因爲祂本來就在三界外，祂本來就沒有生死，本來就是在彼岸的；但祂卻又同時在此界，不離兩邊，你要怎麼拉祂進三界？你又如何能度祂出三界？所以你既不能滅祂，也不能度祂，你永遠不能滅度。「你須菩提呀！如果能夠這樣，才可以取我這一鉢飯吃。」所以他當然不敢伸手去拿那一鉢盛好了的飯，因爲他當時完全聽不懂。

不像今天諸位，我爲你詳細解釋了，你聽懂了，可是須菩提當時完全聽不懂。所以他就向 佛陀說：「當時我啊！世尊，我聽到他這些話，心中茫然，不能瞭解他所說的是什麼道理；他到底在說什麼，我都聽不懂，不知要怎麼去答覆他，所以我就想要把那個缽捨了，想要離開他家。」飯吃不到，連缽都不敢要了。

當他正要離開 維摩詰大士家門口，轉身正要走， 維摩詰菩薩卻說：「喂！須菩提！你把這個缽跟飯都取了！別害怕。」眞的會怕，連大阿羅漢也要怕。所以有些大居士或大法師，當他知道坐在面前的陌生人正是蕭平實的時候，他們表面很鎭靜，可是你注意看，他們的手寫字時會抖、說話時嘴角也會抖，因爲「這個蕭平實不曉得要出什麼花招來考我。」但其實我都不會當面考人，除非他裝作一副悟得很深的樣子。我這個人最好相處、最隨緣了，都不會與人爲難。但未悟言悟的人爲什麼會怕我？因爲他們的落處我都知道，而我的落處他們從來不曉得，所以恐懼名聞受損啊！同樣的，須菩提的落處 維摩詰大士清清楚楚，但 維摩詰別說落處，連他講出來的話是什麼意思都聽不懂了，所以須菩提會害怕。 維摩詰大士是很慈悲的，就說：「取缽勿懼。」

然後又爲他開示：「你的意思怎麼樣呢？如來所造作出來的一個變化人，如果這個變化人，以我剛剛所說的這一些事情來詰問你，你須菩提會不會有害怕之情呢？」那只是個變化人，不是真的如來呀！你會不會有害怕之情？須菩提向佛報告說：「我當時就跟他答覆說：『不！我不害怕，因為知道那是法身佛變出來的假人，不是真的佛！』維摩詰居士就對我說：『其實一切諸法都如幻化相，剛才我為你說的這一些法，也都是幻化出來的，包括你面前維摩詰我這個人，也是我的法身如來變化出來的，都是幻化相。所以你現在不應該對我有所畏懼，為什麼呢？因為一切的言說都不離這個幻化相。』」一切的言說為什麼不離這個相呢？因為言說就是幻化相。既然都不離幻化相，一切有智慧的人，已到達智慧境界的人，都不會執著於文字；因為凡是會執著於文字的都是覺知心，會用言說來責備你沒有智慧的心，也是這個被幻化出來的覺知心，本是幻人而非真人，何必害怕？而真實心法身如來從無量劫以來就已經離語言相，祂根本就不會罵你、不會訶責你，「『你又何必要畏懼呢？所以你應該無所畏懼，為什麼呢？因為文字之性本來就是被幻化出來而遠離實相的。』」文字、語言都從實相心來，都是由如來藏幻化出來的，所以文字相、語言相本身其實也沒有文字語言相，都是如來藏相。「『所以文字性離，無有文字，這就是解脫，本來就是解脫。可是解脫相是什麼呢？解脫相其實就是諸法。』」因爲你若是找到了解脫相，無餘涅槃裡面的境界是在當下就可以見到（不必像阿羅漢入了無餘涅槃以後還看不見無餘涅槃中的解脫境界），菩薩在諸法法相當中就已看見了解脫相。須菩提尊者向 佛報告說：「維摩詰居士說這個法的時候，有二百位天子同時開悟般若而得法眼淨；這是我做不到的，也是不懂的，所以我不堪任應接世尊您的使命，我沒有能力去向維摩詰菩薩看望疾病。」

【佛告富樓那彌多羅尼子：「汝行，詣維摩詰問疾。」富樓那白佛言：「世尊！我不堪任詣彼問疾。所以者何？憶念我昔於大林中，在一樹下爲諸新學比丘說法；時維摩詰來謂我言：『唯！富樓那！先當入定觀此人心，然後說法，無以穢食置於寶器；當知是比丘心之所念，無以琉璃同彼水精。汝不能知衆生根源，無得發起以小乘法；彼自無瘡，勿傷之也。欲行大道莫示小徑，無以大海內於牛跡，無以日光等彼螢火；富樓那！此比丘久發大乘心，中忘此意，如何以小乘法而教導之？我觀小乘智慧微淺，猶如盲人，不能分別一切衆生根之利鈍。』時維摩詰即入三昧，令此比丘自識宿命：曾於五百佛所植衆德本，迴向阿耨多羅三藐三菩提，即時豁然還得本心。於是諸比丘稽首禮維摩詰足，時維摩詰因爲說法，於阿耨多羅

三藐三菩提不復退轉。我念聲聞不觀人根，不應說法，是故不任詣彼問疾。」】

講記：接著輪到說法第一的富樓那尊者上場了，佛告訴富樓那尊者說：「你去維摩詰家，探望他的病吧！」在聲聞法中說法第一的富樓那尊者，就稟白 佛說：「世尊啊！我也不堪任去探望他的病。因爲我想起來，以前曾在一座大樹林中，在一棵樹下爲諸新學比丘說法時，維摩詰菩薩來找我，他向我說：『喂！富樓那！你應當先入定來觀察這個人的心性，然後才爲他說法；不可以把不清淨的食物放到寶物做成的缽裡面，你應當要知道這位比丘心裡面所想的是什麼，千萬不要把琉璃當作那個水晶一般的沒價值。你沒有能力知道眾生的根性與來處，不應該用小乘法來發起他們的菩提心；他們本來就好好的，身上並沒有長瘡，你就不必特地在他們身上挖瘡而傷害他們嘛！他們是想要行於大道的人，你不要指示他們走入小道裡面去。你不要把整個大海納於牛跡之內——不要想把大海全部的水放到牛腳踩成的那個小小的水洼裡面去，也不要把日光等同那個螢火之光來看待。富樓那啊！這位比丘很久以來就已發起大乘菩提心了，只是因爲生死過程之中忘了這個大乘心的意志，但他仍然是個大乘根性的人，你如何可以用小乘法來教導他？我觀察小乘人的智慧太微小、太淺薄了，就好像一個生來就是眼盲的人一樣，不能分別一切眾生根性的猛利或者遲鈍。』當時維摩詰居士就進入三昧中，促使這位比丘自己認清楚了以前曾經在五百位佛陀身上種植了許多的功德根本，已迴向無上正等正覺，此時立即悟得前世已曾證悟的本心如來藏了。於是諸比丘都向維摩詰居士低頭彎腰行禮，並且都禮拜維摩詰居士的雙足；維摩詰居士因此就爲諸比丘們說法，他們因此都能對無上正等正覺永不退轉。我想起維摩詰居士的話：『聲聞人沒有能力觀察學人的根性，不應爲人說法。』所以我不堪任去探望維摩詰居士的病情。」

這一段經文意思是說，有了神通的人，說法前應當先入定，觀察對方的心性如何，才可以爲他說法。若是沒有神通力以致不能觀察，就從他的身口意行去觀察，或是以種子相應的情況去觀察，不應該初見當時就決定爲他說二乘法。你如果爲人家說大乘法，可以不必先觀察，反正一見了面就爲他說大乘法，只要不是講大乘法中的極甚深法，都沒有過失。他如果跟大乘法不相應，自然會去找二乘法；譬如有人來向你要錢，他只是要乞討一枚鐵錢，你若給他一枚金錢，他一定會接受，你一定沒有過失。如果他是有資格可以得到金錢的，你給他的是鐵錢，你就有過失了。所以遇到一切人，你但說大乘法，俱無過失。可是，富樓那尊者見了比丘們，就為他們講二乘法，那就有過失了。因為其中有些人是有資格證得大乘法的，結果他給他們的是二乘法。

所以維摩詰大士就責備他：「你既然是三明六通的大阿羅漢，你為人說法以前應該先入定觀察對方的心性與根器，然後才為他們說法。如果這個人是個寶器，比如說他這個缽是黃金、白銀做的，或是琉璃做的，你裝上這缽的食物，一定是要很淨潔、很精美的食物。」如果是剩飯剩菜，不能拿來裝進這個缽中布施。剩飯剩菜只能裝入瓦缽、破缽，所以說「無以穢食置於寶器」。「他這個人是菩薩種性，種性很高潔，你為什麼用二乘法來教給他？就好像把髒了的食物放到寶器中一樣。你應當要知道：這個比丘心裡面所想的是什麼？他想的是成佛之法，要利樂眾生、要成就佛道，你竟不知道；他是好像琉璃一樣尊貴的材質做成的寶器，跟水晶製成的不一樣」，水晶跟琉璃的價格是差很多的，「你不可以把珍貴的琉璃當作是粗俗的水晶，所以說你沒有能力了知眾生的根性與來處。眾生若已在無量世以前發大乘心，你就不應該給他二乘法，所以不應該為了要讓他發菩提心就教給他二乘法，這樣發起的只能是二乘菩提心。他本來就不執著於五蘊身，你何必為他說五蘊的虛妄？他如果是執著五蘊身，才可以教他把五蘊的執著破掉；這就好像一個人身上本來無瘡，你偏要說他身上長了瘡，還幫他把『瘡』挖了，成爲『好肉剜瘡』。眞的很冤枉呀！所以你不要傷害他。」

「對於想要行於大道的人，你就不要指示給他小路；他的心量猶如大海，你爲什麼把他容納到牛蹄踩陷成的那個小小水洼中呢？你不要把日光當作螢火一樣小的光明呀！這位比丘其實無量世以來已經發起大乘心了，可是因爲他還沒有離開隔陰之迷，在生死中途忘掉了曾經發起大乘心，你怎麼可以用小乘法來教導他呢？」所以度眾生時，菩薩沒有限制，一概用大乘法的基本法義來講，除非對方特別提出要求：我要聽聞二乘法。否則菩薩一概用大乘法來講，因爲大乘法中已經函蓋二乘法了。但是二乘法中的三明六通大阿羅漢度人時必須要先觀察：他所要度的人是不是菩薩種性？若是菩薩性，就不應該用二乘法來度他，應該推介給菩薩度化。所以當時維摩詰菩薩進入三昧中，把這個比丘過去世所經歷的宿業：如何發菩提心、如何修學佛法等事相，讓他自己看見，讓他自行了知；於是這位比丘當場就知道以前曾經在五百位佛陀身上種下種種大福德，已成就許多功德。

奉侍過五百佛，那一定是經過很多劫的修行了！曾經有時連續九十一劫中不曾出現過一尊佛，我們賢劫之前就曾經如此。有時候好幾個大劫中都沒有佛出現世間，那麼五百佛，你想已是經過多少劫了？這位比丘在遇到第一尊佛時就發起無上菩提之心，這樣一世、一世奉事諸佛，修學大乘法，當然是菩薩種性的人。所以當 維摩詰菩薩用三昧力量讓他知道自己過去世曾經奉事過五百佛，當時就迴向無上正等正覺，就離開富樓那尊者所說的二乘法了；當他迴向無上正等正覺時，當時就重新悟得他的本心，又明心了。你看，遇上大菩薩時就是這麼有福報呀！一剎那間悟得本心。於是這時諸比丘就向 維摩詰居士頂禮，維摩詰居士因此又為他們說法；因為他們肯禮拜 維摩詰居士了，表示他們已經遠離僧衣崇拜的**聲聞心態**了，當然有資格可以證得大乘法中永遠不會墮入四相的勝妙法，所以 維摩詰居士就為他們說更深的法。

「**於是諸比丘稽首禮維摩詰足，時維摩詰因為說法，於阿耨多羅三藐三菩提不復退轉。**」聲聞十大弟子中說法第一的富樓那尊者，可以幫人家證得解脫果，因為他是俱解脫的大阿羅漢，可是他卻無法幫人證得本心，而且他也沒有能力加持聞法者觀察到往世的宿命因緣。而 維摩詰大士他有這個功德力，這些比丘們既然已經證得本心第八識如來藏，所以這些比丘們很歡喜，就稽首頂禮 維摩詰菩薩的足下。稽首就是低頭的意思，他們不但低頭示敬，並且還頂禮 維摩詰居士的足下。頂禮於居士足下，並不是每一位比丘都把他的額頭放到 維摩詰菩薩的腳下，而是說 維摩詰腳下踩著泥土，而他們額頭觸地，那就表示是在 維摩詰的足下，也就是感恩禮拜的意思。

古人曾經爲了這一部經典中的這句話提出抗議，認爲不該將比丘頂禮 維摩詰居士的事相翻譯出來，他們不喜歡比丘們頂禮 維摩詰居士。當然，諸位可想而知，這也是**聲聞心態**的僧人，他們心中想著的都是二乘聲聞的表相，學的也是二乘小法；這些人外現凡夫菩薩之相，其實心中正是聲聞人，這些人往往會提出抗議：出家人不許禮拜在家人。如果是菩薩種性的出家菩薩，根本沒有這個問題存在。那些人提出抗議說：「（僧寶）何故禮俗？」說：「身爲僧寶，爲什麼頂禮一個居士？」他們認爲 維摩詰大士是俗人，只因爲他身穿俗衣，就不管他在法上的證量了。

在這裡有一個問題要提出來：大家每天在禮拜 觀世音菩薩，祂算不算俗人？因爲祂還留著長頭髮，頭戴著天冠，天冠上雕著 阿彌陀佛的像，胸佩瓔珞，手有臂釧。古時候的 觀音菩薩相還有鬍鬚，身上穿著天衣，到底是不是俗人？ 大勢至菩薩也如是， 文殊師利、 普賢菩薩，還有 維摩詰居士，以及當來成佛現在天宮中的彌勒菩薩，都是戴天冠，留長髮，穿天衣的，祂們究竟是在家或是出家？ 維摩詰居士是等覺菩薩，祂與諸地菩薩都居於聖位，究竟能不能算是菩薩僧？所以俗與僧，在二乘法裡面是純粹從表相來說的，但是若以在家身證得第四果時，佛也是一樣吩咐阿羅漢們要一起前往供養那位在家阿羅漢的舍利——屍身。在大乘法中更是不分在家與出家的，大乘法裡面是看你五十二個階位已修證到什麼地步？如果還在三賢位中，不管你身現出家相、在家相，都是賢位菩薩。如果入了地，也不管你在家、出家，統統叫作聖人，都是佛的眞子，都已經是**生如來家**、**住如來家**的眞子；而阿羅漢們都不是佛的眞子，如同客子、螟蛉一般，所以在大乘法中從來都沒有出家身、在家身的分別，只有聲聞法中才會有在家與出家的分別。

也正因爲這個緣故，所以 釋迦世尊的莊嚴報身還是留頭髮的，只是應身佛要率領出家的阿羅漢們，所以才跟大家一樣理光頭，有時卻仍是示現有頭髮的；這一點諸位要瞭解，這就是大乘法在弘法事相上與部派佛教的聲聞法不同的地方。古時有一位法師，爲提問的人解釋這一段經文，他的註解中有這幾句：「**入道恩深，碎身莫報，此諸比丘方行大道，豈存小儀？**」意思是說：這些比丘們由於 維摩詰居士而開悟了，證得本心了，才能夠進入大乘佛道中，這個恩德是很深廣的，所以「入道恩深」；這種恩德「碎身莫報」，即使粉身碎骨也回報不了 維摩詰居士對他們的大恩德。然後這位法師接著說：「這五百位比丘們，他們方才入道，剛想要進入大乘佛道之中繼續進修，哪裡還要存心注意那些小小的禮儀呢？」道理就在這裡。這就是大乘法特別異於二乘法的所在，這與聲聞部派佛教的觀念絕不相同。

大乘法的出家，是以你的實證內涵來作分判的標準，完全在心而不在身，就看你是**心出家**、還是**身出家**？二乘法不然，二乘法是以**身出家**爲主的，所以在二乘法中出家的話，依二乘戒（也就是依比丘、比丘尼戒）而出家的話，那只是一生受，是以一世的身相與壽命作標準的，死後就沒有聲聞出家戒存在了，菩薩戒卻是盡未來際受持的。所以有人幫居士死了以後剃度，諸位應該已經知道是如法或不如法了。比丘、比丘尼戒是一生受的，這一世如果死了，戒體就不在了。既然人死戒體就不在了，他去幫死人剃度出家，那死人有沒有出家戒體？（眾答：沒有）當然沒有戒體。所以人死了以後接受剃度而說他已經出家了，這是不如法的，根本得不到聲聞戒的戒體，仍然不是出家人。

所以聲聞律中的出家戒只是一生受，不是盡未來際的，所以它是**身戒**，不是**心地戒**。心地戒，只有菩薩戒裡面譬如梵網戒、瑜伽戒，才是心地戒；菩薩戒如果是優婆塞戒，那又只是身戒了，同樣只有一世受，死後戒體就滅失了。所以在大乘法中，出家與在家的分際，是看你的心出家了沒有，**心出家了就算出家，心沒有出家還是在家**。因此這五百比丘，如今是身出家、心也出家了，這種入道的恩德，粉身碎骨也難以酬報，所以當然要跟 大士頂禮，雖然 維摩詰居士戴著寶冠，留著長髮，穿著很華麗的在家人衣服（古時候畫的 維摩詰居士畫像都是穿得很華麗的），雖然是這樣，五百比丘們還是得要向他頂禮。頂禮了以後當然有好處，因為他們頂禮居士了，一來表示他們於第八識妙法不退，能生於忍，已對本心如來藏起了忍法，心得決定而安住下來了；二來表示他們已遠離四相了，所以不落入在家相與出家相之中，已有能力進修更勝妙的法義了。因為這個緣故，所以當時 維摩詰居士就為他們宣說更勝妙的法。

「**時維摩詰『因爲』說法**」：因爲二字是「因此而爲」之意。這個遺詞用字，你們不要誤會了，很多人不習慣古人的遺詞用字，所以有時候校對我的書，往往把我所用的字當作是錯別字改了！因爲我比較習慣古人的用字方法，因爲那很簡潔、很洗鍊，幾個字就表示出想要表達的意思來，若是用白話語文的話，就要好幾句話才能解決。可是現在我好像得要隨順大家了，不然的話，以後人家讀不懂我的書，誤會了以後也是麻煩。

這時五百比丘們頂禮 維摩詰居士，表示他們已經對如來藏本心生起忍法了。生起忍法，是說他們對於第八識本心的本來無生已經安住不退了，所以這時 維摩詰居士就因於這個緣故而爲他們說法，也就是進一步攝受他們不退失，讓他們更深入的體驗，讓他們更深入的了知；這五百比丘們聽完了 維摩詰居士的開示，對無上正等正覺就不會再退轉了。富樓那尊者當時跟著旁聽，其實只是白聽一場，因爲他沒有證得本心，所以他無法了知 維摩詰居士所說的法；他所能聽懂的，只是其中與二乘菩提有關的內容。所以這時他向 佛說：「我想到這一件事情，因爲我們聲聞人沒有能力來觀察人家的根器，遇到大乘根器的人，我們也無法爲他們說法，所以我們聲聞人不應該說法，應該讓菩薩來說法。由此看來，我富樓那雖是聲聞羅漢中說法第一，還是不堪任去探望維摩詰居士的病。」

【佛告摩訶迦旃延：「汝行，詣維摩詰問疾。」迦旃延白佛言：「世尊！我不堪任詣彼問疾。所以者何？憶念昔者佛爲諸比丘略說法要，我即於後敷演其義，謂無常義、苦義、空義、無我義、寂滅義。時維摩詰來謂我言：『唯！迦旃延！無以生滅心行說實相法。迦旃延！諸法畢竟不生不滅，是無常義；五受陰洞達，空

無所起，是苦義；諸法究竟無所有，是空義；於我無我而不二，是無我義；法本不然，今則無滅，是寂滅義。』說是法時，彼諸比丘心得解脫，故我不任詣彼問疾。」

講記：聲聞十大弟子各有第一，摩訶迦旃延尊者是論議第一；換句話說，討論法義的事，聲聞十大弟子裡面他推第一，沒有人比得上他，這回他總該可以去了吧！佛告訴他：「你去啊！去看望維摩詰菩薩的病。」他怎麼說？他向 佛稟白：「世尊啊！我也是不堪任去看他的病。」論議第一的大迦旃延也說他不堪任去看望居士的病。「爲什麼我不堪任去呢？因爲我想起以前世尊您爲諸比丘大略的開示、解釋法要，我就在佛說完法以後，把您的法加以敷演解說，也就是無常的眞義，一切是苦的眞義，一切法空的眞義，一切法無我、一切法寂滅的意思。可是當時維摩詰來對我說：『喂！迦旃延！你不要用生滅的心行來說實相法。迦旃延啊！諸法畢竟是不生也不滅的，這才是無常。五受陰都能夠詳細的、徹底的通達了，而五受陰其實空無所起，這才是苦。諸法也是究竟無所有，這樣才可以說是空。對於我與無我，不落入兩邊，我與無我是不二的，這才是眞正的無我的義理。法的實相本來就不是生滅、苦、空、無常的，不是你所說的這樣。以往如此，現在一樣不滅，這才是眞正的寂滅。』」

這一段經文顯示了一件事實：佛陀在世時轉第二、第三法輪，聲聞羅漢們同時聽聞大乘法，只能聽懂其中與解脫道有關的部分，大乘般若所說的實相法義是完全聽不懂的，所以聽聞以後說出來的法義就變成聲聞法的苦、空、無常、無我了。這一段開示如實的記錄了當時 佛說第二、三法輪的事實（編案：詳見《阿含正義》書中的舉證與說明）。一般人總是把解脫道當作佛菩提道，應成派（印順派）的法師們一向把聲聞解脫道誤認爲菩薩修的成佛之道，他們一直都是用解脫道來取代佛菩提道；更大的問題是，他們對解脫道又全然的誤會了，才會變成一無是處。一般都說苦、空、無我、無常即是正法，沒有人會反對這一點；可是這部經裡面身爲等覺大士的 維摩詰爲什麼講起來卻是相反的？這也就是爲何這一部經，沒有人願意出來**如實**宣講的原因；是因爲證得本心了，還不一定有能力宣講，何況還沒有證得本心或否定本心的人，怎敢動這個念頭？除非他想要**學印順的手法把大乘經加以曲解**。現在我們來解釋一下，讓大家瞭解：爲什麼他說的跟四阿含的解脫道，看來是顚倒的，結果卻是正確的？

維摩詰居士說：「你迦旃延不應該用生滅心行來說實相法。」二乘法，爲什麼會叫作世俗諦呢？因爲它的觀行內涵是五蘊、十二處、六入、十八界全都無常故無我的法，都屬於世俗法上所顯示的眞諦，所以叫作世俗諦。可是當我們把五蘊的一一蘊、六入的一一入，十二處、十八界的一一處、一一界，加以詳細而如實的觀察以後，會發覺到這一切法都是生滅法，沒有一法不是有生有滅的法。二乘聖人也就因爲現前觀察到蘊處界等世俗法的每一法都是生滅法，所以爲大眾說明：**一切無念靈知心全都屬於生滅法，乃至離念靈知修到非非想定時仍然是生滅法**。他們因爲這樣的現觀，所以斷除我見和我執，成爲二乘法中的聖人，可以出離三界生死。可是他們所說的都是五蘊、十二處、十八界的苦、空、無我、無常，這些都是生滅性的世俗法中的心行。如果要爲人家講大乘法、實相法，就不應該這樣說，因爲蘊處界的苦、空、無常、無我，都是生滅的心行，這世俗法的心行既然都是有生而且終必壞滅，當然不是實相，都是虛相法。不可以把虛相當作實相，所以這個生滅心行——虛相法——不應該說是實相，因此 維摩詰居士就告誡迦旃延：「**喂！迦旃延啊！你不要用生滅心行來說實相法。**」

接下來大士就解釋說：「**迦旃延啊！諸法畢竟不生不滅，這才是諸法無常的眞義。**」怎麼會這樣呢？諸法明明有生有滅，爲什麼說諸法畢竟不生不滅？既然不生不滅，那就應該是常啊！爲什麼又說是無常？問題眞的很大。迦旃延聽了只能愣在那邊，沒辦法答話，因爲聽不懂。可是你如果明心了，被我印證了，你就能聽懂大士的話了！所以有好多人聽我說這一段經文以後一直歡喜地笑著，爲什麼一直有笑容？因爲心裡面有一分法喜：這個法我懂。

諸法一直都是生滅無常的，譬如最簡單的六識自性好了：眼識能見之性，耳識能聞之性，乃至身識能覺之性，意識能知之性，這些自性都是生滅法，因爲你晚上回家睡著以後就斷滅了；到半夜裡作夢時才又出現，可是夢過了、又睡著了，又不見了，第二天早上天亮了，祂們又出現了！所以這六識自性都是生滅無常的，認定這六識自性是常住佛性的人，都已落入自性見外道中。世間法含攝的一切諸法都從這六識自性中轉生出來的，不管你插花怎麼插，茶怎麼泡，水怎麼喝，飯怎麼吃，字怎麼寫，車子怎麼開、怎麼製造，都是從六識心的自性所能認知之中發展出來的；若沒有這六識的自性，就沒有這一切法。

一切法與六識自性，通稱爲一切法。這一切法爲什麼昨晚滅了，今早會再生起來？爲什麼今晚滅了，明早又會生起來？爲什麼前世死滅了，在中陰身裡面又會生起來？爲什麼投胎永滅了以後，未來世出生時又有了？這究竟是什麼緣故？

滅了以後就是無，無就不可能有個自己突然再出現，一定要有另一個常住法持著這個覺知心的種子，才能使這個已經滅了的法（覺知心）再度出現；因爲滅了就無法，無法不能再出生法，所以一定另有一個常住法，才能使已滅的此法再度出生：**這六識的自性滅了以後，次日又從如來藏裡面再出生了，如來藏必定是常住法。**證悟的人以如來藏爲主，來看待如來藏所生的六識心的自己，把自己轉依如來藏，認定自己是附屬於如來藏的，這才叫作轉依成功。轉依完成時，改從如來藏常住的立場來看這六識心及其自性、來看六識展轉所生的一切諸法時，怎麼可以說諸法有生滅呢？如來藏不生不滅，而這六識及一切諸法都攝歸於如來藏，都以不生滅的如來藏爲主，一切法當然也就不生不滅了。以實相常住的前提來說一切法的生滅有爲，才是一切法無常的眞義。如果沒有如來藏來攝持一切法的種子而永遠存在，就不可能有任何一法是無常的，因爲一切法中的任何一法連出生都不可能，怎麼會有無常可說呢？所以說：「**諸法畢竟不生不滅，才是眞正的無常。**」若無不生滅的、常住的實相法如來藏，就不會有蘊處界出生及存在，當然就沒有蘊處界的無常、苦、空、無我可說，這才是蘊處界無常、苦、空、無我的眞實義。

「**五受陰洞達**」，五陰爲什麼加個受字？因爲色陰有色陰的所受，識陰六識也有六識的所受。這個受，受陰的本身，它有三種受，有五種受，乃至種智裡面還說有境界受，就是觸——觸六塵，也是受陰。有受就有想，「想亦是知」，觸到六塵而了知也是想陰，所以了知的本身就是顯境名言。想陰是說六識對六塵有「觸」的領受，這個領受再接下來就是外面那些人所知道的苦、樂、捨等觸，及語言文字妄想的想陰（表義名言），那已經離聲聞道太遠了。有想陰就表示有身口意的行，所以五種陰都是有所受的；身受、意受、心受都是有所受，所以五蘊又叫作五受陰。既然有所受，對這五種能受的五陰徹底的通達，這不是二乘聖人所能知道的，是菩薩才知道的。菩薩在這裡面如何叫作洞達呢？也就是說，現前觀察五陰生起的次第，也現前觀察五受陰從哪裡來，才叫作洞達，不是像二乘聖人所了知的五陰無常的膚淺義理。

等到確實了知，現觀這五受陰都從如來藏生起的時候，確實證明五陰都在如來藏的表面上運作而已，就能把五陰攝歸於如來藏，在這時說五陰無常所以是空；但是無常和空，是從五陰自身來講；如果五陰是攝歸如來藏時，無妨一世又一世的五陰生起又壞滅、生起又壞滅，雖說五陰是生滅法，可是如來藏從來沒有生起過，祂本來就存在，五陰也就沒有生滅可說了。如果如來藏有所起，未來就一定會有壞滅的時候，但祂從來沒有生起，將來就不可能會滅，所以才能有一世又一世不中斷的五陰去輪迴生死。所以你如果眞要說空的話，如來藏才是空。但是如來藏的眞實空、畢竟空，或者攝歸如來藏後的五陰無常空，從來都不曾起滅，因爲這就是如來藏的常相，第八識如來藏永遠是現這樣的法相。這樣的空與無常，才可以說是苦。換句話說：不可以離開常住的如來藏而說五陰的無常、苦、空。

但這個道理只是在大乘法中才講嗎？不然！在四阿含二乘法中（其實四阿含中有許多經典是聲聞人聽聞大乘經典而結集成爲二乘法）佛早就說過了，只是阿羅漢們聽不懂，所以他們把這個密意忽略掉，而專在蘊處界的苦、空、無我、無常上面用心。但是將來我們《阿含正義》出版時會舉證：佛是在什麼地方依如來藏空性來說一切諸法無常所以是苦、無我。（編案：《阿含正義》已出版完畢了，總共七輯）因此五受陰若如實洞達了，就了知：其實無常空不曾有所起。有人講：**五陰都滅了、都空了，滅相不滅，所以叫作眞如**。當然諸位都知道是誰講的。可是空無了叫作眞如，或者用他創造的名詞**滅相眞如**，這眞如空卻是有所起的；因爲他的五陰滅而不存時，就像阿羅漢入了涅槃，十八界都滅了、不存在了，已經沒有了，這樣的空叫作眞如，那麼顯然這個空是有所起的；因爲以前沒有這個空，現在入無餘涅槃時滅盡五陰方才有這個空生起，所以這個空就是有所起了，就是生滅法了。

可是眞實的空，無所起。意思是說涅槃不是修行以後才有的，而是修行之前祂就已經存在那裡了；否則那個涅槃就是本無後有的涅槃，那個涅槃就變成有起有滅的了。這就是說菩薩所修的道，與二乘聖人不同；二乘聖人認爲無餘涅槃是修行以後才有：把思惑斷盡了，捨報時就把自己滅得一乾二淨，究竟無我，十八界連一界都沒有了。涅槃於是成爲本無後有。可是菩薩見了阿羅漢時會向他講：「其實你這個涅槃仍是本有的，不是本無今有。你把自己滅了成爲無餘涅槃，可是無餘涅槃中就是如來藏獨住，而如來藏本來就涅槃，不必你斷盡思惑煩惱才成爲涅槃。你滅了自己時是涅槃，可是你還沒有滅了自己以前，如來藏就已經是涅槃了，所以涅槃不是斷滅法；而你死時滅盡了自己，剩下的仍然是如來藏自己本有的涅槃。」阿羅漢一聽：這是什麼道理？又不懂了；但是實相就是這樣。

所以，空若有所起，就不是眞正的苦聖諦。空是無所起的，是本來就已經空，那才叫作眞正的苦聖諦，大乘菩薩們的苦聖諦是這樣觀的。同理，大乘十二因緣也跟二乘不一樣，也是在此大前提下來觀行十二因緣法；因此而能洞達五受陰是從哪裡來的，對五受陰的一一陰從哪裡來，已經徹底的通達了，就能了知：原來空性是本來就存在的，不是把自己滅了以後才變成空。由於空性本來存在，才能有眾生的五受陰世世輪迴生死、受苦，這才是眞實的苦聖諦，不同於二乘聲聞法中的苦聖諦。

諸法究竟無所有，才是空。諸法究竟無所有，阿羅漢們是會承認的，可是他們只承認局部；他們認爲蘊處界是究竟無所有，因爲都會壞滅，可是外面的六塵諸法還是眞實有，他們不能承認外法是究竟無所有，因此才會害怕生死輪迴，個個都不肯發起受生願、再來人間。但是菩薩不然，菩薩說：「時間到了，該死就死了。」床上一躺，走了！腿一盤，走了！都無所謂。死相好不好看？菩薩也不記掛；因爲菩薩認爲生死中的一切法都是自心現量，所以無所謂。你看很多禪師們捨報時把枕頭一丟，走了！有時候人家請他留個偈，禪師甚至開口大罵：「沒有偈就不能死嗎？」就爲大眾寫幾句，把筆一丟，身體一躺就走了！菩薩爲什麼會這樣？他不會說：「我要把自己滅了入涅槃。」他走的時候早就準備好還要再去投胎的，因爲他知道眞正的空是諸法究竟無所有。可是諸法究竟無所有，明明是無常、是苦，爲什麼他不怕？因爲諸法的空、無常、苦，都是因爲有一個常樂我淨的如來藏，否則不會有諸法的苦、空、無我、無常。阿羅漢因爲不曾實證這個道理，害怕再來生死，所以死時一定要入無餘涅槃。菩薩以慧眼、法眼一看，根本沒有這些事，一切的苦、空、無我、無常都是在如來藏的表面上出現了、又滅了，不斷的重複，而如來藏始終是涅槃性，從來不離涅槃；既然這樣，依如來藏而不依蘊處界，菩薩死時便死得很瀟灑。有的菩薩爲了眾生，甚至還會拿死亡來搞怪。所以依菩薩所觀，諸法究竟無所有，一切都是如來藏法。聲聞人則是有諸法的，從表面上看，他認爲蘊處界全都無所有。菩薩說：「既然蘊處界無所有，爲什麼要急著入涅槃？蘊處界的苦、空、無常都已不是眞的了，你就可以不必入涅槃來躲避蘊處界的苦、空、無常。」這樣的諸法究竟無所有，才是眞實空的道理。

我與無我是不二的，這才是眞正的無我。一般稍微懂得阿含的人總是說：「我是虛妄的，是虛假的，是一定要滅掉的。」可是他們所定義的我是什麼呢？其實只是身體：「但是覺知心這個我不可以滅，入無餘涅槃以後就是我覺知心獨自存在，由這個覺知心離念而進入涅槃的境界中安住。」可是佛法中沒有這種涅槃，只有外道法中才有這種涅槃，那叫作**外道現見涅槃**，都是落在意識我見中。我，不管是外道法說的我，或是佛門中的凡夫大師們說的我，都是落在蘊處界上面來講的。但是菩薩不然，菩薩說蘊處界無我，也說如來藏無我；蘊處界的無我，是因為它有生有滅，都是可以滅除的。但是菩薩又說另外一個無我，叫作如來藏。如來藏為什麼無我？因為如來藏沒有我性：祂沒有五蘊的我性、十二處的我性、十八界的我性、六入的我性，所以祂是無我性的；正因為這個無我性，所以祂才是涅槃。如來藏眞我無蘊處界我性，蘊處界則無如來藏常住的眞我性；因為如來藏離於我性，離於無常，離於生滅，離於苦，離於空無、斷滅，祂是眞實常住法，雖然無蘊處界我的我性，可是祂卻最有資格說為**我**，因為祂是**常住不滅**的。以這個如來藏來含攝生滅無常苦空的蘊處界，把蘊處界攝歸如來藏來看為一個整體時，我與無我其實是不二的，是不可分割的，蘊處界其實本就是如來藏所有的。

蘊處界既然本來就是如來藏所有的，那你怎麼可以說蘊處界的無我跟如來藏這個我有所差別？所以一定要親自證實我與無我是不二的，才是親證眞實無我的道理，這就是大乘法中講的無我：我與無我是一體不二的。迦旃延聽不懂，因為他不知道本心的所在，又如何能觀察蘊處界都從無我性的眞我如來藏中出生的呢？可是卻常常有人污衊大乘法說：「如來藏這個我就是外道神我，也是外道的梵我。」這就像三歲小孩子罵在大學教微積分的大學教授說「你不懂數學」一樣。大家想想看：所有外道說的常住不壞的神我，從來沒有離開過第六意識的範疇，所有外道的梵我也一樣；但如來藏是第八識，能出生第六意識；這第六識、第八識可以混在一起呀？那我想：他每天吃飯時，你也可以裝一粒稻穀給他吃了，因為他的邏輯是：能生一碗米飯的一粒穀子與一碗米飯可以混同而相等於同一個法。若所生的第六意識，可以跟能生的第八阿賴耶識可以認作是同一個心，那麼母親與兒子又何嘗不可以說是同一個人？然而事實上不行。彼理如是，此理亦然，邏輯一定是如此的，所以如來藏不等於外道的第六意識神我、梵我，外道的神我、梵我或是佛門大師們所謂的佛性（六識能見、能覺……等自性）也都是從他們各自的第八識如來藏中出生的。眞實的我沒有蘊我性，無蘊我性的如來藏才是眞我；二乘無我法是依無常的蘊我而說的，而蘊我是從眞我如來藏中出生的；將蘊我全部攝歸於能生蘊我的無我法如來藏時，無我與我不二，這才是眞正的無我的眞義。

「**法本不然，今則無滅，是寂滅義**」：法，這裡的法是指如來藏實相心；法本來就不像蘊處界一樣的生滅無常、苦、空、無我，本來就不是像蘊處界這樣。如今現前來看，祂是沒有生滅過的，是永不壞滅的，這樣的法才是寂滅的眞實義。若不是以眞實法如來藏自身離六塵的寂滅，來說涅槃的寂滅，就會落入蘊處界斷滅空無的寂滅，成為斷滅空，同於斷見外道的寂滅。迦旃延尊者轉述了上面 維摩詰居士爲他所說的法以後，就向 佛稟報：「維摩詰居士說這個法的時候，那些聽他說法的比丘們個個心得解脫，我卻沒有辦法使他們心得解脫，因爲我根本聽不懂，所以我不堪任去見他、看望他的病。」

【佛告阿那律：「汝行，詣維摩詰問疾。」阿那律白佛言：「世尊！我不堪任詣彼問疾。所以者何？憶念我昔於一處經行，時有梵王名曰嚴淨，與萬梵俱放淨光明，來詣我所，稽首作禮問我言：『幾何阿那律天眼所見？』我即答言：『仁者！吾見此釋迦牟尼佛土三千大千世界，如觀掌中菴摩勒果。』時維摩詰來謂我言：『唯！阿那律！天眼所見爲作相耶？無作相耶？假使作相，則與外道五通等；若無作相，即是無爲，不應有見。』世尊！我時默然。彼諸梵聞其言，得未曾有，即爲作禮而問曰：『世孰有眞天眼者？』維摩詰言：『有佛世尊得眞天眼，常在三昧；悉見諸佛國，不以二相。』於是嚴淨梵王及其眷屬五百梵天，皆發阿耨多羅三藐三菩提心，禮維摩詰足已，忽然不現。故我不任詣彼問疾。」】

講記：接下來是聲聞十大弟子中，天眼第一的阿那律尊者，該他上場了。佛告訴阿那律：「你去看望維摩詰菩薩的疾病。」阿那律尊者向 佛稟白說：「世尊啊！

我也不堪任去看望他的病，爲什麼呢？我想起以前曾經在一個地方經行時，當時有梵王名字叫作嚴淨，他帶領了一萬個梵天天人，身上都放出清淨的光明，來到我這個地方向我稽首。」稽首作禮就是彎腰合掌示敬。「他們向我請問說：『阿那律尊者！您的天眼能夠看見些什麼？』」梵天王他們也很好奇：「我們梵天的天眼可以看見很多事物，那您在人間證得天眼，而且您是天眼第一，到底您能看到多少東西？」所以就來請問。阿那律尊者接著說：「我當時就向他們答覆說：『諸位仁者！我看見這個釋迦牟尼佛的佛土——整個三千大千世界。』」也就是說整個銀河系：三個千的大世界叫作三千大千世界，其實就是一個大千世界。這大千世界以三個千來計算，諸位把它算一算就知道了。「『這麼廣大的世界，我看得清清楚楚，就好像在看我手裡拿著的菴摩勒果一樣。』」菴摩勒果是天竺的一種水果，它的表皮很白淨，不會沾染灰塵，所以叫作菴摩勒。

「當時維摩詰居士來向我說：『喂！阿那律！天眼所見，是有爲有作的法相呢？還是無爲無作的法相呢？假使你的天眼所見是有爲有作的法相，那你的天眼就跟外道一樣了；如果你的天眼是無爲無作之相，既然無爲也無作，就不應該看得見。』世尊啊！當時我只好默然不敢跟他回話。而當時那一些梵天天人們聽到他的話，知道這是他們從來沒有聽聞過的勝妙法，覺得很稀有難得。所以就向維摩詰居士頂禮，向他請問說：『三界世間，誰有眞正的天眼？』阿那律尊者的天眼比梵天天人還要好，能看見整個三千大千世界，尙且都被維摩詰居士批判了，那些天人們就不敢再說自己的天眼殊勝了。「當時梵天們問道：『世間是誰有眞的天眼？』維摩詰居士說：『有佛世尊得到眞的天眼，常在三昧中，並且看見全部的佛國都是同一相，沒有二相。』維摩詰居士這麼說完了以後，嚴淨梵王和他的眷屬及五百梵天，都因此發起無上正等正覺之心，都願意修習大乘法了，不求解脫道了。他們當時頂禮維摩詰居士的足下之後，就忽然不見，回到梵天去了。維摩詰居士有這種大智慧，非我所能稍稍了知，所以我不堪任看望維摩詰居士疾病。」

一般的天眼所見，到底是有作相、還是無作相？諸位想想看。天眼之下還有一種陰陽眼，我們人眼叫作陽眼，可以看見人間的事物；陰陽眼，是加上一個能力：可以看見鬼道眾生，看見祂們在受苦，又看見一些有福鬼、大力鬼在作威作福。有陰陽眼的人在路上走，對面也沒有人，但他有時突然間會閃身走過去，你別覺得奇怪：「這個人怎麼這樣走路？」他就是因爲有陰眼，對面來了個有福鬼，祂直接向他撞過來，他就得要閃避。通常鬼是要避人的，可是你如果沒有看見祂，就直直撞過去，祂也不敢怪罪你，因爲祂知道你沒看見，祂只好讓你。可是你如果有陰眼，看見一個鬼當面走過來，這個人威儀莊嚴，隨從儀仗都有，覺得這個鬼最好不要招惹，不要跟祂直撞，就避過去了；因爲你看見了，不想得罪祂。可是鬼道眾生一般是只有陰眼，大福鬼則多數有陽眼；若是人類同時具有陰眼，其實所見也很有限，仍然看不到欲界天的事，更不要說看見梵天的事。陰眼也無法往自己身內去看，天眼卻有這個能力，可以往身內看，所以初禪善根發的時候會看見自己身內如雲如霧，那個眼就是天眼。但是天眼所見不只如此，如果他加修了神足通，也可以到梵天去看看；可是不管他怎麼看，所看的總是一個小世界。

阿那律所看的不只小世界，是一千個小世界都看得見；這一千個小世界只是一個小千世界，合一千個小千世界才成爲一個中千世界，一千個中千世界才成爲一個大千世界。大千世界共有三個千：小千、中千、大千，那到底是多少世界？大梵天王只能看見一個小千世界，可是阿那律都看得清清楚楚如觀掌中菴摩勒果，顯然是遠勝過那些梵天王、梵天人的。所以天人們來請問他，他就說：我可以看見 釋迦牟尼如來的全部佛土，三千大千世界無所不見。

可是 維摩詰居士又來了，似乎是專門要跟這些聲聞聖人作對。祂來了就問：

「喂！阿那律！你天眼所見是有爲有作之相，還是無爲無作之相？」好在他沒答，一答就死定了，因爲 維摩詰居士接著說：「如果是有爲有作之相，那你這個天眼跟外道五通還是一樣的。」諸位想一想：天眼能看見實相嗎？看不見啊！實相在他眼前，他卻跟凡夫一樣不見啊！這得要有慧眼、法眼、佛眼才能見，天眼是看不見實相的。所以你們明心的人所證的實相，他仍然看不見。明心的人說：「我在你身上看到你的如來藏在運作，我在你身上看見眞如法性了，你看見了嗎？」他會這麼想：「我有天眼，可是我爲什麼看不見？菩薩這個慧眼比我厲害。」

天眼所見，或者見到人間，或者見到鬼道、地獄道，或者見到天道，都是三界中的有爲法，沒有一個不是有爲法，所以天眼所見都是有爲有作相。既然是有作相，所見的都是三界中的事物，請問：你阿那律尊者這個天眼跟外道有什麼差別？只是範圍大小廣狹的差別而已，本質與外道天眼所見並無不同，所以眞的還是有作相，一樣都是有作相。因爲外道或者凡夫，他們得到五通時也是能見天界事物的，只是所見狹小而已，沒有阿那律尊者所見那麼廣大而已；如今阿那律的天眼仍然是有作相，所以說他這個天眼跟外道的五通相等。

有天眼的人也許不服氣：「你專門打壓我們！」打壓歸打壓，你也無法奈何我，因爲你確實是有作相。既是有作相，我就不承認你是眞天眼，說你這叫假天眼。如果阿那律答覆他說：「是無作相。」如此一答就死定了，爲什麼呢？如果是無作的話，無作就不應該有見；無作是無爲，無爲不應該看得見，因爲無爲法是無作用的，不論是百法中的六無爲，或者六百六十法中的八無爲、九無爲、十一無爲，都一樣是無作相。無爲沒有作用，無爲是所顯法，不是所生法；所生法才能有作用，所顯法是沒有作用的。所以當你證得虛空無爲、眞如無爲，能拿來吃嗎？能拿來在有爲法上作用嗎？能幫你作什麼事嗎？不行！所顯法的無爲法是無作用的，只能使你生起實相智慧。既然是無作相，無作相就是無爲法，那你這個「無爲的天眼」當然不應該看得見，怎能叫作天眼？所以阿那律尊者雖是天眼第一，到這個地步也只好口掛壁上，不能開口了！

這些梵天們聽到 維摩詰居士的說法，心想：「原來還有這種眞天眼，我們怎麼沒有聽過？」得未曾有，就是從來沒聽過，當然要問：「世間到底什麼人有這種眞的天眼？」因爲阿那律的天眼被 維摩詰大士批判了，現在當然要問：「那麼誰有眞的天眼？」維摩詰居士當然不會說：「我有！」因爲人家會說：「你這個人愛現！」所以菩薩們把好的都推給 世尊。菩薩都是這樣，好的都歸功於 世尊，不會說：「我最棒，我最好！」所以他就說：「有佛世尊得到眞天眼，一直都住在三昧中。」諸佛的眞正天眼所見，最主要是看見諸佛國土都是同一相：同樣都是如來藏相。這個你們都知道了。所以在娑婆世界所見也是這個如來藏，去到極樂世界所見的一切有情也是這個如來藏，都沒有差別；在這裡，看見了螞蟻是這個如來藏，看見諸佛次第下生人間時也是這個如來藏；你去到東方琉璃世界看時是這個如來藏，去到西方、北方、南方、上方、下方所有世界，都同樣是這一相，不論去到哪裡都是如來藏相。

所以，有時候看到人幻想出來的科技電影，說太空船去到多少萬光年以外遇到了異形，生得青面獠牙，牙齒像恐龍，老是滴著鹹鹹的、黏黏的水，但是假使眞的有那種有情，將會仍舊是如來藏相。去到地獄還是如來藏相，到天上還是如來藏相；十方佛國所見「不以二相」，都是唯一如來藏相。這是住在什麼三昧中所見呢？是大乘般若的三三昧啊！大乘法的空、無相、無願，或者空、無相、無作三昧。既然都是如來藏，而如來藏無得又無失，那你還要起什麼念想？還需再起有為有作的心行嗎？所以就永遠住於空、無相、無願三昧中；這是菩薩的慧眼所見，也是法眼、佛眼所見。如果你今天已經證悟了，並且又有天眼能夠超過阿那律尊者，進入定中一看：極樂世界在十萬億佛國之外，你也看得見。但是當你看見的時候，你看看 阿彌陀佛身相， 觀世音菩薩、大勢至菩薩的身相，以及其餘三種不同層次淨土中的菩薩或者聲聞人，你所看到的他們，一樣還是如來藏相。

再不然，你想看看那些還在花苞中的人們，於是鑽進七寶池的蓮花裡面，那個蓮花裡面很廣大，其實是五百由旬寬廣的宮殿給他住——住在那麼大的蓮花裡面——你看看那些被關在寶蓮花裡面，在那邊不斷聽聞苦、空、無我、無常、六波羅蜜，在那些大蓮花裡面生活的那些人，他們還是如來藏相，與花外的極樂世界人們都沒有差別，所以說：「悉見諸佛國，不以二相。」如果你有能力看到極樂世界，上至 阿彌陀佛，下至還在蓮苞中不斷聽聞佛法「錄音帶」的那些人，他們還是這個如來藏相，所以永遠不以二相見諸佛國。

嚴淨梵王和祂所帶來的梵天們，祂們的天眼事實上已經被批判了，因爲阿那律尊者超過祂們很多倍的天眼都被批判了，而 佛有這種眞天眼，你想：祂們會不會羨慕呀？當然會啦！所以祂們當然要發起無上正等正覺的心。發無上正等正覺心就是指四宏誓願。發願了以後，頂禮 維摩詰足下，就回梵天去了，忽然不現於人間，以後就在天界修學佛法了。阿那律尊者就因爲這個緣故，知道自己沒有辦法如同諸佛同以一相來看諸佛國，所以只好推辭。因爲當他去見 維摩詰居士時，假使 維摩詰居士問他：「喂！阿那律！你是天眼第一，你如今得到了眞天眼沒有？」他就沒辦法開口了，所以只好推辭。

【佛告優波離：「汝行，詣維摩詰問疾。」優波離白佛言：「世尊！我不堪任詣彼問疾。所以者何？憶念昔者有二比丘，犯律行，以爲恥；不敢問佛，來問我言：『唯！優波離！我等犯律，誠以爲恥，不敢問佛；願解疑悔，得免斯咎。』我即爲其如法解說。時維摩詰來謂我言：『唯！優波離！無重增此二比丘罪，當直除滅，勿擾其心。所以者何？彼罪性，不在內、不在外、不在中間。如佛所說：心垢故衆生垢，心淨故衆生淨，心亦不在內、不在外、不在中間。如其心然，罪垢亦然；諸法亦然，不出於如。如優波離以心相得解脫時，寧有垢不？』我言：『不也！』維摩詰言：『一切衆生心相無垢亦復如是。唯！優波離！妄想是垢，無妄想是淨；顚倒是垢，無顚倒是淨；取我是垢，不取我是淨；優波離！一切法生滅不住，如幻如電，諸法不相待，乃至一念不住；諸法皆妄見，如夢、如炎、如水中月、如鏡中像，以妄想生；其知此者是名奉律，其知此者是名善解。』於是二比

丘言：『上智哉！是優波離所不能及，持律之上而不能說。』我即答言：『自捨如來，未有聲聞及菩薩能制其樂說之辯，其智慧明達爲若此也。』時二比丘疑悔即除，發阿耨多羅三藐三菩提心，作是願言：『令一切衆生皆得是辯。』故我不任詣彼問疾。」

講記：接著該由聲聞十大弟子第八位，持戒第一的優波離尊者上場了，佛告訴他說：「你去，去看望維摩詰的疾病。」優波離尊者向佛稟白說：「世尊啊！我也不堪任去探望他的疾病。爲什麼呢？因爲我想起以前，有兩位比丘違犯了律儀戒，所以心裡面以爲自己應當羞於見人，心中有羞恥之心。可是他們不敢到世尊您面前請問，就來向我問：『喂！優波離！我們兩個人犯了律儀戒，心裡面覺得很羞恥，可是不敢去問佛，希望優波離尊者您爲我們解釋戒律，我們對戒律中的**疑似有犯**並不清楚，心中有所懷疑，請幫我們把疑有所犯之處悔除，使我們的戒罪可以滅除。』他們這樣請求，所以我就爲他們如法的解說，從戒相上來講解『犯了重戒該如何對衆懺』等等事相。我正在解說時，維摩詰居士來了，他對我說：『喂！優波離啊！你不要重新再增加這兩位比丘的罪，你應當要直接把他們的罪行滅掉，不要擾亂他們的心。爲什麼說要直接滅掉而不要擾亂他們呢？因爲他們所犯的戒，以及犯那個戒所產生的戒罪，體性既不在內、也不在外、也不在內外的中間。就如佛所說的一樣：因爲心有汙垢，所以眾生是汙垢的；心清淨了，眾生也就清淨了；可是心既然不在內、不在外、也不在中間，同樣的道理，罪性的汙垢一樣是不在內、不在外、也不在中間，你找不到罪性汙垢的所在。諸法也是一樣都不能超出於如以外，就好像你優波離以你的心相而證得解脫時，你的心難道還有垢穢不淨嗎？』我就答覆維摩詰居士說：『不是這樣啊！根本就沒有罪垢了。』可是維摩詰居士聽了就說：『一切眾生的心相本來就沒有汙垢，也是像你一樣清淨的。喂！優波離！有虛妄想就是汙垢，沒有虛妄想就變成清淨了；有顛倒想就是汙垢，沒有顛倒想就是清淨。認爲有我，那就是汙垢；從來不認爲有我，那就是清淨。優波離啊！一切法都是生滅不住的，猶如幻化、猶如閃電一樣；諸法都是不相待的，乃至猶如一念相那麼短的時間，你想要叫它常住不動都是不可能的。諸法都是虛妄見，猶如作夢時所出現的境界沒有差別，又像熱沙地上面遠遠看去不斷的有熱燄在晃動如水一般；又好像水中映照出來的明月那樣的虛妄，永遠都撈不到；又好像鏡子裡面出現的影像一樣不眞實，都是從虛妄想中出生的。如果能夠眞的知道這個道理的人，才能叫作奉律清淨的人；能夠知道這個道理的人，才叫作善於理解戒律的人。』當他這麼說完了，於是兩位比丘就說：『這眞是無上的智慧啊！這種智慧是優波離尊者所及不上的（優波離尊者是持戒第一的人，竟然還不能夠說出這種道理來）。』我優波離聽到兩位比丘這麼說，就開口回答說：『若是捨離至上的如來，以外所有人，我從未聽過有哪一位聲聞人和菩薩能夠制止居士這種樂說之辯才，他的智慧明達竟然到達這種地步。』當時兩位比丘原來的懷疑以及悔恨也就隨之消除了，於是他們發起了無上正等正覺之心，又發了一個大願：『希望能夠使一切眾生都像維摩詰菩薩一樣得到這種辯才。』所以我眞的不堪任去看望他的疾病。」

現在我們來說明一下。這兩位比丘眞的是有大福報，因爲他們遇到了等覺大士維摩詰居士，來爲他們作實相懺，所以原來的戒罪就消滅了。維摩詰菩薩的意思說：「罪的法性不在內、不在外、也不在中間，因爲罪是從心而得的。」十重戒，不論他們兩位比丘是犯哪一個戒，都是從覺知心而得，可是覺知心究竟是在內、在外、還是在中間呢？其實內外與中間都不可得。

以前有人對我書中寫的一句話很不滿意，因爲我說：「來果禪師沒有開悟。」他們很不滿意，就開始抵制。既然他們不滿意我的說法，我們就在這裡把他拈提出來，看看他到底他有沒有悟？來果禪師解說眞正的心、常住心、眞如心，大意是這麼說的：這個眞心就是在身體裡面，你不能說祂在外面，因爲你肚子餓了就會知道肚子餓，那表示祂有在身體裡面。這是在說哪個心呢？當然是覺知心。你也不能說祂不在外面，因爲外面有事情時又會往外去看，那又跑到外面去了！那你說祂在內嗎？當然不能說祂在內，因爲祂無形無色。可是你說祂在中間嗎？那是在皮膚上嗎？也不盡然。祂有時候是在內，有時候又跑到外面去，所以也不在中間。他大約就是這麼解釋的。請問：「這個心到底是不是覺知心？」（眾答：是覺知心）那就顯而易見了。他還問你說：你這個心常常在身體裡面，在身體裡面住久了，不會悶嗎？（大眾爆笑…）喔！原來心住在身體中都不接觸外面，就會悶；所以定中住不了很久，就要聽一聽外面有什麼聲音，因爲住在裡面不接觸外面就會悶。那他說的眞心當然就是意識心了。那你說：來果禪師認定這個覺知心就是眞心，顯然落在常見外道所墮的意識中，他到底悟了沒？事實上還是跟常見外道一樣！佛門中只有他這樣嗎？不然！現在台灣四大山頭，你去看看哪一個大法師不是這樣？大陸各大山頭，與台灣的四大山頭也並沒有不同，所以我不曾冤枉他們。

所以，會得戒罪的從來都是這個覺知心，正因爲祂會接觸六塵，才會犯罪。

如果不會接觸六塵，祂怎麼可能犯罪呢？諸位好好去思索一下，看我說的有沒有道理？都是因為能接觸六塵，才會在六塵上面去犯罪。所以這覺知心不清淨、有污垢，就會不斷的經過熏習而把如來藏中的覺知心種子給染污了，因此說：心污垢了，眾生就污垢。如來藏中所含藏的覺知心種子如果是清淨了，眾生自然就清淨了，所以說「心淨故眾生淨」。所以修行並不是要去修正如來藏，而是要修正自己。不要說：「我悟了以後，教如來藏好好修行，把我覺知心種子變清淨。」不行！因為如來藏裡面你自己的種子不清淨，都是你自己給祂的，是你自己把種子變髒了！你現在想要清淨這些種子，還是得要自己去轉變清淨。所以悟了以後修行，還是回過頭來修正自己，不是修正如來藏。

證悟，就是要找到如來藏，現前觀察祂是本來清淨的，然後把覺知心自己與如來藏互相比對：原來我的如來藏這麼清淨，祂所含藏的我卻是這麼髒；我應該要轉依祂的清淨性，轉變我自己，讓我自己像祂一樣；我清淨了，祂所含藏的我覺知心種子就跟著變清淨了。結果悟後是在修什麼行呢？還是在修正自己的行為，是要把自己轉變清淨了。所以悟後修行還是在修自己的身口意行：心不要亂想，不想那些不該想的事情；身體不要做壞事，嘴巴不要講壞話。就只是這樣而已，這就是修行。但是沒有找到如來藏以前，心中總是懷疑：這樣修行眞的有用嗎？總是不信！可是找到如來藏時發覺說：原來眞的有如來藏，原來我們所有的種子都在祂裡面，惡業一點兒都造不得。因爲惡業一造了，祂就幫你把惡業種子收藏得好好的，未來世緣熟了就得要報，想逃也逃不掉，因爲所有眾生在十方三世輪迴時，其實都是活在如來藏中，離不開自己所造的業種，能逃到哪裡去？

眞正找到如來藏時就可以證實這個道理，當然覺知心就深信因果而開始變清淨了，因爲果報絕對逃不掉；既然惡果逃不掉，就不能造惡業；不能造惡業時，就用這個智慧把自己綁住，緊緊的綁在善法中。就好像一個木樁綁著猴子，猴子剛被綁的時候很不情願，又跳、又蹦、又抓，後來終於發覺：我不論怎麼樣跑、怎麼跳、如何抓，都被這個繩子綁住，永遠都逃不掉，都是白費力氣。想通了，乾脆就不逃了。後來就安住在木樁上面不動了，最多就是打打妄想，至少身體不造業了；悟後就像這樣，身口意不再造作惡業了。這個實相般若智慧，就是可以把覺知心給綁住，把剛悟者的覺知心綁住，讓覺知心能了知：我不論怎麼樣，都逃不過如來藏的種子現行果報。既然這樣，何必白費力氣？做了惡事就一定會受痛苦，因爲種子一定在：我如果當個猴子而被鐵鍊綁著，努力往外衝，脖子一定會受傷，就像這樣被如來藏的種子綁著。所以牠後來只好坐在木樁上打妄想：能不能再做點什麼壞事。但至少身體不會做了！新學菩薩初悟以後就是這樣。剛悟的時候，心裡面有時想：這個人好可惡，假使我有什麼法力，我就一掌把他暗中打死，誰都不知道。但是眞給他有這個法力時，他又不敢做了，最多就是心中打這個妄想。可是悟後久了，想一想：這樣不行，我常常這樣想，一直熏習，我這個覺知心就不清淨，如來藏裡面就永遠存在我這個覺知心的不淨種子。所以悟後久了，覺知心就不再打這種不良的妄想了。心都不想惡事了，心就清淨了，這個人（眾生）當然也就清淨了，所以說「心清淨故眾生淨」。

不管你是說如來藏或者說覺知心，都不能說祂在內、在外、在中間，覺知心確實就像來果禪師講的，不能說在這三樣之中。但我告訴你：如來藏也一樣。如來藏，一般人剛悟時說是在身中，不在外面。好！既然不在外面，那麼請問：「山河大地是你的如來藏跟別人的如來藏共同變現的，那麼山河大地算不算你如來藏的相分？」當然要算，不能說不是。那你說，如來藏到底在內、還是在外？可是如果在外，你又怎麼樣跟祂聯繫？看來又在內。那麼就說是中間好了！究竟又在哪裡？山河大地跟我的中間嗎？找不找得到？你又找不到。所以你也不能說如來藏是在內、在外、在中間。既然罪的法性是因爲覺知心去造了惡業而存在如來藏中，可是覺知心和如來藏既不在內、不在外，也不在中間，你去哪裡找到如來藏裡面的罪性或者覺知心的罪性？當然找不到啊！所以，如果離開了心，就沒有罪性可說了；所以，不該在身相上面指稱犯戒所得的罪性。

因此，**「如其心然，罪垢亦然」**，罪的法性其實也是從如來藏中生出來的，覺知心造業以後，將來受罪時業種還是從如來藏中來。諸法也是與這個罪性一樣，都是從如來藏中生出來。**「不出於如」**：不出於眞如心之外，都是由眞如心中所生。如就是講眞如，就是講如來藏。可是罪的業種成熟時受報了，比如說這一世偷偷殺了一個人，沒有被發覺，未來無量世以後從地獄中回來又遇到了，還得要還給人家一命，請問：「未來世被殺死的人，是不是同一個如來藏？」是啊！是同一個。可是如來藏既不痛、也不死，根本就沒有被殺，罪性報不到如來藏自身，那這個罪性到底在不在？當然不在。然後再從覺知心來看，這一世殺人的覺知心不能去到下一世，將來下一世被人家殺了，下一世的覺知心又不是這一世的覺知心，那到底誰造了業、誰受了罪？正因爲這樣的罪性本空，因此 維摩詰大士才會問他：「就像你優波離一樣，是以心相得解脫的（是由你的覺知心滅掉了我執而得解脫的），這時候你的覺知心有汙垢嗎？」當然是沒有。既然覺知心如此，如來藏也如此，就沒有罪性的眞實性可以說了。一切眾生的心相沒有污垢，也是同樣的道理。因爲妄想是垢，無妄想就是淨，所以罪性本淨。

奇怪了！明明罪性是汙垢，爲什麼本淨？我們就來說說看：有虛妄想時，是誰有了虛妄想？只有覺知心才會有虛妄想，所以有虛妄想的心就是汙垢的心。可是沒有虛妄想的心才是清淨心，這樣看來眾生都是汙垢的。可是維摩詰居士對優波離說：**不！眾生都是清淨的，眾生都是無妄想的**。因爲每一個眾生的如來藏從來都不打語言妄想，也從來不曾生起過虛妄之想；所以，沒有妄想的，才是清淨心。顚倒心就是汙垢的心，眾生覺知心會起顚倒想，所以無常、常想，無樂、樂想，不淨、淨想，無我、我想，是標準的四倒，這個有顚倒想的心是誰？還是覺知心。但是每一個人卻又同時都有一個永遠不顚倒的心，並且你心裡面在想什麼，祂都清清楚楚，你都瞞不了祂，這就是自性清淨心。

執著我自己，就是汙垢；執著我自己的當然還是覺知心，不管是有念靈知、離念靈知，都是執著我自己。如果有人說：「**沒有，我證得離念靈知以後都沒有執著我自己。**」他話還沒講完，你就給他一巴掌，他就罵你：「**你爲什麼打我？**」「**你**

不是不執著自己嗎？爲什麼對我打你的事情會生氣？」這就是取我，取我就是汙垢的心。但是還有一個眞實心是不取我的，就是如來藏，祂從來不會說：「你意識心一天到晚老是對我找麻煩。」祂不會這麼講，祂什麼意見都沒有——是死忠並且是拜把子的——祂就是這樣，所以祂從來不取我，祂都沒意見。

維摩詰居士又說：「優波離啊！一切法都是生滅性而不能常住的，一切法無我，那麼罪性從哪裡來？」如來藏從來離一切法性，不攝在一切法中，祂根本就不造惡業，你說的一切罪性又從哪裡來的呢？一切法如幻，都是幻化的：不論是色身，或是覺知心，或是山河大地，都是如來藏幻化出來的；有情所觸的六塵也都是如來藏幻化出來的，猶如閃電一下子就不見了。從過去無量劫，來看這一世，就像閃電一樣，一下子就過去了！所以諸法不相待，沒有辦法相待於任何一法而說它們是不生滅的，只有如來藏可以相待於諸法而說是不生滅的，其餘一切法都是生滅不住的，甚至一剎那的停住都不可能，所以說諸法「乃至一念不住」。有情所見諸法都是虛妄見，猶如夢中的境相，猶如陽燄、水中月、鏡中像，都是從虛妄想中出生的；既然是從妄想中出生，而妄想的是覺知心，覺知心既然從來不在內、不在外、也不在中間，是生滅性的；生滅性的心產生的罪性怎麼會是眞實有？

能夠這樣眞實了知，才是善解戒律的人。所以優波離一聽，心想：「這種戒律我都沒聽過，何況能懂？那我今天要怎麼樣才能去看望他？」他當然不敢應命。

「我即答言：『自捨如來，未有聲聞及菩薩能制其樂說之辯，其智慧明達爲若此也。』時二比丘疑悔即除，發阿耨多羅三藐三菩提心，作是願言：『令一切衆生皆得是辯。』故我不任詣彼問疾。」當時，這位聲聞法中持戒第一的優波離尊者說：「當時我就答覆那兩位犯戒的比丘說：『從如來以下的所有人，除了如來以外，沒有一位聲聞、羅漢或辟支佛，乃至沒有一位菩薩能夠制止他這種樂說之辯，他的智慧通明而透脫，竟然能到達這樣的地步。』」換句話說，除了如來能制止祂以外，沒有任何菩薩、更沒有任何阿羅漢與辟支佛能夠制止祂這種樂說之辯；樂於爲人家說法的法義辯論，是沒有人能制止的。以菩薩位來講，最高的菩薩位就是等覺，其他的等覺菩薩怎能制止祂呢？所以只有 佛才能制止祂。「當時我跟這兩位比丘說了讚歎居士的話以後，這兩位比丘對於罪的懷疑以及後悔，就全部都除掉了。」因爲這是依實相而住，實相中沒有罪性可得，實相中也沒有悔心入箭可得，所以也不必再後悔了，就轉依實相而住，「因此他們就發起了無上正等正覺之心，他們就發願說：『希望以今天這個聞法功德，讓一切衆生都能像維摩詰大士一樣得到這種樂說之辯。』所以我不堪任前往看望他的疾病。」

【佛告羅睺羅：「汝行，詣維摩詰問疾。」羅睺羅白佛言：「世尊！我不堪任詣彼問疾。所以者何？憶念昔時毘耶離諸長者子，來詣我所，稽首作禮問我言：『唯！羅睺羅！汝！佛之子，捨轉輪王位出家為道，其出家者有何等利？』我即如法為說出家功德之利。時維摩詰來謂我言：『唯！羅睺羅！不應說出家功德之利。所以者何？無利、無功德，是為出家；有為法者可說有利、有功德，夫出家者為無為法，無為法中無利、無功德。羅睺羅！出家者無彼、無此、亦無中間，離六十二見，處於涅槃；智者所受聖所行處，降伏眾魔；度五道，淨五眼，得五力，立五根；不惱於彼，離眾雜惡；摧諸外道，超越假名；出淤泥，無繫著，無我所；無所受，無擾亂，內懷喜；護彼意，隨禪定，離眾過。若能如是，是眞出家。』於是維摩詰語諸長者子：『汝等於正法中宜共出家，所以者何？佛世難値。』諸長者子言：『居士！我聞佛言：父母不聽，不得出家。』維摩詰言：『然汝等便發阿耨多羅三藐三菩提心，是即出家，是即具足。』爾時三十二長者子，皆發阿耨多羅三藐三菩提心。故我不任詣彼問疾。」】

講記：接下來，聲聞十大弟子的第九位：密行第一的羅睺羅。羅睺羅是 釋迦世尊出家前，當太子時所生唯一的兒子。換句話說，淨飯王的獨子出家成佛，這獨子出家前所生的唯一孫子也出家修行，成爲密行第一的聲聞十大弟子之一。這時 佛也是內舉不避親的，就說：「羅睺羅！你去探望維摩詰菩薩的病狀。」羅睺羅聽了，他想：前面八位第一的都不敢去了，我怎能去？他想起自己以前遇過的事情，當然也要報告出來讓大家瞭解，才好婉辭，所以他就向 佛稟白：「世尊！我也不堪任這個任務，沒辦法去看望維摩詰居士的病，爲什麼呢？因爲我想起以前毘耶離城的許多長者子們，來到我那裡向我稽首作禮，問我說：『喂！羅睺羅！你是佛的兒子，你若不出家的話，可以當轉輪聖王，至少王一天下；你把王位捨掉了，不當國王，卻出家爲了修道，那一定是有大利益的，不然你爲什麼要捨掉轉輪王的崇高位子呢？出家既然有這麼大的利益，請您爲我們說一下吧！』當時我就如法爲他們解說出家的功德和利益，可是那時維摩詰居士就來告訴我說：『喂！羅睺羅！你不應該向人說出家有什麼功德、利益，爲什麼呢？因爲既沒有利益、也沒有功德，才可以叫作出家。有爲法才可以說有利益、有功德，可是出家這個法是無爲法，無爲法裡面既沒有利益也沒有功德。羅睺羅啊！所謂的出家，是沒有彼、沒有此、也沒有中間，是離開六十二種外道見的，並且是住於涅槃中，這才叫作出家。住於有智慧者所受用的聖人所行的處所，並且把眾魔都降伏了，這才叫作出家。能夠度過五道眾生的境界，並且清淨了五眼，自己獲得了信、進、念、定、慧五力，也爲眾生建立了信、進、念、定、慧五根，這才叫作出家。不惱亂於一切眾生，並且也離開一切眾生所有不同種類的惡心、惡口、惡行，這才叫作出家。有能力摧伏了一切的外道，超越了假名三寶，這才叫作出家。出脫了淤泥，但是也不離淤泥，卻不被一切淤泥所染污，不被一切三界法所繫縛與貪著，並且沒有我與我所，這才叫作出家。一切五塵、法塵境界都無所受，心也沒有擾亂，永遠如是住於一境，並且心中始終懷有歡喜，這才是出家。能夠隨時隨地將護那個意根，並且將護如是正法出家境界的正念，心得決定而能夠護持攝受這樣的正意，並且隨於禪定而永遠不離禪定，還要遠離所有的過失，這樣才叫作出家。如果能夠具足上面這一些條件而安住，才是眞正的出家。』」

我們現在來詳細的解說一下，因爲這樣的出家，在現代看來似乎是不可能的，好像沒有人能達到，那是不是大家都別出家了？所以這個問題很大，值得我們來探討。爲什麼「不應說出家功德之利？」因爲這出家有兩種：一個是**身出家**，一個是**心出家**。由這兩種就變成有四種：變成身出家心也出家，身不出家而心出家，有的人則是心不出家、身也不出家，還有一種人是心不出家而身出家。出家有什麼功德之利？當然有呀！譬如能超度七世父母呀！人家說：「**一人成佛，雞犬都可以升天。**」一人出家供僧了，七世父母可以生天享福，這是最現成的功德之利。其他的功德之利就先不談。但是我們要談的是：出家了就會有許多自身所得的功德利益，但這些功德利益是誰得的？還是五陰得。

五陰會得到這些功德利益，可是請問：五陰得到的功德利益，除了是世俗法上的功德利益以外，這一世你出家，下一世又是誰得這些世俗法中的功德利益？是來世的另一個五陰得，不是今世的你往生去後世得，那個功德利益並不是由今世的你來得。法上的功德之利，則是下輩子的另一個你，已經不是你這個五陰得了。言歸正傳，回到這一世來說；這一世現前可得的功德利益，是離開染污法。當然，如果說已經出家了，卻是一天到晚在搞勸募、名聲、眷屬，那就沒有遠離染污法。如果出家了，能離染污法，能在道業上精進；這一世的世俗利益不談（因爲世俗利益不足掛齒，例如說你出家了，人家見了你就會恭敬，這是世俗利益。見了你也會供養，也是世俗利益），這且不談，且說法上的利益：這一世出家了，修學解脫道、佛菩提道，有因緣時就可以親證；可是這一世的功德利益，在此世的五陰壞了以後，所證法也跟著不在了，所以也無利可得，所以 維摩詰居士說**無利也無功德**。因爲利，如果從世間法的利益來說，不管人家怎麼恭敬、名氣怎麼大，乃至被推爲至高無上四海聞名的所謂「導師」以後，還是由他的五陰得；可是五陰壞了，地位就全部滅失了，所以從世俗法上看來也是無利益可說。

如果說功德，自受用名**功**，他受用名**德**。這個自受用就是說，解脫道上有所親證，佛菩提道上有所親證，自己得到了受用，這確實有智慧功用呀！所以自受用名爲功。因爲這個功，就導致別人接觸你的時候，能跟著你得到法上的利益，使他人也有受用了，這叫作他受用，就稱之爲德。因爲你得解脫道與佛菩提道的證德、證量，有這個功行產生了，使別人跟你學習時也得到受用了，他受用就是德。但不管是自受用或他受用，這個功、德，對你自身來講仍然是由五陰得；對於與你接觸的別人來講，他們也是由五陰得。可是五陰虛妄、無常，不能久住，一世過去也就滅失了。這樣來看，還有功德嗎？沒有呀！你出家得到兩個菩提道的證量以後，結果沒有功、德，像這樣子沒有功德的實證者，才叫作眞出家。

以上是從二乘法來說沒有功德名爲出家，再從大乘法來講。大乘法中怎麼說呢？當你證得佛菩提，轉依如來藏以後，不依世俗諦、不依五陰來說，而是依如來藏來講：你的如來藏有出家嗎？沒有出家。因爲出家是一定要有五陰來剃髮著染衣，才能叫作出家，要去受聲聞戒呀！可是如來藏能剃髮嗎？如來藏不能剃髮！如來藏也不能穿染色衣，如來藏也不受戒，所以如來藏不能出家，所以說不出家才是眞出家，這才是大乘法，實相本來應該如此。但如來藏是本在三界外的，當然才是眞的出家；所以世間相的出家是五陰出家，如來藏從來不出家；如來藏既不出家，祂有什麼出家的利益可說？沒有！祂又有什麼出家的功德可說呢？也沒有！要證得這樣的出家，才是大乘法中的眞出家，才是出家的大功德、大利益。所以，想要談出家的功德之利，應該要從解脫道的親證上來談，也應該從實相上面來談，這樣才是眞正的出家功德之利。可是這樣的出家之利、出家的功德，其實都沒有利益也沒有功德可說，因爲如來藏從來無所受，這才是眞正的出家。所以出家戒只有一生受，所有的出家戒都是盡形壽而受的，捨報時戒體就滅了。出家戒既然是捨報以後戒體就不在了，那麼如果人死了，你幫他剃度有用嗎？其實都得不到戒體，那是剃著好玩兒的。所以眞正出家的功德和利益，應該從解脫道親證的眞實面，以及佛菩提道親證的實相上面，來說出家的利益和功德，這才是眞正的出家功德。所以出家，在大乘法中說的是出三界之家，不是出世俗之家，因此才會有初地後及三賢位的許多賢聖示現在家相，卻是大乘法中的僧寶，名爲勝義菩薩僧。在華嚴五十三參中，從初地開始的菩薩，你想要找到一位現聲聞相的人，是很不容易的，都是在三賢位中才會多，初地以上很少有聲聞相的菩薩。

從四阿含及大乘經典上諸大菩薩來看，七大等覺菩薩中只有一位現聲聞比丘相，原因就在這裡；正因爲想要斷習氣種子隨眠時，以在家相來做才會快。出家，有初地的證量而現聲聞比丘相時，沒有人敢說你一句閒話，你如何能使習氣種子隨眠現行而斷除？人家供養你都來不及了！你能斷什麼習氣種子隨眠？且不說初地的出家菩薩，七住賢位的出家菩薩就有許多人等著要供養他了。但在大乘法中，凡是初地以上的聖者，不論是現在家相或聲聞相，都是勝義菩薩僧；廣義的說，證悟不退而受持童子行、童女行的已明心菩薩，都是勝義菩薩僧，不論是現在家相或聲聞相。所以在大乘法中，眞正的出家是講心出家，是依證量而說心出家，是出三界之家而不是在講色身出世俗之家，這是佛菩提道的精神所在。

因此說，從有爲法上面來看，才可以說出家有利益、有功德，是在世間法上有眾人的恭敬、供養以及事事如意，沒有人敢輕易的辱罵你；這都屬於有爲法的色身和覺知心所有的，從世俗上著眼而說這樣的出家有利益，也才能夠說有功德。若是從如來藏來說，如來藏從來都無所受，誰能恭敬到你的如來藏？誰能禮拜到你的如來藏？又有誰能供養到你的如來藏？都不可能。所以如來藏是住在無爲法中，同時用有爲法來支持你、來流注你所需要的一切種子，可是祂本身始終都是無爲性的。只有無爲性的才能叫作出家法，所以眞正的出家是無爲法；色身上的出家仍是有爲法，不是眞正的無爲法。如果身出家了，還一天到晚招募眷屬來做更多的錢財勸募，總是住在覺知心境界中，那就是有爲法，那不是眞出家，那是披著僧衣的俗人。所以眞出家是出三界家，是如來藏的出三界家，是無爲法；但是在這種無爲法中沒有世俗利益與功德可說，這樣親見、親證了才是眞出家。

「出家沒有彼、沒有此、也沒有中間」，那麼受出家戒的是誰？是覺知心。覺知心一定有彼、有此、有中間，因爲覺知心永遠都有一個相對法存在，覺知心離不開三界中的相對法，所以一定會有彼、也有此。覺知心如果現起了，一定會聽、一定會看，不離六塵；就算是打坐入了二禪的等至位中，也一定會面對定境中的法塵，從來都離不開定境的；定境也是法塵中的一種，那就是有覺知心的我，有所面對的定境法塵，所以一定有彼此。有彼此，就有中間出現。譬如覺知心，你說：我現在坐在正覺講堂聽經，但我覺知心不想要住在講堂裡面，以免落入**此**中；當我住在裡面時看不見外面，可是落在外面以後還是有**彼此**，那我該怎麼辦？我就住在**中間**好了。但我告訴你：你如果要住在中間，你的眼睛會痛苦得不得了：你看一切色塵時都只能把焦點放在中間，所看的色塵也都是迷迷濛濛的，就算你做得到，不久以後你的眼睛也會很痛。所以覺知心一定有對象，不住於**彼**、就住於**此**；住於**此**，還是有境界法塵相對，因爲有**彼**、有**此**，就會有**中間**。但是眞出家時就是如來藏的境界，永遠都沒有彼、沒有此、沒有中間，這才是眞出家。

覺知心一不小心，就會落入六十二見中。也許有人抗議說：「**哪有可能？我學佛三十幾年了，哪有可能落入外道見中。**」但是請不要說這句大話，就像多數人喝醉了都說他沒醉。有許多人落在六十二種外道見裡面，他們自己都不知道；譬如鼎鼎大名的印順法師都還在外道見裡面，不離六十二見。但是請問：「**落入六十二見的是誰？**」還是覺知心。覺知心仍是三界中法，不能叫作出家法；因爲出家是出三界家的，才叫作眞出家，但覺知心從來都離不開三界家。可是眞正的出家是如來藏，你自己悟後也可以去現觀：你的如來藏從來不在六十二見裡面。甚至阿含講九十六種外道見，如來藏也從來都不曾落在這裡面；一見都無，這才是眞出家。爲什麼祂是這樣的出家呢？因爲祂永遠住在涅槃中。眾生爲什麼不是涅槃？因爲有生有死，既有生死所以不是涅槃；可是如來藏從來離生離死、不在生死中，即使你把祂拖著在十方三界六道中流轉，祂還是沒有生死；早就沒有生死，怎麼可以說祂不是住在涅槃？所以才說如來藏是本來自性清淨涅槃。像這樣子：無彼此、無中間，離六十二見，一直都處在涅槃中的，才叫作眞出家。

有智慧者所受的聖所行處：先要來探討什麼叫作有智慧？有智慧，不是說在人間很會賺錢，或者說工藝很好、很會做事情而叫作有智慧，那只是流轉生死中的小聰明。眞正有智慧的人，他所正受的智慧境界必定成爲聖人所行之處，也就是不落在世俗人的貪瞋癡裡面；離開世俗法的貪瞋癡時，他就是世俗法中的聖人，猶如天主教的德蕾莎修女，又譬如像孔老夫子。如果證嚴法師可以離貪瞋癡，她也可以算世間法中的聖人，但是還當不上佛法中的賢位菩薩，也當不上佛法中的通教聖人或者聲聞初果聖人，因爲她的我見還沒有斷。所以世俗法中的聖人，在正覺法中是排不上字號的。因爲他們的覺知心還沒有斷除我見，我執也具足存在，因此不是聖所行處。執著於覺知心的自我，執著於意識自我，認定生滅性的覺知心是常住不滅，這就變成**愚者所受凡所行處**了，像這樣子，不可能降伏眾魔的。

「**降伏眾魔**」：眞正菩薩都能降伏眾魔，對一般人而言，且不談天魔、鬼神魔，面對自己的五陰魔就無法通過考驗了；五陰魔第一個部分就是我見，我見都透不過了，還能降什麼五陰魔呢？所以先要把五陰魔中的我見斷了，才能談到我執的修斷；由於我執仍在的緣故，還會有許多五陰魔的出現。至於鬼神魔、天魔，那就得自己慢慢去對付。能夠降伏這些魔，生死魔也就過度了，這樣才能降伏四魔。覺知心修行以後能住於降伏眾魔的智慧境界中，可是祂所住的這種境界是修行以後才出現的嗎？換另一個問法：這一種涅槃的境界是修行以後才存在的嗎？不是！祂是本來就在的。阿羅漢所取證的無餘涅槃，那境界也是本來就在的；否則阿羅漢所證的無餘涅槃就變成有生之法，有生、有取時，將來就一定會有滅。那就要問阿羅漢：你的無餘涅槃什麼時候會滅？當他們的無餘涅槃壞滅時，那不就是出了三界以後又要回來輪迴了嗎？所以他那個涅槃也是本來就在的。但是他們若不修行，也是不能取受無餘涅槃的，是無法正受涅槃的；所以這種聖所行處涅槃境界——出離三界生死的境界——其實是本來就有的。降伏四魔的境界，其實也是本來就在的，所以不是有取之法，不屬於緣起法所攝；那究竟是誰的境界呢？就是如來藏的境界，這一種如來藏的自住境界才是眞正出家的境界。所以眞出家是出三界之家，不是出世俗宅之家；出五蘊身宅之家，才叫作眞出家。

學佛人總是說：我們要出離三界的生死，要度過五道境界。這五道，這部經裡都是用五來說：度五道，淨五眼，得五力，立五根。可是一般人都說有六道，譬如說六道的輪迴。可是六道眾生其實就是五道，因爲六道裡面的阿修羅道是遍處於五道中：人間也有阿修羅，鬼道中也有阿修羅，畜生道、地獄道、天道中都有阿修羅，所以阿修羅是遍於五道中的，因此講五道就含攝了阿修羅道。可是度五道，是誰能度五道？這可值得探究了。

阿羅漢說他已經度五道，可是阿羅漢如果遇見我，我會告訴他：「你還沒有度五道。」他一定不服氣，反問：「爲什麼我沒有度五道？我已斷我見、我執，可以出離三界生死了。」我說：「請問：你現在在哪一道？」他只好說：「我在人道。」這是他無法避免的。那也許他反問：「可是我滅了這個色身、滅了七識心，我就入了無餘涅槃，這不是度五道嗎？」我說：「那我請問：你入了無餘涅槃以後，你自己還在不在？你不在了，怎麼叫作度五道？你已經滅失了，哪裡還有五道讓你可以度過？」所以這個度五道應當如此度：不度五道，才是眞度五道。這樣眞度五道時才叫作眞出家，這樣才是眞正的度五道。這不是一般人及大師們所想的：「我不住在五道中，就是度五道了。」請問：「你不住在五道中，要住到哪一道？」我見不斷怎能說他已度五道？當他住在五道中而不受五道的繫縛，這樣才是眞正的度五道。可不要把 維摩詰菩薩的眞義給誤會了。

再來，「**淨五眼**」：五眼是怎麼個清淨法？先來談談肉眼好了。肉眼，不要看見了哪個白馬王子就盯著他看，也不要看見了哪個白雪公主，你就盯著她看；這叫作攀緣——不淨。肉眼以外還有天眼，天眼要怎麼淨？修得天眼時不必一天到晚去看別人：**某某大師現在有沒有在修雙身法**？你如果每天這樣看，世俗人說你不久就會長針眼；但我告訴你：你的天眼將會因此而日漸喪失掉。這跟欲貪是有關係的。很努力修習而終於修得天眼了，但若每天晚上專門用天眼去看哪些大師在修雙身法，你的天眼不久就會失掉，這事情對天眼的保持是不利的。你如果根本不想去看那些不清淨的東西，你想看的是有哪一位菩薩在天界弘法的事，特別喜歡觀看兜率陀天 彌勒菩薩在弘法，用天耳配合，每天聽法，這就是最好的淨天眼的方法。想要清淨天眼，還有一個辦法，就是把你的禪定不斷的往上提升，一直都往等至位裡面去住，不住等持位中。禪定的證量越高的時候，天眼就越清淨，功能也越強大，這才是淨天眼。

慧眼要怎麼淨？慧眼要在法義的思惟整理上面來清淨。什麼人有慧眼？阿羅漢、緣覺有嗎？勉強說有啦！但他們沒有大乘法的慧眼。慧眼是因爲證悟明心才有慧眼的。明心之後還有一種慧眼應該修證，就是眼見佛性：從山河大地上面可以看到自己的佛性，在別人身上也可以看見自己的佛性。這又能發起另一分的慧眼。因爲明心之後所得的慧眼，從別人身上可以觀見如來藏，但是如來藏不是只有這個面目而已，祂還有另一種面目，是你所不知道的，那眞的可以讓你從山河大地上看見自己的佛性，那是如來藏的另一個面目，這是兩種慧眼。這兩種慧眼千萬不要用在一個方向上，別一天到晚看別人都沒有悟，一天到晚在講：「這個人是凡夫啦！沒悟啦！」這樣就使慧眼不能漸轉清淨了。

還有一種情形也不能清淨慧眼：自己已經悟了，但是他那個還沒有悟的師父教導給他的錯誤知見，他卻因爲情執而迷信的照單全收，那他的慧眼也是不能清淨的。慧眼若想要清淨，該怎麼做？要去檢查：「這些大師們落在哪裡？他是由於什麼邪見而產生錯誤？」你得要能說出個道理來，不能只是說他錯，不能只是開口罵：「他只是個凡夫啦！」他爲什麼是凡夫？證據是什麼？證據列出來以後，爲什麼這麼判定？應該要把教理上的根據以及實證上的根據，都列出來。經過這樣的思惟辨正，你的慧眼就會越來越清淨，極深細的邪見都照樣可以越來越遠，這就是慧眼的清淨。

法眼怎麼清淨呢？法眼也是一樣，法眼不是用來跟人家爭高下的；如果目的是跟人家爭高下，這個法眼一定不會清淨的；而是存著一個悲心，想要救拔那些誤導眾生的大師們的大惡業，因爲誤人法身慧命是最大的惡業。如果你以這樣的悲心想要救拔大師與眾生們，而你確實在做，這就是在清淨你的法眼。還有一個清淨法，就是攝受被你所度的退轉者再度回歸正法，因爲有些人由於緣不具足而被揠苗助長的開悟了，或者遇到惡緣而退失了，你得要救他們回來。救他們回來有兩種方法：一個就是慈眉善目，每天到他家裡去爲他談法；另一種就是十一面觀音後面那一面的金剛怒目相，將對方破斥到體無完膚，就能救回來了。這樣去做，就能把勝妙的法義一一鋪陳出來，讓眾生得到利益；這樣你的法眼就會越來越清淨，可以一地、一地次第增上，這是淨法眼。法眼清淨到最後，清淨佛眼就具足了，這樣才叫作淨五眼。

可是清淨五眼，是誰清淨的啊？還是五陰清淨的。但是清淨了五陰以後，這五眼畢竟還是生滅法，因爲若離了七識心，就沒有這五眼了，所以五眼仍然是五陰所有的生滅法；但五眼其實本無生滅，所以清淨五眼之後，大家何妨去探究看看：這五眼的清淨，是你修行以後才有的嗎？不然！它其實本來就在，五眼的功德都是本來就具足圓滿的存在，但是被無明所遮障，所以一直無法發起來。因此，淨五眼其實還是沒有淨五眼可說，因爲它們也是本來就在，不需要你去清淨以後才出生。可是你若不去清淨，它又無法把功德完全發起，所以你清淨了它以後，只是回復五眼到本來應有的具足功德而已；所以淨五眼推究到最後，還是如來藏所顯現的功德，本來就不是覺知心自己所擁有的功德，這樣才是眞正的淨五眼。所以說，沒有五眼可淨，才是眞實的淨五眼；如是清淨以後，五眼就能永住不變。

「得五力」，是哪五力呢？信力、精進力、念力、定力、慧力。可是這五力，離了覺知心時也無法有這五力，而覺知心自己又不能單獨擁有這五力，還是要依靠如來藏；由於有如來藏才會有這五力，也因爲有如來藏才會有這五根：信根、念根、精進根、定根、慧根。這五根仍然是五陰所有，但是五陰無常，推究到最後，這五根的根源還是在如來藏；如果不是如來藏，你這五根也不可能存在。如果不是如來藏依過去世努力修集培養起來的種子而使五根發起了，這一世怎能具足發起五根？依然是因爲如來藏從過去世帶過來的種子，你才能有這五根；有這五根發起了，才能有這五力。所以五陰所建立的五根、所得到的五力，都是虛妄法，都源於如來藏；但是從如來藏來看，如來藏雖然眞實，所以五根、五力發起了；可是如來藏自己卻是離見聞覺知的心，從來都與五根不相應，與五力也不相應，那你說，從實際理地來看，到底有沒有五根、五力可說？還是沒有。所以，沒有五根、五力才是眞正有五根、五力。能夠這樣子度五道，淨五眼，立五根，得五力，才是眞正的出家，所以不是表相上來完成這四種五法而叫作眞出家。

「不惱於彼、離衆雜惡」：覺知心不可能自無始以來都不惱於彼。這個覺知心，不說無始以來，光說這一世就好了；也不說學佛以後，光說學佛前就好，曾經惱亂過多少人？有誰不曾惱亂過別人？還眞的難找！不信你打著燈籠去找找看，保證你找不到，覺知心多多少少都惱亂過別人。可是有一個從來都不惱亂任何人的，祂還是在你身中，那才是無位眞人。眞人無位，假人才有位；我坐在這個法座上，這是我的座位，但我是假人。可是我有個眞人從來都不曾坐過這個法座，那才是眞人，這個眞人才可以說是**古仙人**。所有的仙人壽命都很短，活個一千歲就洋洋自得了，可是比較無位眞人這個古仙人來，連一秒鐘都談不上，因爲一千年對這個無位眞人來講，說一千年時間譬喻爲一秒鐘，還嫌太長了，因爲祂的過去是無量的。如果密宗那些喇嘛，即使他們眞的能以雙身法修成精行仙，也活不過一萬歲，何況他們自古以來不曾有人修成精行仙的功夫；就算他們修成了，功夫很好，也活不過一萬歲。可是他自己身中的眞人，已經「活」過無量無數劫，沒辦法計算，算術、譬喻所不能及，那才是眞正的古仙人。

所以，一般所說的仙人都只能說是半仙，不是眞仙，其實半仙還是太抬舉他們。眞正的古仙人、眞實的眞人就在你們自己身中，自己就可以找得到，不必向外求。哪一天如果遇見一位一千歲的仙人，你就告訴他：「你還得要拜我爲師，雖然我活不過一百歲。」你就把這一番大道理告訴他：「你這個叫作假仙，我才是眞仙，因爲我證得的古仙人壽命無量，從過去無始際，盡未來無量際。可是你這個仙若能夠活上一千歲，就算你很行，但你這個仙仍然是假仙。」這一聽，他還眞的要拜你爲師。所以凡是落在眾生心的，都曾經惱亂過別人；可是自己身中的眞人、古仙人，從來不曾惱亂於任何人，親證了這個，才叫作眞出家。

「**離眾雜惡**」，是說七轉識總是不免會跟種種惡心行相應，惡心行太多了，數之不盡。七轉識不可能是離眾雜惡的，除非已經成佛，已成爲究竟清淨的七識，那時不再稱爲轉識啦！因爲祂們不再轉變了，成爲心性永遠清淨的佛地七識。等覺以下多多少少都還有一點微細的雜惡，所以七識心永遠無法離開眾雜惡，一直到等覺位；無始劫以來既沒有離開過眾雜惡，就不是眞出家。顯然七識心不是眞出家，只能在世俗相上面，藉五陰、十二處、十八界等世俗法來說出家，但這個出家只是假人出家，方便說爲出家，因爲不能出離三界身宅。所以眞出家是無始劫以來就離眾雜惡的心，依止這個第八識心才是眞出家。

眞正的出家人，在事相上要怎麼做？要「**摧諸外道、超越假名**」。有一些人出了家以後，只許他說人家不對，不許人家說他不對，所以他們說的法，你都不許評論；甚至於他還會出來主張：不管任何一位法師寫書或說法錯了，你們居士都不許評論。有人在網站這樣放話，我們有些師兄不免回了他幾句話：「如果有人出家了以後用外道常見法來取代佛法，我們也不許講嗎？如果你是那個人的徒弟，你願意接受他的外道法嗎？」換句話說，出家之人不可以心存鄉愿，有鄉愿的心態就表示他的見解有過失。他的目的無非就是要保持自己高貴身分：「我出家了，是僧寶，所以我就算是說法錯了，你也不許講。」有些人還會弄一些書或錄音帶說：「毀謗僧寶就得要下地獄。」這個做法是正確的，但問題是毀謗僧寶的定義要先弄清楚：不能把一塊黑鐵拿來當作黃金，反而說指認是黑鐵的人在毀謗僧寶。

毀謗僧寶，是指責出家人的身口意行過失，並不是在辨正法義。有根據的毀謗、無根據的毀謗，都叫作毀謗僧寶，屬於謗三寶，是菩薩十重戒裡面的兩個大過失。有根據，把他提出來，那就是有根毀謗僧寶，屬於輕垢罪。所以我們手裡有些證據，但不想說、也不願印出來；若是無根毀謗，則是第一個重戒。若是謗菩薩藏，撥無大乘，則是謗法寶，也屬於謗三寶。第二是「說四衆過」，僧寶是四眾裡面的兩眾，但大乘法中的諸地菩薩，下至剛明心不退的童子、童女也都是僧寶，不論身相是出家或在家。謗三寶、說四眾過，都是十重戒的地獄罪，卻是很容易違犯的；所以有很多人犯了十重戒，自己都還不知道。因此，侮謗僧寶，是專講身口意上的過失；若不轉述，只是作法義辨正，那與毀謗僧寶完全無關。假使有人出家後，專用外道法來取代 佛的正法，你縱使仍在凡夫地，還是要破斥他；因爲這是 佛早就交代過的，這是法義辨正、護持正法而不是謗僧。

但現在有許多出家人，故意把謗僧與法義辨正混在一起。其實他們自己也知道這個分際，卻故意要混淆是非。能夠摧伏諸外道法，才是眞出家。如果老是想要跟人家和稀泥、做人情，那就不是眞出家，那叫作身出家而心在家，因爲他想的都是三界中的法：「如果有人批評我的法義，我的名望就下降了，我的供養會減少，我的名譽會被損壞，我的徒眾會流失。」這是標準的在家人。眞出家是要**摧諸外道**，要將外道法逐出佛門，不能做濫好人，不能老是跟別人和浠泥。

還要**超越**什麼**假名**？要**超越**佛法的**假名**，**超越**僧寶的**假名**。諸位也許要問：「什麼叫作假名佛法、假名僧寶？」聽到這裡，諸位應該都已經理解了，**假名佛法**就是把我見根源的覺知心及意根當作是常住不壞法，卻援用了許多佛法的名相來講解「佛法」，辯說意識心是常住法，譬如證嚴法師說**意識是常住法**，就是假名佛法。又譬如說，誤會了解脫道而宣稱：「我只要一念不生，那就是無餘涅槃的境界。將來我死時覺知心常住不斷而保持一念不生，就是無餘涅槃。」這也是假名佛法，是外道假名阿羅漢的外道涅槃。佛說的聲聞解脫涅槃，是十八界盡滅才是解脫、涅槃。外道的假名佛法一定要超越，超越了以後才叫作解脫道中的眞出家人。

什麼是**假名僧寶**？身體出家也受戒了，結果做的事情都是世間法；諸位去看**人間佛教**的大法師們，多是這一類的，總是在世間法上用心。在世間法上用心而不是在道業上面用心，就是假名僧寶，不是眞的出家。眞的出家人一定已超越假名僧寶，成爲眞實的僧寶。世俗法自有世俗人來做，不必出家人來做；救濟眾生應該另外有一個專門做慈善事業的機構去做，你出家以後來率領這個慈善團體也可以，但是交給在家的弟子去做，你不必事事去參與；你出家了，要做的是怎麼樣在佛法上面實證，然後用你所修證的佛法來教導爲你做慈善事業的在家人，這樣才是超越了假名僧寶。如果不能這樣做，那就都是落在**假名僧寶**裡面，我們就說他的出家是**假名出家**。

「**出淤泥，無繫著，無我所**」，才是眞出家。出淤泥，我們要來探討一個題目，請問：「阿羅漢有沒有出淤泥？」（眾答：沒有！）沒有！你們很堅定的說沒有，答對了！阿羅漢沒有出淤泥。爲什麼他沒有出淤泥？因爲他不在淤泥之中，怎麼能叫作出淤泥？他捨了正報就入無餘涅槃，根本不在淤泥之中。出淤泥的是菩薩，菩薩才是眞出家。阿羅漢不算眞出家，因爲阿羅漢捨報以後不再來，不再來就是滅盡了，怎麼能叫作出家？可是菩薩斷了我執以後還是繼續再來人間，八地、九地菩薩都是這樣的，我執早就斷盡了！初地滿心也可以隨時斷盡我執的，但他們不斷除，他們也再來人間；雖然他後世再來時也許當總統，也許當個苦力，也許他也出世俗家了，但他正是一個眞正的出家人；不管他是在家相或出家相，他都仍然是勝義僧，這樣才是出淤泥。出淤泥的意思是說不離淤泥，而不被淤泥所染污，這才是出淤泥。

阿羅漢是離開淤泥的，他怎麼能出淤泥？諸位可能都沒聽過這樣的講法，但是我提出這個講法，諸位是無法推翻的，文殊菩薩來了也要說：「講得好！」因爲法界中的實相本來就如此，這樣的出淤泥才是眞出家。阿羅漢出家以後老了就捨報、不再來人間了，哪裡有出家？他們灰身泯智，既沒有色身與覺知心再來出家，怎麼叫出家？所以出淤泥是不能離開淤泥的。菩薩可以跟眾生同事：**這個人度不來，沒關係！下一輩子我當他的寶貝心肝，我來當他的兒子，他對我疼得不得了，只好讓我度了**。菩薩可以這樣啊！所以 世尊往世爲度一個女人，他發願下輩子娶她當老婆，用一輩子的時間陪她，讓那個老婆愛他愛得不得了，然後只好聽他的話學佛；所以出淤泥是要跟淤泥在一起，不能離開淤泥的，這才是眞出家。

「**無繫著**」，古印度 佛陀時代的出家人，他們成爲阿羅漢以後，佛入涅槃時，有慈心的阿羅漢，他們的想法是：**我到處去度人出離生死**。到後來，該什麼時候、什麼地點死亡，他都不罣礙；到最後也許半路上捨報的時候到了，就在路上離去了，他也不管身體會怎麼樣；野狗要啃就讓牠去啃，他也不管。他們的心態就像鳥一樣，今天飛到這棵樹，這就是牠的家；明天飛到另一棵樹，那就是牠的家，鳥不會說：「**我要死在某處**。」就以這樣的心，沒有任何的繫著，不被任何法所繫縛，不生起任何的貪著，這樣才叫作眞出家，沒有我與我所才是眞出家。這一句話等於又在罵人了：凡是落到我與我所中的，就不是眞出家了。

但是現在你們看，不管台灣、大陸都一樣，哪一個法師不是落到我與我所裡面，下焉者落在我所：我所有的名譽、我所有的寺廟、我所有的徒弟、我所有的供養。大陸有少數大法師們爲什麼氣我氣到那個樣子？如果哪一天他們當面遇見了，知道我是蕭平實，也許眞的會張嘴狠狠咬我幾口。所以他們以種種暗中的運作想要封殺我，並且已經有具體的工作做出來。爲什麼要這樣做呢？因爲落在我所裡面：我所有的名聞利養、徒眾，都被你蕭平實損害了；本來我自稱是開悟者，沒人敢講話，現在蕭平實的書寫出正確法義來，顯示我其實沒有開悟。他們的我所受到損害了！但是我寫書的目的不在損害他們的我所，我只是直接說法；只是法說出來而間接的顯示他們沒有悟的事實，因此他們受不了。

落到我所裡面的人，已是等而下之。好一點的，落在我裡面，一天到晚爭執著；雖然不敢寫文章，不敢寫書出來辯論，但一天到晚跟徒眾們講：「我們說的離念靈知才是眞的眞如，蕭平實講什麼如來藏、眞如，那都不對！如來藏根本是外道神我、梵我，印順導師書中早就講過了。」這是落在蘊處界我裡面。落在我裡面，就是三界中法，不能出三界陰宅；正是五陰之宅，逃不過而落在自我裡面，正是三界中法，怎麼會是眞的出家人呢？所以沒有我，沒有我所，才是眞出家。

「無所受，無擾亂，內懷喜」，才是眞出家。凡是有所受的，都是三界家宅之法。諸位聽我說法，心裡好歡喜：這個法沒聽過，聞所未聞。所以好歡喜。好歡喜就是有所受。有所受的是誰呢？是三界法，是在家法，縱使身披僧衣時也是在家。可是你身披僧衣時，有在家也有出家；你穿著白衣時，有在家也有出家，這才是眞正的佛法。誰是眞出家呢？如來藏無所受，是眞出家。你聽得好歡喜：「這**第一義太好了！**」可是你聽得很歡喜時，你的如來藏一點兒都不曾歡喜、都無所受。明天下班了，吃晚齋時，電視新聞一打開，看到又報導哪個佛教道場又有性侵害、性醜聞，心中老大不高興：「**都是西藏密宗幫我們搞的鬼，密宗根本不是佛教，新聞媒體卻都怪到我們佛教頭上來！**」生氣起來了，有苦受；有苦受時，又是在家法啦！可是你身中的如來藏，祂不曾厭惡這件事情；你厭惡這件事情：「**都是他們藏密亂搞，把罪都怪到我們佛教頭上來。**」你有苦受，你厭惡這個事情，你希望藏密趕快離開佛教，可是你的如來藏從來都沒有意見，也沒有厭惡，所以祂沒有苦受；這個無所受的心才是眞出家人，從來都不落入三界家、五陰宅中。

「無擾亂」，你看到那個新聞報導，心被擾亂了。心被擾亂了不打緊，馬上又打電話：「某甲師兄！你看現在某台在報導藏密喇嘛的性醜聞，又來誣賴我們佛教了，他們幹的惡事都賴到我們佛教頭上來。」結果是你又擾亂了另一個人。被擾亂的、會擾亂人的，都是覺知心在家法，都是在三界陰宅之中，逃不開五陰之宅。但是你正在擾亂時，你的如來藏不受擾亂；你擾亂了某甲師兄時，某甲師兄的如來藏也不受擾亂；這個無擾亂的才是眞出家人。眞出家以後（你現在悟了，已經眞出家了），可是眞出家之後，覺知心、意根要怎麼安住？一定要「內懷喜」。可別看見四大山頭的大師們個個身價百億，所以心生不平：「爲什麼正法就沒有什麼資源，他們這些常見外道法怎麼資源就那麼多？」我們以前有一位師兄就這樣忿忿不平，當然我們不能說他錯，因爲他覺得了義正法沒有資源，想要做個什麼正事都很難；可是那些穿著僧衣的在家人，都是一、兩百億以上的身價，無怪乎他會生氣。但是我告訴他：「我們不看這個表相，我們只要把正法推出去送給有緣眾生，所需要的資源夠我們用就可以了，我們不要理會他們有一、兩百億資財。」所以他後來就比較心平氣和，因爲我們正在做的正事，資財一直都夠用啊！我們還不曾有過不夠用的時候，一直都夠用，這就很心滿意足啦！

我們每年印結緣書來救護眾生，用了很多錢。但我們沒有錢可以用嗎？不！我們有錢可以用，一直都夠用啊！這樣十餘年不斷的印行正法書籍來救護眾生，教導他們正確的知見，所以現在台灣佛教界的素質已經普遍提升了！你們出去外面看，確實已經普遍提升了！不願意讀我們的書來提升知見的道場，二十年後就會被佛教界給淘汰掉了。就好像電腦廠商一樣，你不一直研究發展，五年後就被淘汰而關門了。佛法也是如此，以前大家是懵懵懂懂，所以被身穿僧衣的在家大師們牽著鼻子走；十年來藉著諸位的手，一直把正法書籍流通出去以後，大家讀過了就會私下互相推薦，佛法知見就漸漸的開始提升了。如果他們那四個佛法老工廠不趕快提升水準的話，二十年後他們就會被佛教界淘汰掉。所以不論他們讀不讀我的書，我都不擔心。如果稍微有一點腦筋，他就會懂得在表面上對信徒說「不可以讀」，但是私下努力研讀。這也是大陸某些大法師們所做的動作：私下設法去取得（用別人的名義來要），然後他們私下閱讀，講經說法時也援用讀來的正知見在講如來藏。可是人家問：「那麼蕭平實講得對囉！因為師父你講的如來藏法義和他一樣。」他說：「不！蕭平實是邪魔外道，不許讀他的書。」雖然我總是裝作不知，但他們這樣就不叫作**內懷喜**了，這表示他們是身出家、心在家，是為了維護自己的名聞、利養等等世間法上的利益。

既然證得無所受、無擾亂的眞人了，這個眞佛內裡坐，從來無所受、無擾亂，證得祂以後就應該要「內懷喜」，歡喜說：「我現在可以有法送給眾生了，我現在可以幫眾生提升知見了。」內懷喜，不必在世間表相上著眼，不必看到人家哪個道場一弄就是一百億、二百億，我們正法爲什麼沒有錢？就心中不痛快。不用這樣想，我們也有錢，雖然錢不多，但是夠我們弘法之用就行了，永遠都要內懷喜。我們的錢比他們多，永遠比他們多，因爲我們的錢是法財，無止限；而他們的錢是世俗財，有限額，所以我們應當內懷喜。內懷喜，就沒有任何的嫉妒，沒有任何的不悅，只是一心想要救他們；這樣來做，才是眞出家。如果是嫉妒他們：爲什麼道場那麼大，徒眾那麼多，錢那麼多？那就不是內懷喜，就變成在家人了。如果你出家了還有這種心態，你就變成在家人了，因爲已經落在五陰火宅裡面了。

「**護彼意，隨禪定，離眾過**」：護什麼意呢？護兩個意：第一、要護自己的意根，不要再到處抓取三界中的虛妄法，這叫作護己意。護己意，護彼意，意思是一樣的，都是要保護意根。護了自己的意根，也要護別人的意根，希望眾生時時思量的心不要向外去攀緣貪著。第二、還要護什麼意呢？護正法意，正法之意要能夠善於攝護；也就是說，當你證得無所受、無擾亂的眞人時，你這個正法之意得要善於護念，不要輕易的被人家幾句話就轉走了。假使有人來向你說一些似是而非的法，希望你退轉，或者向你籠罩說：「我們另外有一個更高層次的眞如，不是阿賴耶識所顯示的眞如法性。」那是籠罩你，你可得要善於護念正法意，不要輕易的被退轉了。就像二〇〇三年二月那些退轉的人，他們說：「蕭老師只是我學佛過程中的一個老師，他現在已經不是我的老師了，現在我以《宗鏡錄》爲師。」（順便一提：《印順法師的悲哀》拖了很久，是有些拖泥帶水，但可能再過兩、三天，諸位就會拿到。然後半個月後又有一本《眞假禪和》，因爲大陸有個法師寫了小冊子罵我們說：「離念靈知才是眞心，永明禪師悟的也是離念靈知。」我們現在先提出辨正：「永明禪師也是悟這個如來藏，他講的如來藏就是阿賴耶識。」我們就把它附印在《眞假禪和》書後作證明）。現在好啦！他們離開的那些人說現在《宗鏡錄》才是他們的老師。我們就把《宗鏡錄》的一些內容印出來，看是如何說的：阿賴耶識就是如來藏，如果不相信阿賴耶識就是如來藏，另外再去找如來藏，那就是惡慧。這是永明禪師在《宗鏡錄》中講的。當他們讀到這些開示時，《宗鏡錄》還是不是他們的老師呢？可能又變成不是了，又要另外再找一位老師了。這樣要找到何時才能了？難道三藏十二部每一位祖師都要一一的列舉出來嗎？

所以「**正法意**」，你一旦親證了，就要懂得護念；因爲被轉走了以後，很難得有人能把面子丟掉再回來同修會中，眞的很困難。如果是我，我會回來的，因爲我這個人不重面子，我看重裡子：外面穿得破破爛爛，沒有關係！只要口袋麥克、麥克就好。我這個人是這樣啊！所以如果說要比誰有錢，我說：「我沒什麼錢。」可是我口袋裡眞的有錢。我說沒錢，是不想拿錢來比錢；我這些錢要留下來做正事，不跟別人比高下；我拿來布施，才是善於護念錢財。同理，悟後要善護念正法意，善護念自己的意根，不亂攀緣，接著才能夠**隨禪定**，這樣才是眞出家。

隨禪、定，有禪也有定。定，講的是在世間法上的四禪八定。如果是從禪宗的禪來講定，就叫作心得決定。禪與定是不同的，禪叫作靜慮，安靜的去思慮。思慮什麼呢？思慮如何是解脫、如何是實相，這才是禪。經由禪的熏習及修行，心得決定：解脫一定是把自我滅盡，完全無我，究竟無我。假使心得決定了，那就是有觀行也有實證而能夠心得決定，就是有禪也有定，這是二乘法的禪與定，不共世間人的四禪八定。如果能夠破參了，心無懷疑，心得決定，那也是有禪、有定。所以禪只是個靜慮而已，靜慮的結果知道了實相，心得決定，那你就有禪、定。這樣來解釋這個禪定，這樣來解釋禪宗，才可以解得通，不能用四禪八定來解釋禪宗的觀行與般若實證。能夠這樣隨順禪與定，才是眞出家。

既然能「**護彼意，隨禪定**」，那就應該會「離眾過」了，不會再常常誤犯過失。離眾過，才是眞出家。覺知心往往會有過失，甚至於犯了過失時，連自己都不知道。可是眞佛從來不犯過：你自己身上那個眞人，祂從無始劫以來沒有犯過過失。所以任何人都不能怪罪說：「都是因爲如來藏，才使我輪迴生死。」其實輪迴生死都是因爲眾生自己造了業及不斷的熏習無明，而使如來藏不得不在死後再生起中陰身，不得不再去入胎；那些無明與業種，本來都是眾生自己造的，怎能怪祂如來藏呢？所有的過失都是眾生自造自存的，不是如來藏所有的，所以祂是離眾過的。悟了以後，現前看見祂確實是離眾過的，那麼轉依了祂的清淨自性以後，當然覺知心也是應該要離眾過，不應該老是在世間人所有的過失上面同樣去犯。

能夠這樣「**護彼意，隨禪定，離衆過**」，這才叫作眞出家。依照 維摩詰居士這樣的說法來看，眞出家就變得容易多了！本來從經文表面上看，他說的出家好像是不可能的，從來都是不可能的；可是這樣說明其中的眞義以後，讓諸位知道眞正的意思了，這樣來出家，有時候犯一點兒小過失，那也沒關係！還是出家的身分。因爲眞正的出家是如來藏眞出家，這樣清淨的出家，就使本經中說的出家實質變得有可能了。否則的話，要照 維摩詰菩薩說的文字表義來出家，就沒有一個人能出得了家，只有成佛時才能算是眞出家了。今天大家可以安慰自己了：以後正覺寺蓋好了，我也可以去出家了。維摩詰菩薩說：「如果能夠這樣，就是眞出家。」以前讀到這一段經文時，一定會有人說：這樣出家還眞難，看來世間是沒有一個眞正的出家人了。現在瞭解以後，可以有很多眞正的出家人了，沒有問題了。

接著羅睺羅尊者說了：「維摩詰居士講了前面這一段話以後，他又跟那些長者子們說：『你們這一些人啊！在正法中都應該出家。』」本來維摩詰居士是說出家很難，可是現在卻反過來說：「『你們都應該要出家。爲什麼呢？因爲有佛在世的機會是很少的，很難得值遇，所以你們都應該在正法中出家。』」這些長者子們當然不可能眞的聽懂，不可能像今天諸位聽完後懂這個意思。所以他們就說：「維摩詰居士啊！我聽佛說過：如果父母不允許的話，就不可以出家。」他們爲什麼當長者子而不是當出家人？因爲以前想要出家時，父母不聽許。沒想到， 維摩詰菩薩回答他們說：「但是你們現在只要發起無上正等正覺之心，你就是出家了，就是得具足戒了。」

如果是由我說出這一句話，一定會被佛教界圍剿。好在這一句話不是我講的，是維摩詰菩薩講的。意思就是說：「你們現在已經懂得這個出家的道理，只要發起**無上正等正覺之心，不要再發起聲聞心**（發聲聞心就不是眞出家。因爲發聲聞心的人既不能出淤泥也不能無繫著；他們是把五陰滅了，就沒有人可以離開繫著了，怎麼叫作無繫著？只是灰身泯智而斷滅了，自我不在了，怎麼會是無繫著？所以那個不是眞出家），**所以你們這些居士們要趕快發無上正等正覺之心，發心不退了就是大乘眞出家，就是獲得大乘具足戒了。**」發了這個心，不好玩，因爲永遠不能逃避生死。將來可以離開生死以後，還得要繼續去生死，這確實不太好玩。你們許多人沒有想到這一點，想過的人太少了。因爲這有很大的後遺症，我告訴你：「**你未來世投胎再來人間，人間仍然會是像現在這樣，而且人心將會越來越壞。**」就是說證悟的人會越來越少，因爲大家都不想再來這裡，這裡的眾生太惡劣，五濁具足；你把法送給他，他還謗你，說你是外道。這些眾生不好度的，但是眾生雖然不好度，你還是要來度，要能夠忍受這一些苦，能勇敢挑起如來的家業；不論眾生怎麼樣辱罵你，你照樣要把法送給他們，照樣想辦法去說明，讓他們瞭解自己原來的知見是如何的錯誤，然後希望他們未來世可以轉變。這樣生生世世發起大乘心來受生、來出家，這才是眞的出家，而不是滅掉自己以後叫作出家。

所以若已發起無上正等正覺之心，就是要行菩薩行；菩薩是難行能行的，能行菩薩行，才是眞出家，這樣才叫作受具足戒，這正是菩薩戒的具足戒，不是聲聞戒的具足戒。這種戒很難得正受，所以星期天你們來正覺講堂受了菩薩戒以後就得要認分，要肯承擔！這樣，這個菩薩戒正受了，依 維摩詰菩薩的意思來說：你已經是獲得大乘法的具足戒了。「這時，三十二長者子聽了維摩詰菩薩的話，就全部都發起無上正等正覺之心，可是我羅睺羅身爲佛的兒子，我做不到，所以我不堪任去看望他的病。」

【佛告阿難：「汝行，詣維摩詰問疾。」阿難白佛言：「世尊！我不堪任詣彼問疾。所以者何？憶念昔時世尊身小有疾，當用牛乳；我即持鉢，詣大婆羅門家門下立。時維摩詰來謂我言：『唯！阿難！何爲晨朝持鉢住此？』我言：『居士！世尊身小有疾，當用牛乳，故來至此。』維摩詰言：『止！止！阿難！莫作是語。如來身者金剛之體，諸惡已斷、衆善普會，當有何疾、當有何惱？默往！阿難！勿謗如來，莫使異人聞此粗言，無令大威德諸天及他方淨土諸來菩薩得聞斯語。

阿難！轉輪聖王以少福故尚得無病，豈況如來無量福會、普勝者哉？行矣！阿難！勿使我等受斯恥也！外道梵志若聞此語，當作是念：〔何名爲師？自疾不能救而能救諸疾！〕仁可密速去！勿使人聞。當知！阿難！諸如來身即是法身！非思欲身；佛爲世尊，過於三界；佛身無漏，諸漏已盡；佛身無爲，不墮諸數；如此之身當有何疾、當有何惱？』時我，世尊！實懷慚愧：『得無近佛而謬聽耶？』即聞空中聲曰：『阿難！如居士言：但爲佛出五濁惡世，現行斯法度脫衆生。行矣！阿難！取乳勿慚。』世尊！維摩詰智慧辯才爲若此也，是故不任詣彼問疾。」如是五百大弟子，各各向佛說其本緣，稱述維摩詰所言，皆曰不任詣彼問疾。】

講記：接著 佛告訴阿難尊者說：「你去，看望維摩詰菩薩的疾病。」這是聲聞法中多聞第一的弟子，但他其實不只是聲聞十大弟子中的多聞第一，他後來也是證悟般若、種智的大菩薩。在《楞嚴經》中記載，阿難尊者也得無生法忍，所以顯然不是地下的菩薩。在禪宗的傳承史上，阿難尊者是承接迦葉菩薩的法脈，所以他當然是證悟的人；可是在聲聞僧團中他同時也是多聞第一的， 佛說的法他聽過後都能記持，所以在十大弟子之中，他排在第十位，是多聞第一。這時候 佛故意請他去探望 維摩詰菩薩的疾病，阿難尊者善觀因緣，就向 佛稟白說：「世尊！

我也一樣不堪任去見維摩詰菩薩，不能看望他的病。爲什麼這樣呢？因爲我想起以前世尊有一次身上有一點小疾病，應該要飲用牛乳來對治，所以我持缽去到一位大婆羅門家門前，站在那邊希望求得牛乳。當時維摩詰菩薩來對我說：『喂！阿難啊！是什麼緣故使你一大早就持缽站在這裡呢？』我說：『居士啊！因爲世尊身上有一點小小的病痛，應該要用牛乳來治，所以我就來在這個地方了。』維摩詰菩薩就跟我說：『不要再講了！不要再講了！阿難啊！你不要說這個話。如來之身是金剛之體，諸惡都已經斷盡了，而且所有的善法品已經普遍圓滿的匯集在祂身上了，怎麼能說會有什麼疾病，會有什麼讓祂可以覺得煩惱的事呢？你就不要再說這種話了，默默的離開吧！阿難啊！你不要誹謗如來，不要使別的人，特別是教外的人們聽到你說的這一句話，也不要使得大威德諸天和從他方淨土來到這裡的菩薩們聽到你這一句話。阿難啊！轉輪聖王因爲有一點小小的福德就已經可以無病了，何況如來是無量福德聚會而普遍勝過三界一切人天的人。走啊！阿難啊！你不要讓我們受到這一種恥辱，我們三寶弟子不願意受這個恥辱。外道那些修行人如果聽到你這一句話，他們會這樣想：〔什麼人天導師？他自己的疾病都救不了了，還能救別人的疾病啊！〕你可以趕快離開，靜靜的、不要讓人家知道而趕快離去吧！不要再讓人家聽到這句話。你應當知道，阿難啊！諸佛如來身其實就是法身，法身不是思欲之身，怎麼會有病呢？佛是世間最尊貴的人，超過於三界中的一切眾生；佛身是無漏之身，諸漏都已經斷盡了；佛身也是無爲之身，不會墮於三界眾生數中；像這樣的法身、金剛身，應該會有什麼病呢？還會有什麼煩惱的呢？』維摩詰菩薩說完了，當時我，世尊啊！眞的是心裡面很嚴重的懷著慚愧之心，我就想：『會不會是我一直都接近於佛身邊，可是我聽錯法了呢？』可是當時又聽到空中有聲音說：『阿難啊！就像居士所說的那樣，只是因爲佛出於五濁惡世，所以要現行這樣有病的法才能度脫眾生。走吧！阿難！你就把牛乳拿了就走了，不必慚愧。』世尊！維摩詰菩薩的智慧辯才到這個地步，所以我沒有那個智慧可以去看望他的疾病。」

這是大略的意思，我們再來解說一下。牛乳性寒，可以治熱病，經上有這麼講；所以你如果火氣上來，沒有清涼的食物、藥物可以用，那你猛喝生牛奶也可以，因爲它性寒。但是變成乳酪以後它就變成溫熱性了。由於印度很熱，身體容易上火氣；所以 佛也是不好當的，白天爲眾生說法、排難解憂，初夜過了，到午夜（就是從子時開始）又是天人來請法的時間；前夜（就是傍晚以後，有時是從傍晚五點就開始），從申時開始到晚上十一點鐘亥時結束以前，是鬼神來請法的時間，所以佛有時根本沒有時間休息，天氣又那麼熱，有時候身體會上火氣。上了火氣，得要喝生牛奶，生牛奶可以降火氣。據說現在大部分的鮮奶是調和乳，所以沒什麼降火氣的作用，生鮮的鮮奶就可以降火氣，所以這個時候要喝牛奶了。

維摩詰菩薩看到阿難一大早就來托缽，知道一定是有什麼緣故，所以他就來維摩詰菩薩見了就問：「阿難啊！你一大早就來托缽，是有什麼緣故呢？」托缽通常是要早上十點以後，但他一大早就來了，當然是有緣故的，原來是因為世尊示現需要喝生鮮牛奶來降火氣。維摩詰菩薩就說：「你不可以這麼講，如來身是金剛身，怎會有病？」如來受生於人間的目的，就是要教化眾生；如來示現在人間只是應身、化現之身，化現給眾生看，那不是如來的眞身，如來的眞身是法身。有兩個法叫作法身：第一個法身就是講第八無垢識，是心，心怎麼會生病？心怎麼會受寒、受熱？當然不會嘛！所以第一個無垢識法身，是金剛之性，沒有任何一法可以壞掉祂，沒有任何一法可以使祂受寒、受熱；祂離六塵，又怎麼會受寒、受熱？這是第一種法身。

還有一種法身叫作自性法身，也就是 毘盧遮那佛的自受用身。毘盧遮那佛，諸位是看不見的，誰也看不見祂，只有到達佛地時才能看得見，那是自受用法身；因爲是以五法爲身，所以名爲法身；但那是方便說法身，祂是從無垢識變現出來的自受用身，菩薩們是看不見的。另外還有他受用身，就不屬於法身，他受用身就有很多種了，譬如等覺菩薩所見、十地的諸地菩薩所見，各不相同，這是他受用身，不是由佛自己受用，是爲了讓別人受用佛的功德，所以化現這個身相出來。如果沒有他受用身，諸地菩薩將無法見佛請法，所以得要有他受用身變現出來，那叫作莊嚴報身，有三十二大人相、八十種隨形好，這是他受用身；但是諸地菩薩所見都不相同，到越高的層次所見就越莊嚴越廣大。另外三賢位菩薩所見的是屬於化身，這個化身又另分一種叫作應身，就是眾生得度因緣熟了，所以感應到佛來人間入神母胎，在人間受身，示同人身來示現成佛，這叫作應身。另外有一種化身，比如說你定中感應到祂來爲你摩頂滅罪或者開示佛法，這是化身，隨化隨滅；這化身並非肉身，但應身是有肉身的。

另外還有一種化身，比如說有某一種因緣，你沒有修定，不能入定中等持位，所以佛就在夢中來爲你開導或者指示某一些事，這也是屬於化身。因此 維摩詰菩薩在這段經文中說法的目的是要告訴眾生：佛的眞身是法身，是常住不壞的金剛之身，這法身當然不會有疾病。心不會感冒，會感冒是因為色身受寒。你們有誰曾經心感冒過？一定沒有嘛！所以心不會感冒，色身才會感冒。但是三界色身又不一樣，在無色界時以定力為身，所以無色界無色身，是以定境維持祂的意識覺知心存在，色界跟人間欲界則都有色身。可是色身是有不同的：人間的色身有五臟六腑，所以要吃團食、要喝水；欲界天人也有五臟六腑，但祂們是微細的物質，所以祂吃的東西也是微細物質；譬如西藏密宗往往有人求甘露，說能求到甘露就說是有佛法證量，求不到就是沒證量。但那都是自欺欺人，因為甘露其實是欲界天人的飲食之物，無關佛法的證量。如果欲界天人的食物吃了就可以開悟，所有欲界天人都早已開悟了；那我們在人間吃人間食物也應該可以使人開悟呀！都一樣是食物嘛！所以說他們是不懂佛法，我們先不管他。

欲界天人不單有甘露，還有別的食物。但是欲界天的甘露拿來人間時，不可能像那些西密外道去求來的甘露，如同果汁或是比果汁還要稠、還要濃，那並不是甘露。既有食物，因此欲界天身也要有五臟六腑，祂們也吃團食；可是祂們不會感冒，祂們也不會生病，因為欲界天沒有細菌，所以欲界天人不生病。細菌只能生在人間，無法生在欲界天中，所以欲界天人不會感冒，流行感冒流行不到祂們身上去。色界天又與欲界天不一樣，色界天身很微細，沒有五臟六腑，可是很高大，祂們的天身只有一層皮；很薄很薄的皮，就像最薄的保鮮膜一樣；身體裡面都是如雲如霧，毛細孔與身外相通，所以每一個毛細孔有氣出入時都會有樂觸，稱爲禪悅；祂們沒有五臟六腑，所以祂們不吃團食，祂們以禪悅來維持色身的力氣。所以色界天人每天都要打坐入定的，祂們的一天是我們這裡很多很多年，但是每天一定要有一段時間靜坐修定，那是色界天身。可是從欲界天開始，天身就不會生病了，何況是佛身呢？ 佛的法身當然更不會生病。所以 維摩詰菩薩的目的是要讓大眾瞭解 釋迦佛所示現的應身不是眞身，只是爲了眾生得度因緣成熟了，所以祂感應眾生的緣而來人間示現：眾生有病，所以佛身就有病。如果眾生都無病，佛身就都無病。是爲這個緣故，所以佛身也跟眾生一樣有病，所以要喝生鮮的牛奶。

因此 維摩詰菩薩說：「如來身，這金剛之體，由於諸惡已斷、眾善普會，怎麼會有病呢？」眾生爲什麼會生病？因爲有諸惡而且有煩惱，所以才會生病。很多人都不知道這個道理，從來不曾想過；以前似乎也沒有人講過，但我現在要告訴諸位：就好比說，人間爲什麼不斷的有風在吹？都是因爲眾生要呼吸。眾生要呼吸，所以人間就有風；如果不是眾生需要氣息進進出出的，人間就不會有風，就不會有風災。風災，從人間吹起，最高層次會吹到三禪天，吹不到四禪天，所以四禪天人不怕風災。四禪天人息脈俱斷，祂們不用呼吸，當然就不會有風災，這是很簡單的道理。但是誰弄懂過這個道理？沒有。三禪天人還得要呼吸，所以祂們仍然會有風災，可是為什麼祂們需要呼吸就會有風災，為什麼呢？頭腦急轉彎一下！佛法不離世間，道理很簡單！祂們需要呼吸就表示祂們那裡一定要有空氣，有空氣就一定會有風災，就這麼簡單。

三禪天人不喝水的，因為祂們大部分時間都在受用禪定之樂。二禪、初禪天人色身內仍得要有雲霧來維持生命，才能有定水來滋潤禪定，所以他們的世界當然是有水的，那就會有水災，就是這樣啊！初禪以下，就是欲界的第六天以下都得要團食，需要團食，這是物質；既然有物質存在，就會有欲火；物質也可以火燒，所以火災會燒到這裡來，而初禪剛好是在欲界第六天上面，所以就會被火影響到。這樣你就不必去記火水風災了，就很容易懂了。原理懂了，三界的世間相你就跟著能懂了。

欲界天人尚且不生病，如來是法身——金剛之體——諸惡斷盡了，沒有煩惱，爲什麼祂還會生病？沒這個道理吧！眾生因爲諸惡不斷，眾善不足，所以生在人間；生在人間就表示善心不夠，煩惱眾多。善心不夠與煩惱眾多，就會感應疾病，所以眾生會病。可是佛已諸惡斷盡、眾善普會，怎麼會生病？怎麼可能會有煩惱？所以應該是無病無惱的。但因爲人間眾生的因緣使 佛只能感應到這一種佛身，所以佛身就如同眾生一樣示現有病。道理就這麼簡單，不要把佛法想得很玄，繞了很多圈，結果每一個圈都打結了，還是弄不清楚。佛法不玄，不懂時就很玄，懂了就不玄。所以 維摩詰菩薩就向阿難尊者說：「你默默的走開吧！不要毀謗如來。如來金剛之身（法身）怎麼會生病？連欲界天人都不會生病了，如來還會生病嗎？所以不要讓其他任何人聽到你這句粗話。」所以如果誰說「如來病了」，這句話就是粗話，所有佛弟子都不可以說如來也會生病。因此「如果有人說這一句話，那些大威德的菩薩們，以及從他方來的菩薩們聽到了，他們就會想：『原來娑婆世界的佛比我們那裡的佛差一大截。』他們會這樣想，就會產生了不好的後果，所以不能讓任何人聽到這一句話說：釋迦牟尼佛會生病。」

「譬如轉輪聖王（人間的轉輪聖王共有四種：金輪王、銀輪王、銅輪王、鐵輪王。即使是最低層次的鐵輪王都可以無病，他從來不生病，一旦病了，他就知道要捨報了。

但是轉輪聖王的福德不必很大，諸位以爲轉輪聖王福德很大，不然！只要有機會遇見了佛，供養過一次就有資格當轉輪聖王了。甚至於有的人只遇到辟支佛，供養一餐飯就能當好幾世的轉輪聖王，所以這個容易當。轉輪聖王沒有什麼難當的，問題是你想不想去當而已。換了我，不要說轉輪聖王，天主給我當，我也不想要；我要的是佛法，我不要那種世間法。所以轉輪聖王所需要的福德不必很大，只要能夠遇見辟支佛、遇見佛陀，供養一餐，你就有機會當了），**以這樣的福德就可以不生病了，何況如來有無量的福德，經由三大阿僧祇劫修集起來的福德已經統統聚會在祂身上了，而且普遍的勝過一切人天所有的福德，怎麼可能會有病呢？所以如果你阿難說『如來身有疾』，那眞的是我們三寶弟子們的恥辱。」**

我們皈依的佛世尊竟然也會生病，那不是跟凡夫眾生一樣了嗎？所以說不應該有病。這意思就是說，如來身示現有疾，這是一種示現：因爲眾生身有疾，所以如來身有疾。若是法身如來藏，你們已經破參的人可以現前觀察祂離六塵，既離六塵怎麼會是思欲之身呢？一定是跟六塵相應的心才會是思欲之身。所以離念靈知才是思欲之身，西藏密宗那些喇嘛們、法王們，他們就是用離念靈知去住在淫觸的第四喜境界中，一心領受那個淫觸而不再打妄想，當然是思欲之身。可是如來身是法身，法身是金剛身，怎會與淫欲相應呢？不要說如來的法身，即使是小如一隻細菌，用顯微鏡才看得見的細菌，牠的如來藏也是金剛身、也是不可壞的。既然不可壞，當然是金剛身，即使是那一隻細菌，牠的如來藏也不會生病的，何況如來法身怎麼可能會生病？

細菌是使人生病的，細菌自己會不會生病？還是會啊！因爲牠也在欲界人間，所以醫生在你被傳染到病毒、細菌，他就把藥投到你身體裡面去，就換細菌病了、死了，你的病就好了；所以細菌也會病，那也是牠的果報。只有法身是不病的，下至細菌上至諸佛都一樣，一切有情的法身都是不生病的。法身既然非思欲身，又是無漏之身、又是無爲之身，不能以世間任何一法來比量祂，所以說祂「**不墮諸數**」。像這樣的法身，怎麼可能會有疾病？又怎麼可能會有煩惱呢？所以這是不可能的。

當時阿難尊者，因爲那時還在小乘法中，還沒有悟入大乘法，那時他眞的弄不懂，只好覺得很慚愧：「*我一直近在佛身邊，竟然都沒有聽過這種法。*」可能那個時候，佛還在講四阿含，還沒有到第二、三轉法輪講般若、種智的時候，所以他根本聽不懂。因此他不知道該怎麼辦，人家已經把牛乳盛在他缽中了，他到底是要拿回去呢，還是要還給施主呢？現在不知道該怎麼辦：拿回去就表示說，佛還是眞的有病，要這個牛乳來治；可是若不拿回去呢，明明佛身需要這個牛乳來解除火氣熱燥。那該怎麼辦？他就愣住了，不知道該如何。好在當時 維摩詰菩薩又以神通從空中放出聲音告訴他：「如維摩詰居士所說的，阿難啊！佛出於五濁惡世，所以就要顯現出來：乃至佛身也有病痛、也會死，所以你們要趕快求解脫生死。用這樣來示現，來教化眾生。所以阿難啊！你就走啊！趕快走啊！拿著牛奶趕快走，不必慚愧了。」你看 維摩詰菩薩智慧辯才威神之力如此，像這樣的等覺大士、這樣的大居士，誰有資格去看望他的病？一定得要跟他相等的人才能去，不相等就無法對話，所以不能去探病。

即使是相等的智慧，也要看因緣，要看這個法緣在誰身上。你不能夠說：「我也是等覺，我可以去。」不行！這齣戲不是該你演的，你就要裝孬種，所以你不能去。所以有很多事情要看因緣，不是我們出頭的時候就不要強出頭。這時阿難尊者說完了，聲聞法中十大弟子都推辭了，說不能代替 世尊去看望維摩詰居士的病。聲聞十大弟子都講完了，世尊繼續點名。 世尊還眞故意一個一個點名，把聲聞法中五百弟子一個一個點名，都沒有一個人敢去，因爲他們都遭遇過 維摩詰菩薩，所以這個居士還眞惹人厭。你看：「如是五百大弟子，各各向佛說其本緣。」一個個都向 佛說明：我以前怎麼樣遇到維摩詰菩薩，這位居士爲我說的是一些什麼法，結果我都不懂，所以我沒有辦法代替世尊您去走一趟。菩薩病了，不能要佛去看他，只可以要求 佛陀派個代表來看，哪有由 佛親自去看他的？所以，佛一個一個點名，聲聞法中五百弟子都說：不堪任探望 維摩詰菩薩的病。

〈菩薩品〉第四

【於是佛告彌勒菩薩：「汝行，詣維摩詰問疾。」彌勒白佛言：「世尊！我不堪任詣彼問疾。所以者何？憶念我昔為兜率天王及其眷屬，說不退轉地之行。時維摩詰來謂我言：『彌勒！世尊授仁者記：一生當得阿耨多羅三藐三菩提。為用何生得受記乎？過去耶？未來耶？現在耶？若過去生，過去生已滅；若未來生，未來生未至；若現在生，現在生無住。如佛所說：〔比丘！汝今即時亦生、亦老、亦滅。〕若以無生得受記者，無生即是正位；於正位中亦無受記，亦無得阿耨多羅三藐三菩提，云何彌勒受一生記乎？為從**如**生得受記耶？為從**如**滅得受記耶？若以**如**生得受記者，**如**無有生；若以**如**滅得受記者，**如**無有滅；一切眾生皆**如**也，一切法亦**如**也，眾聖賢亦**如**也，至於彌勒亦**如**也；若彌勒得受記者，一切眾生亦應受記。所以者何？夫**如**者不二不異，若彌勒得阿耨多羅三藐三菩提者，一切眾生皆亦應得，所以者何？一切眾生即菩提相。若彌勒得滅度者，一切眾生亦應滅度，所以者何？諸佛知一切眾生畢竟寂滅，即涅槃相，不復更滅。是故彌勒！無以此法誘諸天子，實無發阿耨多羅三藐三菩提心者，亦無退者。彌勒！當令此諸天子捨於分別菩提之見，所以者何？菩提者不可以身得，不可以心得；寂滅是菩提，滅諸相故；不觀是菩提，離諸緣故；不行是菩提，無憶念故；斷是菩提，捨諸見故；離是菩提，離諸妄想故；障是菩提，障諸願故；不入是菩提，無貪著故；順是菩提，順於如故；住是菩提，住法性故；至是菩提，至實際故；不二是菩提，離意法故；等是菩提，等虛空故；無爲是菩提，無生住滅故；知是菩提，了衆生心行故；不會是菩提，諸入不會故；不合是菩提，離煩惱習故；無處是菩提，無形色故；假名是菩提，名字空故；如化是菩提，無取捨故；無亂是菩提，常自靜故；善寂是菩提，性清淨故；無取是菩提，離攀緣故；無異是菩提，諸法等故；無比是菩提，無可喻故；微妙是菩提，諸法難知故。』世尊！維摩詰說是法時，二百天子得無生法忍，故我不任詣彼問疾。」】

講記：聲聞十大弟子及五百阿羅漢都點名過了，沒有人承諾代 佛世尊去看望維摩詰菩薩。接著就換菩薩們上場顯揚 維摩詰居士的證德了，第一位是出家菩薩的 彌勒菩薩。佛點名的五位菩薩中，有一位出家、四位在家，現在第一位是出家身相的 彌勒菩薩；當然 彌勒菩薩如今在兜率天是示現在家相，以前好像有誰畫過彌勒菩薩聖像，畫得還蠻莊嚴的，頭戴寶冠，胸佩瓔珞，臂上還有寶釧，身著天衣非常華麗。彌勒菩薩現在是兜率天內院的院主。

當時　佛告訴　彌勒菩薩說：「你去，代我看望維摩詰的疾病。」因爲　彌勒菩薩是當來下生成佛的等覺菩薩了，照道理說，他最有資格，因爲他再來人間正式示現時就是要成佛了！可是他很清楚：「這時並不是該我出面的時候。」所以他也講一段以前　維摩詰說的話來表揚。他說：「世尊啊！我也不堪任去看望他的病。爲什麼呢？因爲我想起以前曾經爲兜率天王和祂的眷屬們，宣說不退轉地之行。」不退轉，有很多種的不退轉：譬如說信不退轉，又譬如說位不退轉，以及行不退、念不退、究竟不退。彌勒菩薩當時是爲兜率天王等人，解說種種不退轉地，是要怎麼修行才可以得到各種不退轉。因爲他是內院院主，兜率天王和眷屬住在外院，算起來也很有善根，還肯入內院去請法。一般人去到兜率天，通常都進不了內院，因爲到了外院想要進內院之前，看到五花十色的種種享樂超過人間太多了，所以往往會忘掉。

所以你們如果有人發願死後要去兜率內院的話，千萬要記得一點：去到兜率天，只問人家內院在哪裡，路上不管看見什麼色聲香味觸，都不要起心動念。如果起心動念說：「我試著享受一下就好，然後再去內院。」一般而言，總是去不了內院，稍一享受外院的五欲以後就會忘掉內院，捨不得離開外院的享受。所以有的人發願去兜率內院，結果在外院看見五欲的享受五花八門、五光十色，他就想：「我試一下看看，反正試一下以後，馬上就去內院了。」沒想到這一試，就好像人間吸毒一樣上癮了，所以有好多人沉迷在外院。記得千萬不要輕易去試。就好像那些毒品一樣，很多人好奇：「我試一次看看就好，我又不是眞的想要，只要知道那是什麼體驗就好。」沒想到一試就上癮了，所以兜率內院跟外院之間有這個困擾。這樣看來，兜率天王和祂的眷屬倒是蠻不錯的，應該讚歎他們。

可是如果從另一個方面來說，其實也沒什麼好讚歎的，爲什麼呢？因爲是剛去那裡的人會被迷，但他們每天在那個境界裡面已經很久而習慣了，覺得不稀罕，所以在殊勝的五欲境界中，有時候也會膩，膩了就想：無聊！去拜見彌勒菩薩聽一點佛法也好。所以祂們有時也會來人間向 彌勒菩薩請益，那時 彌勒菩薩爲祂們說種種不退轉地的修行方法。這時 維摩詰居士又來了，他向 彌勒菩薩講：「彌勒啊！世尊向你授記時說：『你這一生過完了以後上生兜率天，然後就會降生人間而得到無上正等正覺。』可是世尊這樣爲你授記，我請問你：『你是用哪一生來受記成佛？如果說是過去生被授記成佛的話，過去生已經滅了；如果未來生被授記成佛的話，未來生還沒有到來，受記在哪裡？如果說是現在世被授記成佛，可是現在世你這一生是念念不住，一直在變異的，你到底是哪一生的哪一個刹那、哪一個時刻的心被世尊授記成佛？譬如佛這麼說：〔比丘啊！你目前此時既是生，同時也在老，也同時正在壞滅中。〕依照佛這麼講的話，你若改說：〔我既不是過去生受記、未來生受記，也不是現在生受記，而是無生得受記。〕請問你：你如果說是無生得受記的話，無生當然就是正位了，正位就是無餘涅槃，可是在無餘涅槃正位之中，哪裡會有受記這回事？』

你們破參明心的人不妨想一想：你的如來藏不再出生五陰十八界時，還能被授記嗎？不可能啊！「『所以正位之中並沒有受記這回事，正位之中也沒有證得無上正等正覺這回事，那你彌勒是怎麼樣受一生記？』」這還眞的不好答。其實 彌勒菩薩是可以答的，但這個時候當然是不方便回答的。彌勒菩薩接著說：「維摩詰菩薩又問我：『既然正位中不能得受記，過去生、現在生、未來生也不能得受記，那是不是從**如**的出生來得受記呢？或者是說從**如**的壞滅而得受記呢？因爲這個**如**就是講你的本際、你的眞如心。如果是由於**真如**出生了，所以被授記，那現在就有問題了，因爲**真如**（也就是你這個如來藏）從來沒有出生過，那要怎麼受記？若是由於眞如心壞滅而得受記，可是眞如心從來不曾滅，以後也永遠不會滅，那又怎麼得受記？』所以說：如生得受記，不對；如滅而得受記，也不對。

「一切衆生皆如也」：一切衆生同樣也是如。爲什麼一切衆生都是如？因爲一切衆生的眞實心，他的第八識永遠都不會被三界萬法動轉，當然是如。如就是離一切煩惱、離一切快樂，心從來不動，永遠不動才是如。一切衆生一樣都是如，所以佛說：一切衆生本來常住涅槃。本來常住涅槃當然就是如。「既然一切衆生都是如，顯然一切法也都是如，因爲一切法都屬於如來藏，如來藏從來是如，一切法只是依附於如來藏而在如來藏所生的六塵之中去喜怒哀樂。如來藏既然是如，攝歸如來藏的一切法當然也是如，因爲一切法就是如來藏的種種法之一，所以衆賢聖當然也是如。」賢位菩薩，從七住明心了一直到十迴向位，都很清楚如來藏是從來如如不動的，從來不會動轉於六塵諸法的。聖位菩薩，初地開始當然更是如此，「所以從初地一直到彌勒你這個等覺位，也都是如。既然是以如而得受記，你彌勒因爲如而得受記，那衆生也是如，衆生也應當要得佛授記。可是衆生爲什麼沒得佛授記呢？爲什麼我這麼說呢？譬如說如其實是不異也不一的（也就是說，如其實非一亦非異：如與萬法非一非異，如與五陰非一非異，如與十八界、十二處、六入非一非異）。如果你彌勒得到無上正等正覺的話，眾生一樣是**如**，也應該都跟你同樣得到無上正等正覺，因爲眾生跟你一樣也是菩提相。」

菩提稱爲覺，覺有本覺、始覺、漸覺、究竟覺的不同，因爲對第八識本覺的親證而說爲始覺。證得本覺以後成爲始覺位菩薩，再精進修行，漸漸的對實相、對本覺了知的越來越多了，所以叫作漸覺。如果對第八識的本覺證知已經圓滿了，無一不知了，那就成爲究竟覺。不管是哪個階位的覺悟，都是依第八識的本覺而施設的；所以若不能證知第八識的本覺，就是不覺位的凡夫。二乘聖人因爲未證第八識的本覺，在大乘法中就被說爲愚人。眾生的本覺本來就在，乃至細菌也有本覺，沒有一個有情是沒有本覺的。所以等你破參了，你去看一切眾生，沒有一個眾生是沒有本覺的。「既然你彌勒菩薩因爲本覺而被授記一生成佛，眾生也有本覺，爲什麼他們不被授記呢？眾生也是菩提相，你彌勒如果說已經得滅度的話，一切眾生也應該同樣獲得滅度。」

這**滅度**兩個字，諸位也得瞭解它的意思。有許多人學佛學不好，就是不懂什麼是滅度。多數人學佛時都是想要**生度**，所以就誤會到一塌糊塗。**生度**與**滅度**有什麼不同？大有不同！那些古今悟錯了的大師們，他們都是想要**生度**，然後把**滅**

度名詞拿來用，我這句話好像是很嚴重的指控。因爲**生度**與**滅度**是兩個極端，完全不同；雖然這個指控很嚴重，可是我這指控一點兒都沒有冤枉他們，他們一直都是想**生度**，然後把生度當作佛法中的**滅度**。**滅度**，顧名思義就是**滅**了才得**度**，所以你破參明心以後，就知道我這個話是什麼意思。可是有很多人還沒有破參，不免要解釋一下：**滅度**就是說，把五陰滅了、把十八界滅了，永遠不會再出生五陰、十八界了，就是度到生死的彼岸去了，就沒有生死了。所以阿含裡面 佛說：無餘涅槃就是**滅盡**了十八界的境界。

可是好多大師們都想要**生度**，他們書中的說法總是如此的。怎麼**生度**呢？他們對十八界不肯滅盡，所以要保持著意識、保持著意根去住進無餘涅槃裡面，說這樣可以得度，這是很普遍的現象。所以有很多大師們教導眾生：你要離開妄想。他們說的妄想不是《楞伽經》講的虛妄想，而是指語言文字的妄想。他們告訴徒弟們：要時時刻刻保持一念不生，成爲一個習慣以後就都不會再生起煩惱了！什麼都放下以後，將來捨報了就不會再受苦了。可是這個離念靈知、一念不生的覺知心，是常常會斷滅的，祂要靠什麼才能再度生起？要靠色身五根再加上無色根的意根，也就是末那識，才能眠熟後再度現起；五根若死亡毀壞了，就只好轉到中陰身去；因爲單獨意根沒有辦法使意識離念靈知再現起，除非你修得四空定，否則的話都要有色身、要有身根。意根不願意讓覺知心滅掉，想要使覺知心再度現起，這時如來藏就在意根的我執狀態下，幫他製造了一個中陰身；中陰身具足以後，意識心覺知心又在中陰身裡面出現了，這時才知道：原來我已經死了，我的肉身在那裡，我如今在這裡。

他想：「這個中陰身也不錯，可以飛，比肉身還好。」可是當他到了第七天，發覺這個色身怎麼越來越差，看來又要死了；因爲中陰身只有七天生命，這時他想：「我不去投胎還眞的不行，因爲我這個離念靈知越來越差，根本沒辦法保持清楚明白，越來越混濁、昏沈。」終於想通了，懂得要去投胎了。那時才知道：「原來離念靈知是沒有辦法住在涅槃中的。」但已經太遲了，他沒有辦法再活轉過來趕快去正覺同修會學，大妄語業已經犯了；沒辦法了，知道已經太晚了，得要趁著還活著來學，才有辦法實證涅槃。他死了到中陰身來求我也沒有用，我也不會讓他去參加禪三。他去到禪三道場，護法菩薩也不會讓他進去，只好在中陰階段公開的大力懺悔滅罪（假使他只有成已罪而無根本、方便罪），然後去投胎再等三十年、二十年以後，看那時同修會誰在弘法，他再來。我們親教師們總會一代接一代的弘揚下去，那時候他再來學。所以他們都是想要生度，不懂滅度的道理。經中從來沒有一句話說可以生度，都只有說滅度，這個正知見，大家得要建立起來。

現在回到經文來說：「如果你彌勒可以得滅度的話，一切眾生也應該都得滅度了，爲什麼呢？因爲諸佛都很清楚知道：一切眾生畢竟寂滅，一切眾生就是涅槃，不可能再滅了。」一般大師讀到這句話，不曉得該怎麼解釋；聰明的大師們不敢講《維摩詰經》原因就在這裡，有很多經文他們都無法懂，心裡面想出一番道理要來跟眾生講，可是沒有把握，心裡面虛虛的，乾脆不講；想要強出頭的人，才會大膽的自以爲懂而出來講這部經典，加以曲解，然後自己承擔妄說佛法的大罪。

爲什麼一切眾生畢竟寂滅？你從表面上來看，眾生一天到晚在三界六塵中到處打滾、到處攀緣，心裡面沒有一時間停歇過，明明是很叢鬧而不寂靜的，可是爲什麼諸佛都說一切眾生畢竟寂滅？你明心了當然很簡單就知道了：眾生的如來藏從來離六塵、離見聞覺知，祂怎麼會有煩惱起來呢？怎麼會有妄想？怎麼會喧鬧？所以當然是畢竟寂滅的；『在這種畢竟寂滅境界當中，如來藏從來沒有生，所以未來不管是多久以後，當然也不可能會有死，所以是無生無死，那就是涅槃。既然眾生畢竟寂滅，眾生就是涅槃，怎麼還有可能再把祂滅了而得度呢？所以不復更滅。那你彌勒菩薩要滅什麼而得度？』」問題又來了。因爲阿羅漢的想法是把十八界我自己滅了、我執斷盡了，我滅了就得度了。可是既然諸佛與眾生都是本來究竟寂滅、本來就是涅槃相，所以說一切眾生本來常住涅槃，那你還要滅什麼而得度？所以滅度也不必了，不必滅就已經度了。如果是沒有智慧的人聽了就把語言文字的表面意思信以爲眞：「那我不必來同修會學了，睡大頭覺去了，因爲我不必滅就得度了，本就已是涅槃了。」可是究竟又度在哪裡？明明又沒得度。

可是已經明心的人卻說：「不必滅就已經得度了，不必滅掉自己就已經在涅槃彼岸了。」這與阿羅漢的滅度完全不同，此時才知道：原來二乘菩提和大乘菩提之間差異竟然這麼大。想不到、也想不通，除非你眞的悟了；或是善知識爲你解釋了，你才會懂。因爲這個緣故，所以 維摩詰菩薩就說：「『所以由於這個緣故，彌勒啊！你不要用什麼不退轉住來勸誘這些天子們，實際理地其實是沒有發無上正等正覺心的人，也沒有退轉的人，因爲本來就已經得度了，誰退轉過？沒有人退轉。一切眾生都是本來常住涅槃，他們還沒有悟時，也是常住涅槃；既然常住涅槃，怎麼還會退轉？爲什麼要跟他們講不退轉法？』」法就是這樣，大乘法的妙就在這裡：明明告訴你有信不退、位不退、行不退…等種種不退，講到究竟不退以後回過頭來，卻說本來就不退。不知道的人說：「你胡說八道！亂講一通。」可是你若把這個法去問佛，佛還是說：「沒有胡說八道。」意思就是說，看你是從哪一個層面來說退轉與不退轉，所以這種法不是二乘聖人那種小智慧所能了知的。

維摩詰菩薩接著又說：『彌勒啊！你應該讓這些天子們捨棄分別菩提的種種見解，爲什麼呢？因爲菩提不能以色身得，菩提也不能以心得。』色身能證得菩提嗎？色身猶如段肉，怎麼能證得菩提呢？那麼心就可以得菩提嗎？好呀！你不要用色身來得菩提呀！你只用覺知心來聽經就好了，色身不用來正覺講堂，看你能不能聽聞菩提之聲？如果說：「我用色身也用覺知心，我要合起來才能得菩提。」縱然是這麼說，當你們明心時、證得如來藏時、般若智慧生起時，說是證得菩提了，請問：你有得到哪個菩提？你一法也無得，因爲所證得的如來藏和祂的本覺是你本來就有的，又不是我送給你的。既然不是我送給你的，是你本來就有的，你何曾有得？得，是因爲以前沒有，現在得到了，才叫作得；所以菩提還眞的不能以身得，也不能以心得。

以前曾經有人怪某一個附佛法外道說：「他教我的東西都是我身上本來就有的」，那是教氣功的，卻騙人說已經成佛了，「既然是我本來就有的，我爲什麼要花那麼多錢供養他！」想把錢要回來。可是所教的氣功固然是他身上本有的，他努力去練，練的方法對，就能得；可是如果人家不教，他也得不到，所以爲了氣功去跟對方學，當然得要供養對方；雖然是個外道，他還是得要供養。同理，來跟隨佛學，可是學到究竟成佛時，所有的法也都是自己心中的，都不是外來的。佛只是指導你如何證得你自心中所有的法。實際上，證悟無上正等正覺、無上菩提，有所得嗎？還是沒有得。但是這種沒有得，才是眞得。

維摩詰居士接著說：「寂滅是菩提，滅諸相故。」一般大師常常會這樣解釋：「我們只要每天打坐，都不起語言妄想，離開外面的聲音，坐到都聽不見聲音了，那就是寂滅了，那就是涅槃。」這樣講的話，涅槃還眞的是很容易證，因爲只要坐到未到地定過暗時，就離開外面五塵了。再不然的話，進入二禪的等至位也可以離開內、外五塵，那我可就是老早已證無餘涅槃了；可是話說回來，那仍然是世間境界。所以這些表相大法師們都是解釋錯了，自己誤會，也誤導眾生了。爲什麼寂滅是菩提？因爲滅掉諸相。如來藏自身是滅掉諸相的，雖然祂跟我們諸相同在一起。小朋友常常會唱：「當我們同在一起、在一起……」好朋友同在一起是最快樂的，小朋友的覺知心會唱，可是他們的如來藏從來不唱，因爲祂沒有聲相，聲音之相是覺知心才會相應的，如來藏是離聲相的、滅諸相的。

眼見色塵歡喜，是色相，也是覺知心所有。上週有一則新聞報導說：某個學校有位女老師很漂亮、很年輕，學生們都好愛她。可是學生們的如來藏其實都離這個相，那個可愛只是覺知心相應的心相，但是世俗人並不知道。色塵、聲塵如此，香、味、觸、法塵都一樣；如來藏滅諸相，祂從來不在六塵諸相中，是這樣離諸相的；沒有六塵相應而又自在運作的，那當然是寂滅境界，所以說寂滅才是菩提。只有排除覺知心及六塵諸相的境界才是眞正的寂滅相，不懂的人就說：「*我們要一天到晚打坐，離開五塵，這樣就是菩提。*」可不可以算菩提呢？可以！這叫作外道菩提；但佛菩提不是這樣修的，是離覺知心相、離六塵相的。

「不觀是菩提，離諸緣故」：離念靈知心一天到晚觀察六塵，沒有離開過六塵；縱使他禪定很好，進入二禪等至位中，仍然還有定境法塵；既然有定境法塵，當然他得要觀照定境中的法塵，才會知道是否已離開了二禪，才能安住或繼續保持二禪等至的境界，所以祂是有觀之心，只是不在五塵中作觀罷了。但如來藏從來不觀察六塵境界，連二禪以上的獨頭意識定境法塵都不相應，絕對寂滅；所以祂不必作觀行，早就是寂滅的。什麼境界祂都不觀察，這才是眞正的菩提，因爲祂離一切六塵之攀緣分別，祂不觀察六塵中的一切境界。

「不行是菩提，無憶念故」：眾生所知的心，總是在六塵當中不斷的運作；行就是運作之意，所以眾生的心行不斷；既然心行不斷，一直在六塵當中不斷的運作著，當然是有行之心，凡是在六塵中有行之心，就不是眞正菩提心。在六塵中有行之心，會常常起妄想。爲什麼會常常起妄想呢？因爲憶念。去年有一位大法師說：「學禪坐，會生起智慧，譬如打坐到很寂靜的時候，突然會想起來：『以前某某人欠了我二千元還沒有還。』所以打坐會有智慧。」這還是名聞四海的大法師說的。但是這跟智慧有什麼相干呢？這只是憶念，只是突然間想起來：「十年前誰欠了我二千元還沒有還給我，未來世我可就賺到了，連本帶利要滾上多少倍。」但這跟解脫、實相智慧無關，這是意根加上意識的運作產生的一個憶念而已，屬於五別境中的念心所，根本不是佛法中說的智慧。意識都沒有想起來，意根突然間一動就使意識記起來：「誰欠了我錢，沒有還我。」這只是憶念，這個憶念就是意識心的行爲，仍然是在六塵中的**心行**不斷，那就不是菩提心。維摩詰菩薩說：**不行**的才是菩提，沒有六塵中的一切心行。你的眞心如來藏，絕對不會在六塵當中起心行，祂從來不憶念一切法，這才是眞菩提心。

「斷是菩提，捨諸見故」：眾生所知的心都是在種種見解上面，所以會起爭執，由於見解不同，乃至出家修行了，好多的婆羅門、沙門努力修行的結果，修到後來落入六十二種外道見裡面，或者像阿含講的九十六種外道見中。佛為弟子們說種種外道法，提出來破斥，目的是要讓弟子們離開所有外道見。可是有時 佛與大菩薩們會說：「如果心中起了佛法見解，就得貶向鐵圍山外去。」有外道見不行，有佛法中的法見也不行；只要所悟的心是會起解脫法、佛法的見解，那就要把他貶到鐵圍山外去，真嚴重。這意思在講什麼呢？凡是會與見解相應的都是妄心，那就是常見外道法的意識境界，所以就要貶向鐵圍山外去。由此可見，佛法的修證標的，不能有一點點落在意識心上，因為「見」只有跟意識心相應，跟如來藏是不會相應的，所以種種見解乃至法見都是和真菩提心不相應的，不該落在法見中，否則就是落在意識境界中。 維摩詰大士說應該斷除一切見，意思是，永遠捨離一切見的心才是真菩提心，所以說「斷是菩提」。證了這個心以後，具足一切佛法正知與正見以後，轉依如來藏而捨離一切見，都無法執，才是佛法的正修。

「離是菩提，離諸妄想故」：會打妄想的是誰？是眾生的覺知心意識，也就是意識與意根，特別是意識。只有妄心才會有妄想，這裡的妄想還包含虛妄想，也就是不如理作意的想法。可是從實相如來藏來說、從眞實菩提心來說，凡是如理作意的想法、不如理作意的想法，都叫作妄想；因爲如來藏從來不會想東想西，祂也不會思想任何佛法。所以離諸妄想的才是眞實菩提心，因此說「離是菩提」，離一切法；離一切妄想故，不落在六塵萬法中。

「**障是菩提，障諸願故**」：奇怪！爲什麼障是菩提？會障礙你起願的是眞正的菩提，怎麼會這麼講？您可別誤會了！這就是說：永遠都不會生起任何願、永遠不會發願的心，才是眞實菩提心；眞菩提心如來藏，絕不會促使你去發願，也不會自己發願；不管是惡願、善願，乃至大悲願、四宏誓願，如來藏都不會促使你、或自己去發這些願，所以說障是菩提。誰會發願？還是眾生的意識、意根，都是因爲意識在引導，所以意根信了祂的話，所以：「**我們今天來發四宏誓願，我們今天來發願受菩薩戒。**」都是意識與意根。可是如來藏祂絕對不會促使你去發這個願，所以說障是菩提，障諸願的才是眞實菩提心。

「**不入是菩提，無貪著故**」：誰有六入？意識與意根。意根有法入，意識有六入；有六入，所以會起貪著，所以：「**我明天要去美西玩，我們後天要去美國看大峽谷，我下半年要去普吉島玩。**」大概已經忘了海難了，又想去了，這都是因爲有六入才會想要去。如果沒有六入，絕對不會想要去的。如果弄出一個地方是沒有六塵的（實際上不可能，但假設有這麼一個地方可以沒有六塵），你去招募一些人來：「**你來我這裡沒有六塵的境界住，每天給你五百塊錢。**」你看他要不要來，他進去不到五分鐘，就吵著要出來了。我告訴你：他受不了的。眾生若沒有六塵，都是受不了的，所以眾生都是貪著六入。有的人也許不服氣說：「**哪兒有？六入，我也不是全部喜歡，我只喜歡快樂的六入，討厭的六入我都不喜歡。**」眞的不喜歡嗎？如果痛的感覺都沒有了，癢的感覺都沒有了，你要不要？疲勞的感覺都沒有了，你要不要？你看，大家都搖頭。所以眾生都貪著六入，可是會貪著六入的就不是菩提心了。只有**悟到不入的才是眞菩提：沒有六入的心才是眞實的菩提心**，因爲對六塵一切境界都沒有貪著的緣故，所以能確實遠離六塵的貪相。

「**順是菩提，順於如故**」：隨順的心才是菩提心。剛才說離開六入而無貪，無貪顯然是不隨順六入的，現在卻又說「順才是菩提」，說要隨順。可是這裡說要隨順的，不是隨順六入，而是隨順於如；如，是說眞心於三界六塵境界沒有一絲一毫的貪著，因爲祂不了別六塵，這樣才叫作如。若有貪著就會有苦、有樂、有不苦不樂受，於是就會有五受（苦樂憂喜捨），那就不能如了；只有離開三受、五受才能如，所以隨順於如的才是眞菩提心。能隨順於如的只有一種心，就是離見聞覺知恆而不審的如來藏心。可是悟緣還沒成熟時，讓他證這個心，他會罵你是神經病、是個瘋子，花那麼多精神去證這一個無覺無觀、無覺無知的心：「這哪兒像心，我才不相信這個叫作心，笑死人了！」他一定會罵，因爲他不能隨順於如，他一直想要的是六入中的覺知心；永離六塵的如，他從來都不想要，這就是眾生。所以我們十幾年來寫出那麼多書來，告訴眾生說：眞實心是離見聞覺知的，你的離念靈知是有見聞覺知的，與六塵相應，不是眞正菩提心。他們不能接受，意思是說，他們不願離開六入境界，他們不願隨順於如，他們想要的如是另外一種如：於六塵當中享受而沒有罣礙的「如」。但是那個享受如果被人家剝奪了，他還能如嗎？不能如了，那時候很痛苦，瞋、恨、怨、惱四個法都相繼出現了，哪裡叫作如呢？所以要能夠隨順於如，那個永遠隨順於如的心才是眞菩提心。

「住是菩提，住法性故」：既然是隨順於如，應該是不住、無所住的。爲什麼又說「住才是菩提」？因爲住於眞實法性的緣故。眞實法性，就是永遠的無漏性、無爲性、涅槃性、眞如性，可是在無漏、無爲、涅槃、眞如等法性當中，祂又能生一切無漏有爲法及有漏有爲法，祂這個體性是常住而不變動的，這才叫作眞實住，並不是住在六塵中享受或痛苦的住。在這裡「住」的意思是說：祂不會變動，名為常住。真實的菩提心——我們的如來藏，祂永遠都是這樣的體性，永遠不會變動；乃至成佛以後，祂照樣有許許多多的無漏有為法用來利益眾生，這個體性是永遠不會變動的。能生萬法的法性永遠不變，永遠不變所以叫作常住。永遠住於這種不變異法性的緣故，所以說住是菩提。

「至是菩提，至實際故」：至就是到達。有很多人學佛之前都會想：**我要解脫生死，解脫了生死就到達解脫的彼岸。**所以他們懷抱著憧憬，有一個遠景：**想要讓覺知心的自己到達解脫的彼岸。**這是一般學佛人的想法，諸位來到同修會學法之前，通常也是這麼想的。不論哪一個出家、在家的大師，你把他們的書翻出來讀：都是這樣想，都是要用覺知心的自己去解脫到彼岸去。解脫到彼岸，就是至、就是到。可是 佛講的解脫到彼岸是**滅度**，不是生度，是把自己滅了而方便說是到彼岸，彼岸就是實際——眞實際。可是實際永遠都是只有如來藏才能至，妄心永遠到不了，妄心只能拉著如來藏的衣角，依附如來藏而方便說是到彼岸。事實上妄心沒有到彼岸，是如來藏本來就在彼岸，本來就在實際中。涅槃的實際、涅槃的本際，正是如來藏的自住境界，七識心永遠都沒有辦法住進無餘涅槃裡面去，祂只能夠依附於如來藏，來觀察如來藏住在涅槃中；這樣轉依了如來藏的本來涅槃，就是到了生死的彼岸。所以在涅槃中的永遠都是如來藏，不管你七識妄心滅了沒有。前七識滅了，你不知道彼岸在哪裡，那時也沒有你可以知道涅槃是什麼境界。但你現在還沒有滅，明心後已經看到你的如來藏就在涅槃中；所以你還沒有滅之前，已經知道如來藏住在生死的彼岸，所以說你已經到彼岸，眞悟的菩薩還眞的是**生度**。大乘法就是這樣，眞悟了，說生度也得，說滅度也得，這才是勝法。大乘法的勝妙就在這裡，不是聲聞緣覺所能想像，他們越聽越迷糊，可是你們明心了一聽，哈哈大笑說：「**果然如此，本來就如此；你蕭老師講了也是如此，不講出來以前還是如此。**」這是法界中的實相，無人能改變它。

所以說，至實際的、到實際的，永遠都是如來藏。你若想要現觀如來藏住在實際，可不要將自己滅掉；你自己滅掉了就無法看到如來藏住在實際，所以我才會說：**阿羅漢到彼岸，結果是沒有到彼岸**；所以我才會在《邪見與佛法》書中說：聲聞緣覺說證得涅槃，其實他們沒有證得涅槃。那本書出版以後，過了三、四年我才讀到《百論》，其實《百論》中早就已經有寫過了，是提婆菩薩講的：**阿羅漢不得涅槃**。所以我們還是有知音：有古時的大菩薩當知音。所以眞正能住在實際中的只有如來藏，所以阿羅漢滅度是到不了實際的，因為涅槃彼岸永遠是如來藏自住的境界，阿羅漢們的覺知心無法進去無餘涅槃中安住。可是我們覺知心繼續存在而依附著如來藏，就可以看到實際是什麼，實際就是你所看到的如來藏自身不生不死的境界。如來藏自身的寂滅無為境界，就是實際，就是無餘涅槃。所以菩薩不入無餘涅槃，不斷思惑就證得涅槃的實際，這可厲害了！阿羅漢怎麼想也想不通，因為阿羅漢所知的就是要斷盡思惑才能證涅槃，沒想到菩薩只斷見惑，不必斷盡思惑就已取證無餘涅槃：原來無餘涅槃就是這個如來藏的自住境界，現前分明看見了。所以**至是菩提**，能到涅槃彼岸的才是眞菩提心。

「**不二是菩提，離意、法故**」：不二的法才是菩提。為什麼不二？因為祂不必一定要跟三界六塵萬法同在一起。眾生所知的心永遠都是二法為緣生，不離能取與所取二法，一定是兩法相對，不是絕對待的。有當代禪師說：「我了了分明而不分別。」如果了了分明時還可以叫作不分別，一巴掌把他打了，他知道痛，就罵：「你為什麼打我？」你就反問他：「你不是不分別嗎？怎麼知道我打你？」他們說話都是顛倒了還不知道自己顛倒。這種顛倒大師到處可見，因為當他了了分明時，表示已經分別完成了。可是了了分明的分別完成了卻還說他沒有分別，有智慧的你怎能聽信他的話。諸位都懂得大師們這句話大有問題，可是台灣號稱一千來萬的佛教徒，有幾個知道這句話有問題？他們都跟著這樣修：「我現在了了分明，都沒有分別。」所以眾生所知的菩提心都是二法，依於了了分明的覺知心去了了分明的了知六塵，這是相對的二法：六塵是所取，覺知心是能取。這都是二法，不離意識及所面對的六塵諸法，故不離識、塵兩法，那當然是二法。但如來藏是絕待心，離於二法，如來藏不在能取與所取之中，非覺知心亦非六塵中法，所以不二的才是眞實菩提心。

又爲什麼說不二是菩提？通常都說「不一亦不異，非一亦非異」，爲什麼現在說不二？不二，那就是一囉？又好像與正理不相符合。實際上，這裡的不二，它是講「唯一」，是絕待的，是可以自己單獨存在而不需待緣依存的，祂的存在不需有互相對待的法。一般世俗眾生所知道的心都是相對待的：相待於六塵諸法而存在，所以是相待的，都是在現象界裡面；外道修行人所知道的心也都是相對待的，仍然是二法。所謂二法，就是說能依與所依；也是說，二法爲緣生。當今佛門中的所有大師，其實也都不離二法，仍然不是不二法，仍然是有能取所取、能依所依；只是層次有高低、淺深的差別，但都離不開能取所取、能依所依。

世俗人的能取與所取，是以覺知心作爲能取，來取欲界中的五塵、法塵。就像是藏密一樣，他們在說「最深法」時，也是具足能取與所取，因爲有覺知心取雙身合修時的欲塵（不管是第一喜或者進到第四喜的男女根樂觸）都是所取的觸塵，而覺知心正是其中能取的心，所以不離能取與所取，所以說他們的雙身法「報身佛」境界仍然不離能取與所取二法，仍是欲界的貪著境界。注重文學、琴棋書畫的人，在世俗法中是比較高等的，所謂心靈的提升。身心靈怎麼提升？無非是在藝術上面用心。乃至儒家講立德、立功、立言，也是心靈上的提升；修身、齊家、治國、平天下，無私的爲眾生做事，都是心靈的提升。可是提升上來以後仍然不離能取與所取，因爲都是以覺知心來面對所攝取的境界。

如果層次再提升一些：格物而致知。格物致知，請問：「**格物是誰來格物？**」還是要覺知心來格物啊！格物以後才能致良知，還是有能、所，仍然是二法。儒家這個層次，是西藏密宗所達不到的，不能望其項背的，可是仍然是有能、所。有人或許想：「**我們在佛法中修學，打坐一念不生，那總該是不二了吧！總該離能、所了吧！**」不然！我們現前可以看到諸方大法師、大居士，他們所謂的禪、開悟、佛法修證，都離不開離念靈知。在離念靈知境界中，他們不打語言文字妄想，就以為已經離開能、所了，就說：我都沒有語言文字，獨自安住。可是這個獨自安住，還是有能、所，不是獨住；因為覺知心的安住、存在，有必要的條件，就是意根與法塵。如果沒有法塵，覺知心就不可能存在；就看祂所安住的是什麼法塵，如果安住於一念不生之中，那就是欲界中的法塵——欲界中不離五塵的一念不生欲界定中的法塵。如果是初禪中，就是依止於初禪中的定境法塵。乃至到了非想非非想定中，還是不離定境法塵的依止，還是有能取的覺知心與所依止的定境法塵二法。

覺知心了知定境中的境界，就是相對於定境法塵；取定境法塵而安住，那還是在能取與所取二法中。凡是三界中所知的一切法，都是相對於覺知心而存在，那就是二法了。凡是二法，就不是菩提，因為都是相待而不是絕待的。這在因明學中叫作因待，二法互相為因、互相對待而存在。只有不二的，不面對六塵諸法的，不與六塵諸法相對待而能獨自存在，並且是從來不了知、不識別六塵諸法的，才是不二之法，不二之法才是眞實菩提心。凡是意識與法塵中的法都屬於二法：法塵是所取，當然包括五塵；能知、了知，就是能取；由能取的覺知心——意根與意識——攝取所取的法塵或者六塵，這正是二法，這就不是眞實菩提心了。

眞正的菩提心是離意識與意根的能取，也是離所取五塵、法塵的，那才是眞正菩提心；意識、意根這能取的心以及所取的六塵或法塵，都是從如來藏而生；但如來藏不在能取與所取二法之中，不被能取與所取二法所攝，反而是出生能取與所取二法的眞實心。而如來藏也可以單獨存在於無餘涅槃中，無餘涅槃中沒有任何一塵存在；但離念靈知心卻必須有法塵或六塵才能存在，意根也必須有如來藏才能存在，如來藏卻可以單獨存在而不必有任何一法作依止，所以是不二法。

我們以前也常常講：**其實眾生在三界中都是自己玩自己，覺知心從來沒有接觸到外面的六塵，所接觸到的都是如來藏所生顯的六塵，所以實際上有接觸到外面六塵的只有如來藏。**而我們覺知心所接觸到的都是如來藏所生的六塵，所以六塵才會被函蓋在十八界中，才會被函蓋在五陰裡面。既然能取的心以及所取的六塵都是如來藏所生的，當然如來藏才是眞實的自己；學佛者想要找到自己、作自己，應該尋找如來藏的自己、作如來藏的自己，不要去作虛妄生滅的意識、意根自己，因爲那是導致生死輪迴的根本，永遠不得解脫生死，也使人永處於無明中。

可是能取的覺知心自己以及所取的六塵，都是從自己的如來藏中所出生的，換句話說，以自己的如來藏，先出生了能取的意根自己，再出生所取的內相分六塵自己，然後由如來藏出生覺知心自己，再由能取的覺知心自己，來玩如來藏所生的六塵自己，那不是自己玩自己嗎？既然能取與所取都是自己的法，那就不必害怕被外塵所轉，因爲六塵都是自己的法。也不必再害怕落入斷滅空，而故意要去抓住六塵，所以不需要即、也不需要離六塵，這樣就離開了即與離兩邊，而又同時存在於即與離兩邊。如來藏出生了能取的覺知心與所取的六塵，可是祂不在這裡面相應或取著，所以祂才是絕待的，這才是不二之法，不二之法才是眞菩提心；事實上，由於眞實心如來藏不落在意與法兩邊，不落在意與法之中，所以祂才是眞實的菩提心，所以：不二是菩提，離意、法故。

接下來說：「**等是菩提，等虛空故。**」現在要先來探究：虛空到底有邊？還是無邊？才能談到等或不等的實質。假設實有虛空（虛空其實是不存在的，只是依物質的邊際，在沒有物質的地方施設爲虛空。譬如這裡有一個拳頭，拳頭外面叫作虛空，是依拳頭的邊際施設爲虛空，所以虛空其實是沒有法，是依色法而施設的觀念。所以虛空其實是附屬於色法而存在，《楞伽經》中佛開示說：「虛空是色，隨入色種。」它是依附於色法而存在的，所以它應當是算在色法裡面；因此，二乘法的《俱舍論》也說虛空是色邊色：虛空仍是色法，它是色的邊際法，因爲它依附於色法而存在，所以叫作色邊色），但我們不妨依世俗的觀念來說虛空，虛空到底有邊、無邊？如果說有邊，請問：「以光速的千萬億倍去跑好了，你到了虛空的邊際。」請問：「那個邊際外面呢？是虛空、或是物質？」所以你沒有辦法說虛空有邊，虛空其實沒有東西，不是實法，只是依於物質的邊際來施設，所以虛空不能說有邊。虛空如此，那麼請問：「如來藏是心而不是色法，你能夠說如來藏有邊嗎？」不能啊！

如來藏猶如虛空，本來無邊、自身也沒有質量，但不等於虛空。無邊是說祂不是色法，你不能夠說祂有多大。如果能說祂有多大，請問：「到底如來藏應該像細菌那麼大，或者比細菌更小的病毒那麼大？或者像色究竟天的天人一萬六千由旬那麼大？或者像法身佛毘盧遮那坐在大寶蓮花藏上面，我們娑婆世界、極樂世界都只是其中的一點而已？祂那麼大，到底你要依哪個來說祂有多大？」都不能講，因爲祂是心啊！所以不能說祂有邊，無形無色怎麼會是有邊？物質才能說它有邊，所以說心如虛空，祂如同虛空一樣不是物質，不能說祂有邊。

有時候又說祂無量，爲什麼說祂無量？因爲凡是量，可以量化的，一定是物質，才能說它有量。祂既不是物質，你怎麼能說祂有量？既然無量亦無邊，所以說祂是平等平等的，上至諸佛，下至螻蟻、細菌、病毒，都是一樣的平等。一切有情的眞實心同樣都是無量與無邊的，所以都是平等平等的，都一樣猶如虛空，這叫作虛空無爲。心如虛空，如同虛空一樣無量亦無邊，所有有情類的眞實心如來藏都是這樣平等的體性，所以說「等是菩提」，祂是永遠平等性的實相心。離念靈知心則有心量，離不開六塵諸法，被侷限在六塵中所以有量；有六塵量而被侷限在六塵中，就有智愚貴賤的差別，當然無法平等、平等。

「**無爲是菩提，無生住滅故**」：無爲法是說，不屬於有爲有作的法。舉凡有爲有作的法一定都是有出生之時，出生以後會變異，在變異過程當中看來好像是常住，但終究還是會滅壞，只能暫住。但無爲沒有出生，所以沒有變異、暫住、壞滅，這才是眞無爲。再來看看我們的覺知心（離念靈知）是無爲還是有爲？也就是說，看祂有沒有出生？有沒有安住的時間？是否與有漏法相應？然後是否會斷滅？當然是有生、住、異、滅的有爲法嘛！這種觀察在我們同修會裡面只是常識，但外面的大師們還是不相信，繼續堅持離念靈知意識是常住法。所以我們把書寫出來說明：覺知心（不論是有念靈知或是離念靈知），都有出生的時候。如何出生呢？始於母胎四、五個月以後，最後終於死後的中陰身投胎時，永滅而不再現起，下一世則是另一個全新的覺知心，不同於此世的覺知心，所以這一世的覺知心不是從上一世來的。

如果覺知心是從上一世來的，你一定會記得上一世的各件大事情，那當然更會記得上上世乃至無量世以前的大事；應該會像今天早上醒來，記得昨天的事情，也記得大學時做什麼，高中、初中、小學時發生了什麼大事，都記得。可是明明不能記得前世的許多件大事，可見覺知心就像法律規定的：**人的權利義務始於出生，終於死亡**。死了就沒有了，因爲已經不算是人了，那時只能叫作屍體及靈魂（中陰身）。同樣的道理，覺知心最長的延續時間不過一世。在這一世當中，也不是不中斷的，而是生、住、滅的：早上起床時出生了，如果整天都不睡午覺的話，整天都在，到晚上睡著時就滅了，具足生、住、滅。有生住滅，就不是無爲性的，是有爲性而屬於有爲法；所以祂出生了，這一天中祂存在，然後晚上睡著了，無夢時又斷滅了，所以祂不是常住的菩提心，只是暫住心。

我們八識心王裡面有兩個心，在凡夫來講是沒有生住滅的，就是第八識如來藏與第七識意根，意根就是大乘法中說的末那識。可是這兩個識還有不同：末那識還是可以接觸到法塵，所以祂還是能取與所取二法所攝，不是絕待之法。末那識，如果是阿羅漢捨報了，還是可以滅掉祂，那顯然是有所住也可滅的。有住，是住於各類簡單而極多的法塵當中，住於祂直接接觸的簡單的無量法塵當中，仍是有所住，有所住就不是無爲法。入無餘涅槃時，意根必然斷滅，也是可斷滅的，仍是有爲法，仍然不是無爲法。而意根不能自己存在，祂是從如來藏中出生的，要依附於如來藏才能存在，所以祂其實是有生的，有依止的；祂只是無始以來一直從如來藏中生，由如來藏中不斷的流注種子出來，相對於意識的夜夜斷滅，才依世俗及方便而假說是**恆**。這個意根是誰？就是眾生最喜樂的自己啊！祂就是大家睡著無夢時的我。多虧了這個我，所以才能再度醒過來，不然就永遠醒不過來；沒有了這個自己，永遠會住在無餘涅槃裡面。但是祂終究要靠如來藏所執持的意根種子不斷出生流注，才能存在，而祂最後還是可以滅的。

初地滿心的菩薩，如果有一天退轉回二乘心（只是假說，事實上不可能），他會斷盡最後一分思惑，死時還是會入無餘涅槃，還是會把意根斷滅的，那顯然意根還是有爲法。這樣看來，常住心就只剩下一個如來藏了，如來藏爲什麼是無爲的？因爲祂無生，佛在經中也這麼說。金剛藏菩薩也這麼說：如來藏阿賴耶識本來而有。本來而有就不是有生之法，也就沒有住與滅了；而且祂也不住於六塵法中了知，對六塵離見聞覺知，所以祂是無爲法，這才是眞菩提心。而在實證後的現觀中，所有明心者也都可以現觀祂是本來而有的，可以現觀祂沒有前際，無法可壞滅祂，也可以現觀祂在六塵萬法中是無爲性的，這當然是金剛心、眞菩提心，所以維摩詰居士說：「**無爲是菩提，無生住滅故。**」

接下來說「**知是菩提，了衆生心行故。**」一般人總會落在一邊，當你告訴他說：「如來藏離見聞覺知。」他就會認爲：「那我知道啦！要坐到跟木頭石塊一樣的無知。」他就落到這一邊去了。可是木頭石塊不知道眾生心在想什麼，祂如來藏可都知道；所有眾生的意識、意根在想什麼，想要瞞騙如來藏，永遠騙不過去；因爲意識與意根所思所念，如來藏完全了知，沒有不知的。也許有人會懷疑，但怎麼懷疑都沒關係，等到去禪三破參時，當場我就要考你，爲什麼說「知是菩提，了眾生心行故」？你得要具體的說出來：爲什麼祂知道眾生的意識、意根在想什麼？你幫我證明了，我才幫你蓋金剛印。如果你沒有能力幫我證明這一點，就一定會退轉，只要遇上一個假名大師唬弄一下、籠罩一下，就退轉了。如果親證了，就可以當場現觀祂不是像木頭石塊一樣的全然無知，所以祂雖然離六塵中的見聞覺知，但仍然有知，這就是本覺；只是祂的本覺不屬於六塵中的知覺，所以永遠不會與貪瞋相應，所以叫作自性清淨心，又叫作阿賴耶識。

正因為祂是心，心當然不可能完全無知。眞心既然叫作阿賴耶識，乃至成佛時改名為無垢識，請問：**識是什麼意思？識**就是能認知、能識別，當然就是了別。既然能了別，怎麼可能完全無知？只是祂那個知覺，不在六塵中運作，所以祂還是有知覺的；所以說，不在六塵中了知的這一種知，才是菩提心，因為祂能夠了知眾生心在想什麼。但是這個密意不能明著告訴你，你若想要知道，得要自己去參。等你找到了如來藏，不必我為你解釋，意在言外，你自然會知道。

維摩詰居士方才說「**知是菩提**」，可是回過頭來卻又說：「**不會是菩提，諸入不會故。**」眞要命！剛才說知是菩提，現在又說不知、不會六入的才是菩提。一般人認為：**既然有知了，怎麼不會六入？有知就一定能領會啊！**因為知就是了別完成了。譬如你小時候，媽媽叫你：「**喂！去巷子口雜貨店買一包鹽回來。**」她就拿錢給你：「**買鹽，知麼？**」你說：「**知啦！**」知，就表示你已經把媽媽的意思分別完成了，所以**知就是分別**。可是剛剛還說眞心有知、能分別，現在又說「**不會是菩提**」，所以那些悟錯的大師們恨死這部《維摩詰經》了。假使沒有這部經的話，他們就可以堂而皇之：「**我是眞正開悟的聖者，聖人說話是不隨便亂講的。**」但是有這一部經在，他們要講這一句話時，心裡面就會很虛，有很多人就講不出口來。

到目前爲止，只有一位大禪師敢公然講出來說：「聖人是不亂說話的，不打誑語的。」結果今天他被我證明是打了誑語，當然就不是眞的聖人了！

所以這部經讓那些凡夫大師們恨死了，因爲看來它的經文自身似乎是相對立的：知是菩提，又說不會是菩提。怎麼辦？該怎麼以覺知心、離念靈知心來解釋它？解釋不通啊！因爲靈知心意識是無法用來解釋這部經文的。但是等你悟到如來藏時，兩邊都通，這個如來藏可以有知，卻又同時不會六入。入，不超過六種——色聲香味觸法；一般眾生意識心都是不斷的在接受六塵，六塵進入覺知心中就叫作六入：眼識有色入，耳識有聲入，乃至身識有覺觸之入，意根與意識心有法塵的入。這六入，如來藏是完全不領會的，因爲祂對六塵是離見聞覺知的，祂面對外六塵而生內六塵時只是如鏡現像。鏡子不會去分別：「我照到了這個色塵的好壞美醜。」鏡子是不對所映照的色塵加以分別的，只是自動性而平等的反映給你看；如來藏藉著你的五色根去面對外五塵及外五塵上的變動法塵，變現完全相同的內六塵出來，但祂自己並不加以了別，所以不會六入。可是如果有一天有誰宣稱開悟了，悟出來的結果是離念靈知，請問：「離念靈知會不會六入？」（眾答：會！）一定會啊！如果他膽敢開口跟你說：「我離念靈知不會六入。」你就隨即一巴掌給他，「你怎麼打我？」你說：「你離念靈知不是不會六入嗎？為什麼知道我打你？所以你活該挨打。」是該打嘛！因為他睜眼說瞎話。這時，你告訴他：「維摩詰菩薩說：『不會是菩提，諸入不會故。』你這個離念靈知會六入，會的就不是眞菩提心。」他也只好臉頰摸一摸，低頭走開，不敢吭聲了；他只能把臉上的五爪金龍帶回家去，得要自己好好的思惟、思惟。

「不合是菩提，離煩惱習故」：離念靈知心一定會跟**煩惱習**結合在一起。且不說**我所**的煩惱習氣，光說**我見**煩惱習氣就好，你要是給他壞臉色看，他就把你記恨一輩子，這就是離念靈知心。他心裡面想：「今天某甲當眾給**我**壞臉色，**我**會把他記**一輩子**。」他是與我見煩惱相應（給**我**壞臉色），**我**就表現出來了；這也是與**我所**煩惱習氣相應（損壞**我的面子**），這就是跟**煩惱習**相結合了。心裡面起瞋，也許沒有表現出來，但他心裡面很不痛快，縱使僞裝得很好，還跟你微笑，可是他心裡面已經很不高興了，會記住你一輩子。這個不高興是什麼心所法呢？是瞋啊！是六大根本煩惱裡面的瞋啊！這個**瞋心所法**跟誰相應呢？跟意識嘛！離念靈知會跟這個瞋相應，那就是意識，很簡單嘛！所以離念靈知是跟**煩惱習**相應的，是與**煩惱習**互相結合的；只有與**煩惱習**不和合在一起的，才是眞菩提心。

可是有一種人也稱爲大師，並且寫書出來：「你說離念靈知是虛妄的，我偏說意識心離念時就是常住心。」他偏要跟你打對台，還寫書出來。這不是沒根據而說的，證嚴「上人」書中就這麼寫著：「意識卻是不生滅的。」也許你們有人會說：「眞拿她沒輒！」爲什麼呢？明明 佛說：「意、法爲緣生意識。」又說：「諸所有意識，一切皆意法爲緣生。」意識既然是意、法爲緣生，爲什麼妳穿著僧衣竟然可以違背佛說，故意公然說意識是常住不滅的？還眞拿她沒輒！但是我們不會沒輒，我們會寫書把她公佈出來。像她這樣用常見外道法來取代 佛的正法，這樣的人間佛教，絕對沒有存在的價值。救濟眾生世間生命的事，很多世間人都在做，基督教救世軍到現在也還在做，還有別的慈善機構也都在做；假使沒有她來聚集佛教界的大部分資財，排擠了別人的行善空間，自然會有別人聚集佛教界資財來行善，並非沒有她不可。如今證嚴法師跟外道的行善是完全相同的，是跟外道的神我、梵我完全相同而在行善嘛！同樣是以意識心爲常住心嘛！卻反過來認同印順的外道思想：如來藏是外道的神我。

這眞的是指鹿爲馬，顚倒黑白，是非不分；印順是做賊的喊抓賊，她則是支持印順的作賊喊抓賊。這是台灣佛教界目前的眞相，並且正在影響著大陸佛教界。

你說：現在的佛教是不是危急存亡之秋？沒有人能否認這一點。好在正法有諸位護持，所以正覺到今天還是屹立不搖，這是諸位的大功德。不管是誰，只要他所悟的心是與煩惱習氣會和合在一起的，那一定不是菩提心。

週五要開始今秋第二梯次的禪三，你們可得要注意了，凡是找到一個心，先要以《維摩詰經》這些聖教檢驗看看；禪三時，先別急著要進小參室，因爲如果通不過經文檢驗，進去了，照樣打出來。所以凡是悟錯了，一定無法通過《維摩詰經》的檢驗。多少年來，我一直說，《維摩詰經》是禪門照妖鏡，一切祖師若說他悟了，要先看他能不能通過這部經的檢驗。所以當你悟了，一定要先用《維摩詰經》來自我檢驗。有資格來禪三了，我們再勘驗看看。如果檢驗得過，你的智慧一定會日進千里，下山回來時出言不同，即使吐一口氣都不一樣。不過，不一樣在哪裡，要家裡人才看得出來。所以我吐氣跟你們不一樣，但是只有內行人才看得出來，你們若是未悟就看不出來。不信啊？（大眾笑…）「呼——」，你看！有的人看得出來，有的人還是看不出來啊！所以，眞悟與假悟的差別就在這裡。所以有時候，徒弟出去參訪，遇到個大善知識回來，師父一看就說：「我這徒弟，這回不一樣了。」往往就把禪板交給他，讓他分座說法。大乘佛法這個厲害是在什麼地方？你得要破參了，才會知道。因此，所悟的心，一定是不與煩惱習氣和合的，才會是眞實心、實相心、本來面目，所以說：「**不合是菩提，離煩惱習故。**」

接下來說「**無處是菩提，無形色故**」：沒有處所的，才是菩提心，因爲祂沒有形色。色法有顯色、形色、表色、無表色。顯色就是青黃赤白，就是顏色。形色呢？譬如長短、高低、方圓、遠近、上下，種種不同的形狀，叫作形色。表色，諸位在座一直都有表色，表色叫作行來去止、行住坐臥；人總不能沒有動作，一切動作都叫作表色。什麼叫作無表色？就是經由顯色、形色、表色來顯示出各人獨有的氣質、韻味：「這個人好斯文，不像蕭平實那麼粗魯。」這個氣質顯示出來，就叫作無表色。但是一切色，不管是形色、顯色、表色、無表色，都是有處所的；只要是能顯出氣質的，都是有處所的，所以不是眞菩提心。

我們來看看覺知心：離念靈知心有沒有處所？有人說沒有處所。眞的沒有嗎？由於覺知心不能離開色聲香味觸法，既有色聲香味觸法就有處所；因爲這是色法，凡是色法都有處所；既然六塵有處所，而且是在勝義根中才存在，覺知心是跟著六塵在運作的，所以祂還是不離處所；所以祂有處，不是無處。但是如來藏祂不在六塵中，因爲眾生所接觸的六塵都是祂所出生的，祂不在六塵中領會，所以祂沒有六塵處的無表色，所以說祂無處。無處才是眞菩提，因爲沒有形色的緣故。

「假名是菩提，名字空故」：爲什麼假名是菩提？假名就是如來藏三個字。如來藏心才是菩提心，證得祂才是證菩提；可是如來藏三字畢竟只是假名，如來藏這個名字只是在表顯、在指示出那一個心。那個心本來沒有名字，名字是證悟的人加給他的；譬如這個人叫張三，那個人叫李四，當別人給了他這個名字，他接受了，所以你一叫喊：「張三！」他就回應說：「有什麼事？」其實張三是他嗎？不是，張三只是一個名詞，以張三代表他，張三這個名字不等於他本人。你以假名，譬如假名說「祂是如來藏」，可是「如來藏」這個名字並不是如來藏；「如來藏」假名所指稱的那個心才是菩提心，可是這名言中表顯出來的「如來藏」三字仍不是如來藏，只是用來指稱第八識心體。當你懂得這個道理以後，你說：「哎呀！果然那個心眞的無可名稱。」

這時我們就可以借用道家的話：「道可道，非常道；名可名，非常名。」眞實的道，其實就是這個心，這個心你可以講得出來，但不是平常人講的心，所以平常人講的道並不是眞道。眞實名，講的是眞實心，這個眞實心也可以用一個名稱講出來，叫作如來藏。可是這個名不是常名，不會有人用這個如來藏來命名，說我叫「蕭如來藏」，你叫「張如來藏」，所以絕對非常名；一直到現在，還沒有人叫作「張如來藏、李如來藏」，所以它還眞的是非常名。但是我們可以把它講出來，講出來的雖然只是假名，但是講一句話就可以讓你找到自己的如來藏。我們在禪三常常這樣，有時候一個人參到頭昏腦脹，都沒辦法了，我們一句話就讓他明白了。可是，說這一句話就能明白如來藏的所在，也得要看因緣。你們想不想知道是哪一句話？（大眾大笑…）想知道的請舉手？第二講堂、第三講堂呢？不想知道啊？喔！終於想知道了。那麼請諸位聽好了：「果皮三、二片。」（大眾大笑…）眞的啊！就這麼一句話就悟了。

這不是杜撰禪和，這是眞的禪和。人家問趙州：「如何是佛？」佛就是講眞心，講你的如來藏，那才是眞佛。他回答說：「木佛不度火，泥佛不度水，金佛不度爐，眞佛內裡坐。」金佛眞的度不過火爐。如果是玉佛呢？不度鎚，可是眞佛內裡坐，趙州已經明講如來藏的所在了。「如何是佛？」趙州又說：「水上踢毬子。」毬子就是皮球，說是在水上踢皮球啦！因緣成熟的人，聽這一句話就悟了。要不然，更簡單，有人問：「如何是佛？」雲門說：「胡餅！」古今多少人錯會。可是這些都是假名，但是假名才是菩提；落在離念靈知心上，就一定無法與這些假名相應，就不是菩提了，因爲他不懂「名字空故」，於是落在文字表相上面去著墨、臆想。以前有位老哥很有趣，他去禪三時，我問他說：「你找到如來藏了沒有？」「有，我找到了。」「是哪一個？」「如來藏。」我說：「如來藏在哪裡？」「如來藏就是離見聞覺知啊！」我說：「那是我書裡面寫的，我要你的如來藏。」「如來藏在啊！」「在哪裡？」「在這裡啊！」「這裡是哪裡？」「這裡啊！」始終指不出來，像這樣，智慧就出不來啊！我若作人情，送他一顆冬瓜印，對他並沒有用啊！

所以假名雖然是菩提，但假名畢竟只是一個言說。可是三乘菩提都在假名言說之中，如果不是藉假名言說，就沒有三乘菩提可講，就無法使學者悟入了，所以有時說無覺無觀是菩提，離言說是菩提。但是菩提其實是言說，因爲從實際理地來看（依如來藏的立場來說），沒有菩提可說；諸位還記不記得《心經》說「無智亦無得」？既然無智也無得，眞心能證什麼菩提？能得什麼菩提？這樣悟到無智亦無得的眞心，才是得菩提；凡是以言說來說的菩提都是假名，藉假名言說來指引眾生證悟菩提，而菩提的生起實際上是從證得離見聞覺知的如來藏心而來的，然而爲人宣講的菩提言語文字都空。所以佛法中的所有言說名字，只是要幫助你去體會祂，是告訴你如來藏的意涵，由那些文字菩提裡面去領納、觸證到你的菩提心第八識如來藏，然後智慧才會開始湧現出來；千萬別把說明菩提的文字、名稱認定爲眞實法，所以才說「假名是菩提，名字空故」。

「如化是菩提，無取捨故」：猶如幻化，才是眞菩提，凡是覺得實實在在的都不是菩提。眾生總是覺得：「哇！今天午餐好好吃，我明天還要來這一家餐館吃。」他覺得很實在，那就不是如化。當你眞實證得菩提時，你看一切的法（包括你今天吃的午餐、來講堂之前吃的晚餐），都是如化。吃這些東西，你畢竟吃了嗎？你眞的有吃嗎？到底是誰吃了？你說：「我吃了啊！」「可是這個我是誰？」「覺知心啊！覺知心領受的啊！」「可是覺知心沒有形色啊！祂不是物質啊！祂怎麼能吃到東西？」「啊！不對，我的色身吃的。」「可是你的色身只是個屍體，祂沒有覺知啊！又怎麼知道它吃了？又是誰領受了食物的味道？那到底是誰吃了？」「那應該是覺知心跟色身一起吃。」可是，一個是幻化的心，一個是物質的色身，如何能夠和合而一起吃？實際上不可能合起來一起吃，可是眼前看來明明是合起來一起吃，背後當然是要有一個如來藏來和合才能共同運作，非色法的覺知心才能跟色法的色身一起吃飯。

這樣看來，色法的色身、非色法的覺知心原來都是如化的，是由如來藏幻化出來。因爲你的覺知心、你的色身，本來是沒有的，是如來藏藉著父母的助緣才變化出你這個色身、這個身心。能夠確實證知這個實相，知道確實身心如化，那才是證菩提。可是這個能夠猶如幻化一般，有時把你變爲人，有時變爲天人，有時把你變爲鬼神土地公，或者過去無量世把你變過地獄眾生、畜生等（所有人無始以來都經歷過，沒什麼覺得羞愧的，所以看見了應召女郎，看見妓女，你也不必輕視她，因爲你往世也做過。不但你做過，我一樣也做過妓女，我也不是每一世都當男人），因爲過去有無量世。既然是這樣，顯然一定有另一個會幻化種種五陰的心。五陰是由誰幻化的？由如來藏來幻化。有時把我們變成高廣天身，有時把我們變成一個細菌，所以這個能夠如化的心才是眞正的菩提心；祂能夠猶如幻化一般，把你變來變去，可是祂在幻化出五陰身心以後，自己卻無取捨，祂只負責把過去世所造的業種加以實現，變生出這一世的你；可是祂本身不做取捨，只是依著祂自己的功能性去做。如果祂會做取捨，就天下大亂了，因果律就不存在了。如果如來藏像離念靈知一樣，就一定會做取捨，捨報了以後祂會說：「這個蕭平實一輩子專幹壞事，可是他一直會奉承我，所以我下輩子還是把他變作人類好了，不要把他變成地獄身。」如果眞心會像離念靈知心這樣做的話，諸位！所有眾生都沒有肉可吃了，因為沒有人要去當畜生，眾生就沒有肉可吃了。也沒有人會下地獄，因為既然眞心可以像離念靈知心來作取捨的話，誰肯讓自己的五陰下地獄？沒有人願意下去，也沒有人願意去當餓鬼道眾生。然後我們回頭要來請問：「離念靈知會不會取捨？」（眾答：會。）會！當然會。所以，你只要拿一把刀子在那些大師面前晃，離念靈知就會使大師們不自覺的後退了，可見祂會取捨啊！有取捨的就不是菩提心。只有無取捨而且能猶如幻化一般不停地出生一世又一世有情身心的如來藏識，才是眞的菩提心。

「**無亂是菩提，常自靜故**」：不會散亂的心，才是菩提心。聽到這句話，那些悟得離念靈知的人可歡喜了：「我們離念靈知就是無亂心，所以就是菩提心。」似乎可以振振有詞了。接下來這一句話，他們還會拿來印證自己說：「常自靜故，離念靈知是常常都是自己很安靜的。」但問題是有沒有常「常」？在這一句話下就死定了，離念靈知不常啊！因為現在打坐時是靜，可是下座就不靜了。打坐時靜，引磬一敲又不靜了：聽見聲音就下座了，顯然不靜。要不然，人家叫他一句：「老王，來喝茶！」答應說：「好！」又不靜了，你看：哪裡有**常**靜？必須是一直都無亂，從無始以來就無亂，那才是菩提心，才叫作「**常自靜**」；一直都是安靜的、寂靜的，因爲眞實菩提心離六塵見聞覺知，當然是寂靜的。諸位體會一下看看，沒有六塵時是不是眞的寂靜？連法塵都沒有，覺知性都不在了（覺知性若在，就一定會有六塵，不是絕對的靜）：覺知性都不在了就沒有六塵，那才叫作眞的寂靜。可是離念靈知心一直都在六塵中，怎麼能絕對寂靜呢？既然在五塵中，當他打坐時有人拿一根草在他臉上畫來畫去，他就不寂靜了，他會想：「這個時候，什麼蟲來爬到我臉上？」一點兒都不寂靜，而且有觸塵；有知有覺，怎麼會寂靜呢？所以他一定會散亂，不能一直常靜，不是永遠寂靜；常就是永遠，一直保持這樣。不能夠永恆的自己住在寂靜境界中，當然不是眞菩提心；所以只有本來就不亂，而且永遠都是如此的心，才是菩提心，那就只有一個心——如來藏。

「善寂是菩提，性清淨故」：「很有這個能力」叫作善，善於寂靜才是菩提。怎麼叫作善於寂靜呢？也就是說祂永遠不攀緣任何一法，才是善於寂靜。眾生所知的意識覺知心都不善於寂靜，因爲覺知心總是會不斷的攀緣諸法，無法安靜的；好多修行人在修行，號稱學禪，一上座就打定主意：「我坐這一支香，一定不打妄想。」腿一盤上去，還不到五秒鐘就已經在打妄想了，能夠淨念相繼的人太少、太少了。但是現在會無相念佛的人可很多了，我們會內學員會這功夫，可是會外絕對不只兩萬人會，因爲我們《無相念佛》已經印行十幾萬冊了，光是台灣一地就十幾萬冊了（編案：本書出版時台灣地區已發行將近三十萬冊），如果有十分之一學會就夠了，無相念佛可以讓他們靜下心來淨念相繼。但是能夠淨念相繼而無妄想時，仍然不是善於寂靜，因爲淨念相繼當中還是與六塵接觸的；淨念相繼當中，有時還是會跑出一個沒有語言文字的念頭出來；雖然馬上知道了，不隨著它跑，但畢竟它已經出現了，當然不是善於寂靜。

等而下之，一般人是無法淨念相繼的，每天在那邊打坐數息：一、二、三……，總是數不到五，就想到：「**我那個兒子，不曉得今天會不會又來跟我要錢亂花。**」還數不到五，心就攀緣了。就算是能淨念相繼好了，四個鐘頭後：「**肚子餓了，該下座吃飯了！**」還是攀緣啊！會攀緣的心，就不是菩提心。因爲會攀緣，所以祂不是善於寂靜境界的。爲什麼會攀緣呢？因爲**性**不清淨。眞實心絕對不攀緣六塵萬法，因爲祂的心性一直都是清淨的，肚子餓是你家的事，不是祂家的事，祂從來不領受肚子餓不餓的感覺；身體被人家劃了一刀很痛，那也是你家的事，祂還是不領受痛或不痛。痛了十幾天，終於好了，不痛了，心中歡喜說：「**現在終於不痛了。**」可是祂也不領受不痛，從來都不領受六塵，祂就是這樣的清淨；這才是善於寂靜境界的心，這種善寂的、離六塵的心，才是眞正的菩提心。

「無取是菩提，離攀緣故」：離念靈知不斷的在取，只要是祂存在的當下，就一直在取。可是一般人不知道取的意思，總是認爲：我如果不執著它，就不算取。我雖然了知它、分別它，仍不是取。雖然分別了，可是不把它據爲己有，就不算取。但是佛法不是這樣說的，在佛法中，只要了知就已是取六塵了，只要已分別就是取。取什麼？取六塵。沒有人可以不取六塵而有所了知，三界中沒這回事；離念靈知永遠都在取，因爲祂永遠都在了知六塵，了知六塵就是取六塵。可是這個道理，一般學佛人都不知道，連當代大師們也不知道，所以才會開示說：「我離一切念，我了了分明而不分別，都無所取。」了了分明不就已經分別完成了嗎？那就是已經取六塵了！取六塵而了了時就是已經分別完成了！怎麼可以說了了分明之時而不取呢？所以，了知即是取，知道這種正見的人還是很少。不過我們這幾年弘法下來，知道的人已經比以前多了，所以現在沒有人敢再說：「我了了分明而不分別。」了了分明時已經是取六塵分別完成了，這就是攀緣；對六塵有攀緣，緣於六塵的緣故，所以對六塵了了分明。可是菩提心如來藏，祂對於六塵是離見聞覺知的，不了知六塵；因爲不了知六塵，所以是眞正無取的心；正因爲祂如鏡現像而不攀緣六塵，又是般若及種智發起的根源，所以說無取才是菩提。

「無異是菩提，諸法等故」：無異是說與諸法沒有不同。有的人聽到這句話，他可歡喜了：「既然與諸法沒有不同，我現在眼前都可以接觸到諸法，那這樣諸法就是菩提了！我知道了：我這個離念靈知也是菩提，我這一個打妄想的覺知心，也可以說是菩提心了，因爲這也是諸法之一。」喔！那可妙了。妙在哪裡呢？妙在從此開始永遠輪迴生死。（大眾大笑…）所以很多人誤會佛法，往往是出在這個地方。譬如說，一切法本來無生，這句話開示出來，就會分成兩類人了！第一類人說：「對啊！一切法本來無生，你看我今天晚上睡著了，覺知心滅了，明天祂又出來了，所以是無生，所以只要心能離念，那就是眞心了。」這是第一類人，落在常見外道法中。第二類人呢，他說：「我看這句話有問題。」他比較理性一點，他說：「明明一切法都有生有滅，爲什麼說一切法無生？我看這部經有可能是僞經。」這又是另一種人。有的人則是胡扯一通，胡扯到他自己也不知道自己在講什麼，眾生只看表相：這是大師，他講的我都聽不懂、實在太深了，他的智慧深不可測。現在這個現象很普遍。但是眞悟者說法，一定能讓眾生瞭解，爲什麼一切法無生：一切法無生就是這一句「無異是菩提」。

一切法明明有生有滅，可是一切法如果攝歸如來藏時，歸屬於如來藏所有；就好像說覺知心，祂能了知一切法，因爲覺知心擁有五別境心所法；當五別境心所法攝歸覺知心時，你不能說這五別境心所法不是覺知心，所以要攝歸於祂。你如果把它分開來解說，當然五別境法只是了別境界的六識的心所有法，就只是覺知心的功能性。這個五別境心所法，當然要附屬於覺知心而不能外於覺知心，所以祂屬於覺知心所有，因爲祂一定在覺知心上面現行運作；同樣的道理，既然一切法都是如來藏所生，都依附於如來藏運作，本來就該攝屬於如來藏，不能外於如來藏而存在。

就好像說眼睛，眼睛都在你的臉上運作，所以眼睛也是你身體的一部分，你總不能夠說：眼睛不是我的身體。有誰同意說：眼睛不是你的身體？請舉手看看？對嘛！沒有人敢舉手，因爲如果敢舉手，等一下我拿個湯匙把你眼睛挖掉了，你也不能抗議的，因爲不是你的身體嘛！可是眼睛明明是身體的一部分，眼睛在身體上運作，當然要攝歸身體。同樣的，一切法（你的十八界）都在你如來藏中運作，都沒有離開過如來藏以外，所以一切法本來就屬於如來藏的很多功德中的一部分，你怎麼可以說一切法跟如來藏相異？但是也不可以因爲聽我這一句話，就說：「那麼一切法就是如來藏。」那麼請問：「眼睛等於你的身體嗎？」當然不是嘛！當然是與你的身體非一亦非異。假使現觀一切法從如來藏中出生，依附於如來藏而運作，攝屬如來藏萬法中的一部分，所以說一切法與如來藏無異，那麼一切法互相之間就都平等了；你若是這樣親證了，你就是證得大乘菩提了。

爲什麼一切法與如來藏無異就是菩提呢？因爲一切法平等平等，所有一切法都是從如來藏中出生的，所以一切法的地位都一樣，沒有高下差別。有的人想：「有！有高下差別。」不是有個寓言嗎：蛇尾跟蛇頭吵架，誰都想要當家作主，後來由蛇尾作主的結果，不久就死亡了。人也一樣啊！頭才是主，腳不是主；既然如此，把腳剁掉好了，怎麼辦？頭也難做事啊！因爲都是平等的，沒有哪一個頭願意把腳剁掉。所以依如來藏自身來看，一切法都平等，沒有上下差別。如果有不平等，那意思就是說：我在人間應該眼識第一，其餘五個識排在後面，凡事要依眼識來作主。那你就沒辦法生活了，一定得要六識都平等運作，如果一個識不運作，你可就痛苦死了，一天到晚要去跑醫院了。所以，轉依如來藏來看一切諸法，一切諸法本來都屬於如來藏，與如來藏無異，連離念靈知心都是從如來藏中出生的，永遠無法離開如來藏而存在，所以離念靈知心與前五識也是平等平等的；能夠這樣實證，由自己證明：一切法從如來藏的立場來看時，全都是平等的，是與如來藏不一也不異的。這才是證得菩提。

「無比是菩提，無可喻故」：為什麼沒有辦法用一個言說、物質、或者一個觀念來比喻如來藏？因爲祂無法用比喻來眞實了知。就像《如來藏經》說：一切眾生身中都有如來安住其中，自性清淨本來無染。那麼眾生就會想：「我知道了！我身體裡面不曉得哪一個地方有一尊如來，祂像紫磨金色一樣，是很清淨都不會沾染污穢的東西。」可是他又想：「那這樣不是有物質了嗎？可是明明把身體割開就是找不到。那我知道了，一定在我覺知心裡面。」所以找到後來，他說：「喔！我悟了，因爲我看見有如來顯現給我看。」以前還有一位師姊很有趣，她是參加第一次禪三，她說：「我看見一個透明的、圓形的東西，那應該就是眞如心吧！」所以眾生很容易誤會，不管你用什麼做比喻，他們終究會誤會，因爲這是唯證乃知的事，眾生總是會想像如來藏大概的情形。

如果他所隨學的善知識是眞悟的善知識，他心中建立了對如來藏的正確觀念，就不會有偏差；這就是在種智裡面說的，於心中建立好像有一個如來藏存在，但仍然不是眞的證悟，這就是《唯識三十頌》中說的：「現前立少物，謂是唯識性；

以有所得故，非實住唯識。」也就是說，仍然不免會落入有所得法的意識中，所以仍然不是親證唯識性的人；直到親證如來藏了，才會眞的懂得唯識性是什麼意思，才會眞的懂得無所得的眞義。但一般人怎麼聽就怎麼誤會，就好像一個人眼盲不見，有人告訴他：「我去過日本北海道，冬天去玩，好多白雪。」他問：「白雪是什麼？」你就說：「白雪，是白色的，就好像棉花一樣。」有一天他摸到棉花，他說：「喔！這就是白雪了。」你說：「不！白雪是涼涼的，這個棉花又沒有涼涼的。」有一天他摸到冰：「這就是雪了。」你說：「不！白雪雖然是涼涼的，可是它鬆鬆的，不是像冰一樣硬。」他說：「你怎麼會有各種不同的講法呢？你是在誆我吧？世間應該沒有白雪吧？」在世俗法上的白雪就已經如此，常常會誤會了；這個實相心，祂不在三界六塵當中，所以祂更難體會。

一般人，你做什麼譬喻，他們都會誤會。所以，有時候禪和子們去問祖師：「如何是佛？」祖師就跟他說：「水灑不濕。」又去問另一個禪師，他說：「水潑不進。」又去問另一個，他說：「火燒不著。」結果問來問去，每一位禪師講的都不一樣。因有的人就不服氣：「禪宗這個開悟，都是祖師們的自由心證，沒有一個標準。」因爲他無法想像，就說：「這都是自由心證的，隨著他們自己亂講。」所以印順法師才會把禪宗公案說成是中國的野狐禪，所以才會有法師說：「禪宗那些公案都是無頭公案。」可是你們悟了以後去讀那些公案，每一個公案都是有頭有尾，每一個公案都是神靈活現的，而且都不是自由心證，都是有一個同樣的標準：就是親證如來藏而現觀祂的眞如法性。

證悟了，互相之間都心知肚明，因爲禪就是這麼回事，但凡夫眞是很難證悟。禪所證悟的標的，就是如來藏，如來藏是萬法的根源。可是沒有親證這個心以前，憑想像總是無法想像得出來，一定誤會，所以如來藏這個法沒有辦法用譬喻的。雖然證悟者可以用一句話就講明，讓你知道自己身上的如來藏所在。但是 佛又告誡：**不可以明講，如果明講了，就是虧損佛、虧損法**。虧損佛、虧損法，那是十重戒裡面的重罪，這個虧損法、虧損如來的業很嚴重。既然不可以明講，要讓眾生自己去參，你總要做種種譬喻；可是譬喻出來，眾生被無明所遮障，聽了總是誤會。什麼水潑不進、水灑不濕，什麼火燒不著、刀砍不壞，有時候又跟你講：「**石上無根樹、海底泥牛行**。」說石頭上種的沒有根的樹，海底的泥牛在行走，你怎麼體會？沒有辦法比喻的。但是若眞的有緣，隨便一句話就解決了；如果無緣，雙手奉送給你，你還眞的會毀謗祂。

所以說，凡是可以用比喻的，那就不是菩提了，因為可以用比喻的都是眾生心所知道的。你比喻出來，他就懂：「啊！原來是這樣。」他就懂了，那就不是實義菩提心，一定是落在常見外道妄說為「常」的意識心中。這個法，佛既說不許明講，那就只能用比喻的。可是這個東西既然眾生無始劫以來都沒有親證過，因此你怎麼比喻，他們就怎麼錯會，所以說「無比是菩提，無可喻故」。

「微妙是菩提，諸法難知故」：微妙才是菩提，如果是離念靈知，那就很容易知道了，根本就不微妙。有些人曾經毀謗：「蕭平實否定離念靈知，就是因為他不知道離念靈知的境界啦！」可是如果諸位把離念靈知拿來跟眾生說：「你覺知心只要不起語言文字妄想，就是離念靈知。」請問：「大家聽懂不懂？」當然懂嘛！一聽就懂了。可是諸位會想：「這個境界太簡單了，我只要把憶佛的淨念丟了，那不就是離念靈知了嗎？很簡單嘛！」但是你去要求對方說：「你心裡面念佛，不要用語言文字，保持憶佛的淨念相繼不斷。」他們又不會了！那麼到底是哪個法比較勝妙？一聽就知道了。就像小學生不懂微積分，卻罵大學教微積分的教授：「你只會講微積分，從來沒聽你講過加、減、乘、除，你一定是不會，你太笨了！」所以凡是輕易能了知的、輕易能證的，那都不微妙，不微妙的就不是菩提。

不微妙的離念靈知是很容易知道的，特別是前、後念中間的短暫離念靈知；若想要達到長時間的離念靈知可就不容易了，但是學會無相念佛的人都可以長時間離念而了了靈知；可是有這種功夫了，想要證知諸法從如來藏來，又不容易了，很難了知的。得要眞實悟了如來藏，才有辦法知道諸法的本性，才能知道原來一切諸法本來無生，這才是微妙法。所以容易證知的離念靈知，一定不是眞菩提心。

在早期禪三時，如果參不出來，到最後一天下午都叫去小參室中一起明講；那時看他們參不出來而傷心落淚，我心中非常不忍，也暗中跟著掉淚。可是明講了以後，他們智慧出不來，心中也無法信受；雖然當時我爲他們印證，他們當時信了，但回家以後遇到野狐大師的唬弄，就一個一個退轉了。這表示他們太容易知道密意了，因爲太容易就知道祂了，所以祂就不是菩提。（大眾大笑…）這應該是個冷笑話，卻也有人笑。所以後來我鐵了心，參不出來就讓他們參不出來，都不再明講了。去禪三時不要希望人家爲你明講，因爲跟你明講了就不微妙了！最好是歷盡百般的刁難才自己悟出來，那可就微妙了：你的智慧就會很深妙。這時就會知道：一切諸法與如來藏無異，這眞是難知。這時你才知道：原來佛法不是容易通達的，原來諸法都是從如來藏中出生的，可是這件事情眞的難了知，太微妙了；明講了，誰也不會信受的。諸法從哪裡來？眞的很難知。如來藏太微妙了，這個微妙的心才是菩提；眞的很難使緣未成熟的人信受，所以才是菩提。

這時 彌勒菩薩說完 維摩詰居士上面的講法以後，他就向 佛稟告說：「世尊啊！維摩詰說這個法的時候，二百位天子當時證得初地以上的果位：有的人是初地、有人是二地、有的人則是三地，都得到了無生法忍（因爲無生法忍的實證最少是初地，初地到佛地都是無生法忍）。他光講這一席話，二百天子得無生法忍，證入聖位，不是三賢位而已，所以我不堪任去看望他的病。」 彌勒菩薩不能探望 維摩詰居士嗎？他其實是可以的，不過他知道：這不是我出場表現的時候，現在是該維摩詰當主角，該文殊師利來陪他玩，不是該我。所有等覺菩薩都能善觀因緣，他們不會輕舉妄動的承擔任務。只有賢位菩薩才會說：「我現在悟了，我要去開班授徒了，我要去當開山祖師爺。」 諸地菩薩都不會這樣想，諸地菩薩都是隨順因緣，他們絕對不會強出頭。 彌勒菩薩推辭完了，接下來是第二位菩薩，這第二位菩薩也是出家菩薩，卻不受聲聞戒，所以不是比丘身。

【佛告光嚴童子：「汝行，詣維摩詰問疾。」 光嚴白佛言：「世尊！我不堪任

詣彼問疾。所以者何？憶念我昔出毘耶離大城，時維摩詰方入城，我即為作禮而問言：『居士從何所來？』答我言：『吾從道場來。』我問：『道場者何所是？』答曰：『直心是道場，無虛假故；發行是道場，能辦事故；深心是道場，增益功德故；菩提心是道場，無錯謬故；布施是道場，不望報故；持戒是道場，得願具故；忍辱是道場，於諸眾生心無礙故；精進是道場，不懈退故；禪定是道場，心調柔故；智慧是道場，現見諸法故；慈是道場，等眾生故；悲是道場，忍疲苦故；喜是道場，悅樂法故；捨是道場，憎愛斷故；神通是道場，成就六通故；解脫是道場，能背捨故；方便是道場，教化眾生故；四攝是道場，攝眾生故；多聞是道場，如聞行故；伏心是道場，正觀諸法故；三十七品是道場，捨有為法故；諦是道場，不誑世間故；緣起是道場，無明乃至老死皆無盡故；諸煩惱是道場，知如實故；眾生是道場，知無我故；一切法是道場，知諸法空故；降魔是道場，不傾動故；三界是道場，無所趣故；師子吼是道場，無所畏故；力、無畏、不共法是道場，無諸過故；三明是道場，無餘礙故；一念知一切法是道場，成就一切智故。如是！善男子！菩薩若應諸波羅蜜教化眾生，諸有所作、舉足下足，當知皆從道場來，住於佛法矣！』說是法時，五百天人皆發阿耨多羅三藐三菩提心，故我不任詣彼問疾。」

講記：第二位菩薩是現在家相的出家菩薩，但是這位菩薩爲什麼叫作童子？（有人答話，聽不清楚）對！因爲沒有結婚，他終身保持單身的身分而穿著俗衣，但他其實是出家的菩薩；因爲終生保持童貞之身，只受菩薩戒而不受聲聞戒，並且出家修行而住在寺院中，不住在家裡，才會被稱爲童子。他是出家菩薩，與 文殊、普賢一樣是出家菩薩，但是不受聲聞比丘戒、比丘尼戒。有許多般若經裡面常常提到 文殊師利童子，意思是說他也是不成家的，但卻是以在家身相出家而住，只受菩薩正戒而不受聲聞別解脫戒，這就是童子。如果是一個女性而不結婚，保持童貞之身而出家，以在家身相出家而受菩薩正戒，不受聲聞別解脫戒而弘揚正法，她就被叫作童女；即使五十歲了，還是叫作童女。所以童子、童女不是指小孩子，而是指修持童貞行的出家菩薩，都不受聲聞別解脫戒。有些初機學人讀經誤會了，以爲 文殊師利是個小孩子，那就誤會大了。童子的意思是說他這一生不結婚，保持童貞之身而出家，修童子行；這正是 佛住世時，在第二、三轉法輪時期的大乘佛教中才有的出家人，只受正解脫戒——菩薩戒。 維摩詰菩薩則是示現居士身，不是出家人。 光嚴童子跟 彌勒菩薩一樣，都是出家人，但是 彌勒菩薩兼受聲聞別解脫戒，示現爲比丘相；而光嚴菩薩繼續保持在家身相來出家，不受聲聞別解脫戒，只受菩薩正解脫戒，所以是童子身分。

佛告訴光嚴童子：「你去看望維摩詰菩薩的病吧！」光嚴童子就向 佛稟白說：「世尊啊！我不堪任去看望維摩詰的病。爲什麼呢？因爲我想起以前有一次離開毘耶離大城，正在走出毘耶離大城時，剛好遇見維摩詰居士，他剛要入城；我就向維摩詰居士禮拜，問他說：『居士啊！你是從哪裡來的？』他回答我說：『我從道場來。』我問他：『什麼叫作道場？』他對我說：『直心就是道場，因爲沒有虛假的緣故；』又說：『發行是道場，因爲能辦事的緣故；』又告訴我說：『深心是道場，因爲功德能增益的緣故；』他又向我說：『菩提心是道場，因爲不會錯誤而沒有虛謬的緣故。』」我們先來講這幾句，從直心是道場到無錯謬故。這一段是從理上來講道場，接下去就同時從事相上來講道場了。

理上，維摩詰居士說：「直心是道場，無虛假故。」很多人引用這句話，相信諸位都讀過諸方大師的書，都讀過他們這樣的說法：只要我們心不彎曲，心地直爽、誠懇待人，這樣就是眞正在修行，這樣就是住在道場中，所以這個道場就是講心不要彎曲，要直爽，只要你不虛假待人，那就是住在道場中。我以前初學佛時也曾讀過這樣的書，諸位應該也都讀過。但是 維摩詰菩薩講的不是這個意思，他講的直心，是永遠直，不是有時直、有時不直。諸位！你們之中即使是最誠實的人，請問你：「小時候在學校被老師責罵，有沒有說過謊？」都不免會說一、兩句謊嘛！比如說遲到，老師說：「你今天為什麼遲到？」「對不起啦！因為我媽媽忘了叫我。」其實媽媽叫了好幾遍，自己睡懶覺起不來，怪給媽媽；這樣的覺知心直、不直？不直了。請問：「這個心是哪個心？」當然就是離念靈知。因爲老師在責備時，那時心裡面沒有妄念，正在聽老師責備，知道是在責備什麼，可是還沒有經過語言文字思考就直接講出來了：「對不起！媽媽忘了叫我。」還是落在離念靈知中。

因爲這些語言文字出來之前都是先由離念靈知聽聞而了知的，可是離念靈知會說謊；想要說的謊話都是由離念靈知直接講出來的，多數是不經過思惟就直接講出來了，顯然離念靈知心不直心，雖然祂有時會是直心。一定要是從來都直，從來沒有騙過人，從無始劫以來就沒騙過人，那才可以叫作直心。離念靈知常常會講虛話、說假話，那就是虛假的心；祂既有虛假，怎麼叫作直心？即使是眞的很誠懇，修行以後都以誠待人，可是他照顧病患時，醫生交代說：「這個人得了不治之症，只剩下兩個月生命，你讓他好好過日子就好了，不必告訴他那個病很嚴重。」好，這病人問：「兒子啊！我這個病到底怎麼樣？醫生到底怎麼講？」「醫生說沒問題，一下子就好了。」又撒謊了。誠懇待人，可是會說謊，這當然不是直心，直心是永遠都直的。但是能夠永遠都直的，永遠不虛假的，只有如來藏。祂對你從來不打誑語，祂從來不騙你。應該如何顯現，祂就如何顯現，祂都不會騙你。你現在應該享受什麼境界，祂就給你什麼境界，祂也不騙你；祂也不會跟你說好話，安慰你；祂也不會起瞋來罵你，永遠都是這樣直，祂永遠無虛假，這個才叫作直心，這樣的直心才是眞正的道場。

有人說：「可是祂怎麼會叫作道場？」那我請問你：「你一切的修行不都是依靠如來藏嗎？不都是在如來藏裡面修行嗎？你曾經離開過如來藏的境界以外嗎？」沒有嘛！修一切行，三大阿僧祇劫歷經無數世界修行而成佛以後，還是在如來藏裡面修成的，那你在哪裡修行？你是在如來藏裡面修行嘛！當然祂就是道場啊！所以直心才是道場。而且是永遠直的心，無始劫以來不曾彎曲過的心；過去如是，現在如是，未來無量劫以後仍然如是，這才是眞的直心。因爲祂從來沒有虛假的緣故，所以只有如來藏才可能是道場，才可能是直心。

今天講經當然會增加一部分人能聽得更清楚，這一梯次被我恭喜的有十位，但是也有一部分沒被我恭喜的，因爲是第三天或第四天才參出來，雖然經過勘驗，但不完整，還不算是開悟。我們這兩年多來，勘驗標準拉得很高，所以他們還沒有被我印證。如果以最後將近十位的觸證者內容來講，若是在以往的禪三標準中，都是會被印證的，所以沒被印證也別氣餒，因爲接下來《維摩詰經》你將會聽得懂了，智慧也會開始起來了，也就有受用了！以往解三時 世尊沒有什麼表示，這次解三時看來很歡喜的樣子，可能是因爲我這回把關把得很嚴，沒有隨便讓你們闖過去。所以這幾天，特別是第三天、第四天，我小參中途洗手而走進禪堂觀察你們時，手都是插在口袋裡，避免手癢時會出手指導。這是爲了覆護密意，也是爲了保護大家，要等大家這個水果在樹上自然熟了再來摘，不要提前摘；這是爲大家好，也是爲佛教的長遠未來考慮，不得不如此。

雖然如此，但是也有個師姊，我本來都不理她，因爲覺得她過去世跟我結的緣好像很淺，可是第三天 佛給我一個念頭，所以我開始去幫她。但是只有這一位，其他時間我大概都是特地把手插在口袋裡，限制自己不可以伸手出來。週五開始的第二個梯次，不知道會怎麼樣，到那時候再看吧！不過修道本來就像登山，得要自己努力，我可不能揹你，所以我們星期五再見。

言歸正傳，這部經典是不可思議解脫經，不像二乘聖人的解脫，菩薩們都可以思議；但是菩薩的這個解脫，二乘聖人卻無法思議。維摩詰居士說：「**發行是道場，能辦事故。**」為什麼說發行是道場？上一週講的最後一句說「**直心是道場，無虛假故**」；現在這一句「**發行是道場**」，也就是說祂能夠發出有為法上的功德。這要分成兩個部分來講，因為有為法有兩個部分，可是古今有許多大師們在這裡就弄不通了，所以都死在有為法三個字上面。不但古今大師們如此，兩年前退轉的那一批人也是如此，雖然已經在我手下悟入了，還是死在這三個字裡面。

有為法有兩個部分：第一是有漏有為法，第二是無漏有為法。有漏性的有為法，大家很容易理解，譬如說眾生貪著五欲法——財色名食睡或色聲香味觸——這是有漏有為法。但是有漏有為法中，還有一個部分是古今許多假名大師們所不知道的：我見、我執也是有漏性的有為法。因為我見與我執都是在三界中運作的，所以它不可能成為無為法，而且它們是可滅的，也是二乘聖人必須滅的，都是在三界中的法。為什麼我見與我執會是有為法呢？因為它們是煩惱，既是煩惱就會引生對自我的執著，執著自我就會在每一世死後重新去投胎，投胎了以後就又會繼續執著五陰十八界的自我；因此就會產生動力去造作無量無邊的善惡業，造了善業以後生天享福也是有為法，在人間享福也是有為法，造了惡業下墮三惡道輪迴受苦也是有為法。所以我見與我執是有功能性的，一定會導致眾生不斷在三界中受生，有生就一定會以有為法作為他所追求的目標和內容。因為我見與我執會使眾生不斷輪迴生死，所以叫作有漏的有為法。

無漏的有為法，譬如說聲聞法中的阿羅漢，他們的五陰十八界在人間種種的有為法，是無漏的有為法。初果到四果人都有無漏有為法，他們的有為法有比較清淨的，有比較不清淨的，比例上有所差別；就像諸位來到同修會，明心以後，你的五陰十八界也一樣，也是含有**有漏的有為法跟無漏的有為法**。阿羅漢斷了煩惱的現行，雖然說他的有漏有為法不再現行了，但是有漏有為法的習氣種子還在。可是菩薩入地開始，雖不用心在斷盡思惑，但是已開始分斷煩惱習氣種子，所以諸地菩薩的有漏有為法的習氣種子比阿羅漢少很多，但有漏有為法的習氣種子要到佛地才能斷盡。佛地還有沒有有為法？有沒有？喔！有很多人點頭。可是你如果去外面問，他們一定說沒有。我們就來談談看：什麼是無漏的有為法。

請問：佛為眾生緣熟而感應，投胎到人間示現成佛，祂成佛以後要不要吃喝拉撒？（大眾答：要）要！吃喝拉撒是有爲還是無爲？（大眾回答：有為）是有爲嘛！諸位都很有智慧。佛應化在人間時，既有五蘊、十八界，十八界算不算有爲法？（大眾答：算）算！所以八十年後、九十年後，乃至將來 彌勒菩薩成佛後到八萬四千歲後一樣要示現入滅，因爲都是有爲法。不過佛地還有一種有爲法——八識心王——諸佛在人間時一樣有八識，和我們一樣，請問：八識心王是有爲還是無爲？（無人回答）這不容易答了，因爲七識是有爲，第八識卻不全是有爲，所以這不容易回答。七識心雖然是有爲，可是第八識的無爲法性，如果沒有第七識現前運作，還眞顯不出祂的無爲來；那你也不能說七識心王全部都是有爲、都是無爲，都講不通；所以來到同修會中想要答一句話，還眞不容易。請問：釋迦佛的八識心王有沒有作用？有作用啊！所以眾生來學佛時， 佛會觀察他們的根器：這個人可以出家，這個人不能出家，只能去當在家弟子；或者這個人可以當菩薩，那個人不能當菩薩，只能當聲聞人。 佛的意識覺知心都是要這樣觀察的。這個當然是有爲法，你總不能說祂是無爲法；因爲無爲法無作用，無作用就不能觀察。 佛的解脫德，其中一項叫作解脫知見，請問：解脫知見是有爲還是無爲？（大眾答：有為）還是有爲啊！ 佛有法身德，因爲法身德，所以能夠宣講般若。請問：能夠使人宣講般若的這個法身德，是有爲還是無爲？還是有爲！有這麼多的有爲啊！卻全都是無漏性的。

可是還不夠，先講三德：解脫德、法身德、般若德。法身德使 佛能夠講一切種智，般若德使 佛能夠講般若中觀的總相和別相，這都是在利樂眾生的。利樂眾生當然就是有作用的法，有作用當然就是有爲法，無爲法是無作用的。再來看：佛陀有八識心王，八識心王裡面的無垢識（在因地叫作阿賴耶識，成佛時改名無垢識），由無垢識出生大圓鏡智，所以能夠鑑照一切法界，十方法界一切眾生都能鑑照，這是有爲還是無爲？仍然是有爲，因爲它有作用。佛的意根有平等性智，也是能利樂眾生，所以還是有爲；佛的意識有妙觀察智，也能利樂眾生，也是有爲；佛的前五識有成所作智，也能利樂眾生，所以能夠應現化身，十方世界有感則應，這還是有爲。所以你看：成佛了仍然是有這麼多有爲法，從八識心王中流注出來運作著，這叫作發行，也就是從如來藏心中發出來運行。既然能夠發出而運行來利樂眾生，當然是有爲，因爲無爲法並無作用，但佛地這些有爲法卻都是無漏的。所以有爲法有兩個部分：一個是有漏的有爲法，另一個是無漏的有爲法。

不可因爲阿賴耶識心體也有有爲法，就謗說阿賴耶識心體是有漏法，就把祂一棒打死：全然的否定。因爲阿賴耶識心體也有無漏的有爲法以及無爲法──純無爲的虛空無爲──祂的眞如法性。乃至從祂在因地時的虛空無爲，以及有學與無學地的無想定無爲、想受滅無爲，還有四禪定境的不動無爲，以及智慧相應的擇滅無爲、非擇滅無爲，乃至佛地的眞如無爲，都要靠無漏有爲法或眾生的有漏有爲法，才能在三界中顯現出來。這些無爲法，歸根究柢其實還是在顯示第八識的無爲性；如果眾生在因地、凡夫地時，無漏性的有爲法中就沒有虛空無爲──沒有廣義的眞如無爲──眾生就不可能成佛；由於這個虛空無爲──廣義的因地眞如無爲──它是本來就在的，不是修來的，才會有因地眞如可證。阿賴耶識正好就是這樣的特性，祂藉著五陰十八界及種種心所法、色法等無漏有爲法，在人間顯現了凡夫的虛空無爲以及眞如無爲。這種眞如法性是在凡夫地就存在了，不是修行以後才有，修行以後只是去證得它、證實它。

不管悟了沒有，阿賴耶識自己始終有著無漏的無爲性，但祂心體自身絕對不是沒有作用的，所以祂能夠發出無漏有爲法而運行著，故說**發行是道場**。凡夫也能夠顯示出祂的無漏有爲法的運行；有很多人既未斷我見也沒有斷我執，更沒有證得阿賴耶識，可是他們心性很好，願意斷除我所的貪著，所以色聲香味觸都不貪著，這時他們的阿賴耶識心體也顯現出有為法，可是那個有為法中也有阿賴耶識心體自身所顯的無為性，因為他的阿賴耶識自身也同時顯示出虛空無為、眞如無為；可是阿賴耶識心體並不是沒有作用，因為祂藉著無漏的有為法，來使眾生在三界中輪迴生死或是修學佛道。

祂出生什麼樣的無漏有為法呢？例如：諸位！你早上起床總得去洗手間吧？昨天吃了一天、喝了一天，今天早上當然要去。可是吃喝拉撒是善業還是惡業？（眾答：無記業）是無記業嘛！所以它牽扯不到有漏上。在這當中，阿賴耶識仍然顯現祂的虛空無為的自性；但是祂都沒有作用嗎？不！祂的作用可大了，並且諸位一天都不能沒有祂；說老實話，一分鐘沒有祂，你都會覺得好難過。但這是密意，不許為你明講，等你禪三回來時就知道了。**祂能夠發出種種的心行在運作著**，所以說，只有能夠發出種種心行幫你在運行的，才算是道場。離念靈知絕對不是道場，離念靈知只是意識心而已，祂做不了什麼事，祂做任何事時還要靠如來藏的發行才能做一點點事，還是做得不多。這意識心如果要能夠為眾生做很多事，你得要先悟了再說，否則都是在有漏有為法中用心。

如來藏阿賴耶識，由於能使眾生的業種實現，成就眾生的種種善惡業果報，所以祂能發出種種功能而運行著，能如此發行的心才能稱之爲道場，這才是眞的道場。乃至菩薩們三大阿僧祇劫修行，一直到最後成佛時，這三大阿僧祇劫中所有的無量普賢行，其實也都是從阿賴耶識來；要是沒有阿賴耶識這個心，你一件事也辦不了。祂有這種發出種種心行的功德，所以祂才是眞的道場。因爲祂這個發行的功德，能爲眾生成辦一切事；意思就是說，無論眾生成就什麼善惡業的果報，或者成就二乘的解脫果、成就大乘的佛菩提果，都是靠祂發行的功德。要是沒有祂能發行一切種子的功德，一切事都不可能成就：**不可能有三界六道眾生，也不可能有十方一切世界。**可是如果還沒有悟入，眞的聽不懂：「**你講了一大堆，我眞的不懂。**」但是我沒有說謊，因爲我們現在有兩百多位（編案：這是 2005 年三月時所講），今天又加了十位，以及還沒有被印證的將近十位，可以證明我沒有說謊。

所以「**發行是道場，能辦事故**」，是什麼意思？是說祂能夠爲眾生成辦一切事與業。造了惡業、善業、無記業，這些業種都會由祂保留著；譬如說如果上一輩子是個鋼琴家，鋼琴彈得很好，鋼琴曲也寫得很好，這一輩子他生來就喜歡鋼琴，沒幾歲他就彈得很好了，等到二十幾歲他又成爲鋼琴曲的創作家。這個無記業的有爲法種子都是由他自己的道場如來藏保存著。善、惡業的種子也一樣，到未來世，善業、惡業都會現行。但是只有這樣嗎？不只！成就二乘菩提解脫果，成就大乘菩提的佛菩提果，也還是要靠祂的種子。所以能發行的心，才是道場。離念靈知心根本不能發行這些種子，祂自己的心行想要發行出來時，還是得要靠五色根、意根、六塵與阿賴耶識。如果離念靈知心可以是道場，可以是眞菩提心，那麼三界就會只有兩種有情，不再有六道眾生而變成只有二道有情：第一是天道，第二是人道。因爲三惡道沒有人想去，當修羅免不了會幹傷天害理的事，也沒有人願意當；而離念靈知心可以揀擇諸法，不必語言文字的思惟也能知道好、壞，當然一切有情死後都會揀擇而不會墮入三惡道中，但是明明有三惡道眾生在受苦。

離念靈知的分別性很厲害，只要看見一坨狗屎就會自動轉頭不看，都不必靠語文的思惟才了知。離念靈知如果看見一位漂亮的女生，看見一位英俊的男生，也會緊盯著不放；若覺得不好意思緊盯時，就會偷偷瞄幾眼，這就是離念靈知。請問：這種心，捨報時善惡業種子現前了，祂會不會選擇？一定會選擇！既然種子是由離念靈知執持著，那麼從此以後，大家都平安無事了，三界中從此只剩下天道跟人道；可是那時當人可就慘了，因爲常常會被別人傷害，傷害別人的人又不必下惡道，那時看來當人還眞不好當，乾脆都到天界去了，人間也要消失掉了。

但這種狀況會不會出現呢？答案是永遠不會。因爲種子的發行都不是由離念靈知心來發行的，所以離念靈知不可能是道場，祂不能執持種子；不能執持種子就不能辦事，有漏及無漏的有爲法都不可能由離念靈知來成辦。這樣把這一句經文講完了，密意也仍然保護著，而經文也已解釋清楚了，證悟者都能聽得懂，都能認同我的說法。這《維摩詰經》眞的不好講，因爲你必須要保護密意而有許多法都不能公開講，但是你又不能不解釋它，所以只好這樣繞一大圈，多講一些東西。親證後的諸位聽過時就懂了：原來發行是道場是這個道理，祂眞的能辦事。可是能辦什麼事？未悟者還是不知道。只能從表面上知道一點，未來去到禪三悟後才知道祂還能辦那麼多事，可是這就不能明講了，就等諸位週五時跟我禪三相會了。

「**深心是道場，增益功德故**」：深心也是一般人都誤會的一個名詞，很多人都說：「我從心裡面就絕對相信你，我有深心。」也有的人說：「我一定會上品上生，因爲我對極樂世界有深心，打從深心裡面眞的信受，我隨時隨地都想去極樂世界。」可是當有一天 阿彌陀佛托夢說：「你七天後要去極樂了，準備一下吧！」「阿彌陀佛！我現在不想去，我還有很多事沒做，我孩子還沒養大，我先生還年輕。」這時哪裡來的深心？意識心總是會衡量種種的利害得失，凡是會衡量利害得失的，就不是深心了；眞正的深心是本來就在涅槃中，那才是深心。因爲祂本來就在涅槃中，可是卻含藏了無量無邊的有漏、無漏法種，含藏了無量無邊的無漏有爲法種，因此緣故菩薩能成就佛道，以此緣故二乘人能證解脫果。但是二乘人不知祂的眞如法性，所以對佛菩提不能發起深心。菩薩則由於現觀祂的眞如法性，親證到阿賴耶識的眞如性，親眼觀察到祂有能生萬法的眞實性，也親眼觀察到祂於六塵萬法如如不動的眞如性，所以轉依了第八識的清淨自性，由第八識的本來自性清淨涅槃及眞如法性，來發起意識的深心，於佛菩提永不退轉；即使知道自己還沒有離開胎昧，也願意下一世再去入胎，願意爲佛菩提道、爲佛教、爲眾生來奮鬥。菩薩的深心就是從這裡來的，所以推究到最後，深心其實還是如來藏。

如果從這一句經文來看，《觀無量壽佛經》所講的深心、至誠心、迴向發願心，是什麼意義呢？看來，沒有見道而想要上品上生還眞的不容易。所以深心才眞是道場，所以道場在諸位身中，諸位每天揹著道場到處跑；本身就是道場，還要到處去逛道場，卻沒有大師告訴你：道場在自己身中。所以，今天來佛光山，明天去法鼓山，後天去中台山，大後天要去陽明山玩，禮拜二才來同修會，總是揹著道場逛道場。這早已在我們《公案拈提》中寫過了，說大家都是揹著道場逛道場，卻都不知道場在自己身上。這個深心才是眞的道場，因爲祂能增益你佛菩提道種種功德。但是離念靈知能增益什麼功德？能增益我見的功德，增益輪轉生死的功德，所以有智慧的人要趕快把它斷掉，因爲那是我見。

「菩提心是道場，無錯謬故」：菩提心是阿哪個？難道是宗喀巴所說的用意識心在佛像前發願，這樣就是眞菩提心嗎？不是。眞正的菩提心是實相心，實相心一定函蓋有爲與無爲二法。在凡夫地一定是有有漏的有爲法，也會有無漏的有爲法同時存在，這樣才是實相；因爲實相是本來就有，不是修行以後才有的。若以有漏有爲的意識心來修成無漏的實相心，那個實相就成爲本無後有的有生之法，有生則有滅，根本不是不生不滅的實相。如果有一個法是純無爲，不能出生無漏有爲法，也不能出生有漏的有爲法，他那個無爲法就一定不是本來就存在的法，一定是有生的法，將來一定會壞滅。所以如果有一個純無爲的法，祂沒有染汙的種子，也沒有無漏性的有爲法種子，以這種邪見來毀謗說：「如來藏是純無爲，但是能出生阿賴耶識，所以阿賴耶識不是如來藏。」這樣說就是不懂般若，更是不懂種智的人；名之爲愚癡人，可謂是名符其實。因爲這話是自打嘴巴的話，把自己嘴巴打了還不知道已經打了自己嘴巴，還不知道痛。

怎麼說呢？如果有一個法是純無爲的法，而能出生含藏有爲種子、含藏有漏種子的**阿賴耶識心體**，天下沒有這個道理；因爲那個法既然純無爲，無爲則無作用，又怎能出生有作用的阿賴耶識心體？無爲法無作用故。如果是純無漏，純無漏又如何能出生含藏有漏法種的阿賴耶識心體？講不通！以世間的邏輯就知道他們講錯了。所以有智慧的人聽到任何說法，都應該先做思惟辨正再決定要不要依止。所以說，眞正的菩提心必定是在因地時已含藏著有漏、無漏一切諸法種子，一切法種都具足；乃至將來成佛時應有的無漏有爲法功德的種子也都具足。而這種具足一切種子的心，才能稱之爲實相，離於此心就沒有實相可言。如果在因地時不能含藏將來佛地所有的一切無漏有爲法功德，那祂就應該是有缺陷的，因爲在此狀況下，眾生再怎麼修行都永遠不能成就佛地的功德，當然不是平等法。

如果有一個心是純無爲的，那祂就不應該含藏阿賴耶識心體，因爲阿賴耶識一定含藏有漏有爲法以及無漏有爲法，這樣才能使人們存在人間，否則也不可能有三界六道眾生。如果眾生本有的實相心是純無爲的，就不應該有作用可以含藏阿賴耶識，這些眾生就應該永遠都在無餘涅槃之中，或者這些眾生都本來就是究竟佛，人間就不需要佛教了。可是有多少人知道這個道理呢？今天藉這一句經文跟大家說了，這一句話將來整理成文字，流傳千、萬年後，也沒有人能推翻它，因為法界中的道理本來如是。第一次來正覺聽到這樣說，心想：「這些法怎麼我都沒聽過？」可是第二個念說：「這蕭平實講話好狂妄，竟然說千、萬年後人家也不能推翻他。」我們歡迎任何人想辦法把它推翻，如果能夠推翻，那個人一定是佛上佛，比諸佛的修為還高；因為 佛說的理就是這樣，能超越於佛，當然是佛上佛。但是法界實相卻仍然是：阿賴耶識含藏有漏有為法及無漏有為法，本來而有。

在因地時一定是本來就具足了有漏及無漏有為法，祂才是實相，祂才是真的菩提心。如果因地就已經沒有一切有漏法種，那麼所有的凡夫眾生應該都本來就是究竟佛而不是理即佛，也都不必修行、不必學佛了。所以在因地時一定是具足有為也具足無為的，一定是有為性、無為性都具足，才可以算是實相心，這樣的心才是菩提心，這樣的菩提心才能圓滿成就世間、出世間萬法，才是真的道場。

這個菩提心為什麼叫作道場呢？因為無錯謬故，從無始劫以來，祂不曾出過差錯。這個人上一輩子不斷的在救濟眾生的貧窮，下一輩子來人間就一定是個很富有的人。這個人上輩子是一直在施藥，以及救治眾生的身病，這一世一定是非常健康而有錢的。這個人上一世常到各處寺院去插花，家裡每天也香花供佛，弄得很莊嚴香潔，他下一輩子若不是很英俊就是很漂亮。這個人深心發願願生極樂，極樂世界的蓮花池中就會出生一朵蓮花，那朵蓮花也是他的實相菩提心如來藏幫他製造的，不是阿彌陀佛製造的，阿彌陀佛只是提供那個環境。這個人想去極樂，極樂世界又會增大一分等著他去，也是他的如來藏增長的；他的如來藏是從來不會錯謬、不會錯誤，也不會遺漏的，這樣的第八識心才是眞菩提心，這是離念靈知絕對做不到的。

所以你們來正覺同修會要悟的心就是祂，一般稱爲第八識，阿含裡面稱爲如、眞如、本際、實際、我、識，在南傳阿含（尼柯耶）中還有講愛阿賴耶、樂阿賴耶、欣阿賴耶、喜阿賴耶，但是南、北傳佛法裡面都有一個共同的名詞叫作如來藏，所以如來藏並不是只有北傳的大乘法中才講的。印順法師雖然很想把講如來藏的那部經從阿含經典裡面踢出去，可惜的是事實本就如此。所以離念靈知意識，都沒有辦法無錯謬，意識則是常常錯謬的，所以意識常常會導致眾生造惡業，然後再來後悔。一世在暗地裡造了很多惡業都覆藏得很好，表面行善叫作大善人，可是到臨命終時，在虛空亂抓亂推，口裡面亂講話；因爲業風現前了，如來藏都幫他如實的顯現出來，根本逃不掉因果；所以如來藏不錯謬，祂都把意識的錯謬如實的回報出來。

意識、離念靈知常常錯謬，有沒有證據？有！那些主張離念靈知才是眞心的人，常常上網誹謗我弘傳的如來藏，謗成外道法；也有人寫書誹謗我弘傳的如來藏，他認爲離念靈知才是正確的。請問他們的意識心有沒有錯謬？是錯謬了！因爲他們把如來藏否定了。作否定行爲的是誰？是離念靈知在否定，所以祂會錯謬，當然就不是菩提心。離念靈知在平常就不錯謬嗎？會的。不但會，而且常常錯謬。有時候遇到好吃的東西，忍不住多吃了一口，結果自己並沒有發覺已多吃了一口，那不是貪嗎？貪就是錯謬。有時候聽到一句話不滿，嘴裡不說，臉色卻變了；可是人家爲他好，並不是惡意，這樣看來意識是反應錯了，還是錯謬了，平常就已經如此了。乃至離念靈知有時候起歹念，都不是先有語言文字思惟以後才生起的，並且是離念靈知先起了歹念，接著才有語言文字出現。這樣子，請問離念靈知會不會錯謬？當然錯謬。會錯謬的心就不是眞菩提心，當然不是眞的道場。

今天諸位來聽這一場講經，就知道怎麼去斷我見了吧！至少可以遠離離念靈知了。所以要證悟眞的菩提心，必須是能夠眞正的安住於道場，這還眞的不容易；因爲每天揹著一個道場到處跑，可是卻不知道道場在哪裡，這就是一般學禪者的難處。可是諸位來到同修會，如果你的因緣成熟，證悟的福德因緣具足了，我就一定要讓你找到眞實的道場，從此以後你有兩個道場可以依止：依止自己的道場，也依止同修會這個道場。前面這一段都是從理上來講道場，接著要同時從事相上來講道場了。

「**布施是道場，不望報故**」：這就是開始講六度是道場，然後再來講四無量心等等。在事相上，悟前該以什麼作道場？悟後又該以什麼作道場？都從事相上來爲大家說明：學二乘解脫道不一定要修布施行，但是必須相信布施者一定會有來世福報的因果；學大乘法時卻一定要修布施行，不只是相信布施必有的因果。現在有個問題來請教諸位：有一個人（一個人是個通稱），他學佛，可是從來不布施而想要求悟，這個人算不算菩薩？（大眾回答：不算。）異口同聲、有志一同的回答，那麼諸位當然都是菩薩。學二乘菩提不一定需要修布施行，因爲二乘菩提的修證不必一定要有大福德，也不必一定要跟眾生結法緣，但是一定要相信布施的因果。因爲他這一世證得阿羅漢以後入無餘涅槃，他不願意、也不必要後世不斷的再來人間度眾生，所以他不需要用布施去跟眾生結緣，這是二乘菩提；所以修二乘菩提時，只要遇見了能教眞正二乘菩提的善知識，他就可以證初果乃至證四果，不一定需要先勤修布施行。

但是菩薩行的修行過程中以及在最後的果報，都跟二乘菩提不一樣。在過程中，菩薩生生世世在三界中，特別是在人間與眾生同事、利行，而且菩薩未來世成就佛淨土時，並不是由菩薩一個人來成就整個佛淨土，那個佛國淨土是要眾生來配合的。今天如果有一百萬人求生極樂世界，極樂世界就會增加一百萬人往生後所住的空間，佛土是這樣成就的。但是單憑眾生也不能成就那個佛淨土，也要阿彌陀佛有那個願：「我願意你們來我這裡，我攝受你們。」是這樣共同成就的。所以菩薩想要成就佛土，必需要與眾生不斷的結緣，無量世與眾生結善法緣，然後眾生發願——在菩薩的每一世中都有很多眾生發願：「當菩薩你成佛時，一定要攝受我。」菩薩說：「好！我成佛時一定會攝受你。」等到他成佛時，他與有緣眾生的如來藏種子流注，就會實現了這個因果，凡是以前跟他結過法緣的，或者吃過他食物的，接受他金錢幫助的，領受他的法，到那時候都會來見他，於是佛國就這樣成就了，所以菩薩必須廣修布施行：爲自己未來成就佛淨土，也爲成佛前廣被諸佛所攝受。

不肯布施而說他是在修菩薩行的人，有兩句話可以說他：第一、自欺欺人，第二、自我陶醉。所以菩薩六度，布施排在首位，果位是要福德具足圓滿時才能成佛的。始從十信位開始，一直到最後等覺位即將成佛時都還要再修布施行。所以等覺菩薩最後一百劫的修行，你們聽了可能腳底會涼，他怎麼布施呢？「無一處非捨身處，無一時非捨命時」。誰要眼珠子？調羹拿來，挖給他；誰要一條腿？就剁下來給他；如果要命，就整個送給他。這樣百劫修內外財施，才能修成三十二大人相、八十種隨形好及無量好，這才算是圓滿福德；之前三大無量數劫修的福德還不夠，還要百劫修相好。等覺菩薩幹的是什麼？是沒有人願意幹的事。你說菩薩該不該修布施？當然是逃不掉的。如果你不願意修布施行，那你來正覺講堂就白來了，因爲我們這裡是菩薩道場，不是聲聞道場；雖然我們這裡也有聲聞法，來這裡也可以學到聲聞法，不過我們不太歡迎，因爲我討厭聲聞人，我不喜歡聲聞人。如果誰在這裡明心了，退回聲聞道去，可能有一天捨報前，我到他家去，帶了刀子剁斷他的腳後跟，然後我再離開人間。

我們不要聲聞人，聲聞人不該悟得菩薩法，因爲得了也沒有用，我將是白費精神。度了他，結果他死了卻要入涅槃，那我一定會覺得眞倒楣：度到這個人。所以眞正的菩薩都沒有不修布施行的，布施行若不修，就不能成就佛道。不但不能成就佛道，光是佛菩提的見道就不可能成功，因爲護法諸天都會看著：如果菩薩心還沒有發起來，就沒有辦法證道；護法諸天們爲了護持正法，一定會遮障那個人，使他無法見道，所以一定要修布施行。可是修了布施行以後，心裡面要有正確的觀念，可不能說：「我修了好多布施行，佛爲什麼不讓我成就五神通？我修了很多布施行，世尊怎麼不加持我開悟，怎麼去加持蕭平實開悟？我布施的比他多。」其實不可能布施比我多，因爲我這一世到現在爲止，雖然只不過布施幾百萬台幣而已，而我們也看見有人此世已經布施了二、三十億元，他的福德會比我多嗎？不會。因爲如果能正確的爲人解釋《金剛經》的一個四句偈，就超過無量倍了，何況我還不止布施四句偈，我一、二千年來講了多少？太多了！而且我往世也布施了很多錢財，這一世只是由布施的習慣隨緣去做，不是刻意求悟而布施，當然這一世的財施是比較少的。

但是有人布施了二十億、三十億元以後，他如果聰明，要懂得建立正確觀念——不望報。如果希望回報，他就沒有功德了，只剩下人天有爲福德等著他下一世去享受。眞正的菩薩行，布施以後不要希望回報。你不希望回報，自然會有回報，又增加另一個功德；希望回報就沒有功德，只剩下世間福德。同樣的，你們來正覺道場護持正法，也不要希望我回報幫你開悟。你不必希望，但我會主動幫你；你若希望了，就少掉功德，只剩下福德了，證悟就會比較難。所以不要起希望心，只是去做就對了，心裡面認定這是菩薩的本分。而我現在以法主的身分住持正法，我的本分就是回報你，你根本就不必想要我回報你，我主動就會回報你。目前一年有四個梯次的禪三，這就是回報，我以法回報你；雖然我沒有得到你的錢財供養，但是我的義務就是布施正法，不只是布施錢財而已。所以如果心裡面希望回報，就不是菩薩，因爲這個人已經不住在道場中，是心外求法了。

我這一世修布施行，並不是學佛才開始修的；雖然學佛以後有更努力，但是我從來沒有向 佛求過說：「**佛啊！我布施這麼多，您爲什麼不幫助我悟？**」我沒有求過，我今天在講堂佛像面前說：我沒有求過，我不爲自己求悟，不是以布施錢財去跟 佛做買賣交易。但是佛菩薩自然會幫你，所以我們不要心裡面起希求的心。能這樣，你就算是懂得布施行了：「不望報故」。你布施以後，你的如來藏有沒有望報？（眾答：沒有）沒有！你看，他們明心後都知道如來藏是從來都不望回報的。如果你落到意識心上去求回報，那就不是道場；不希望回報的心，才是道場。

「**持戒是道場，得願具故**」：請問誰持戒持得最好？（眾答：如來藏）喔！眞厲害！竟然都知道是如來藏持得最好。因爲如來藏自無始劫以來，不曾犯過戒，犯戒的都是我們五陰十八界，都是離念靈知心在犯戒。心裡面看見了一個俊男，喜歡上了！那個喜歡的心是誰呢？是離念靈知，那時候都還沒有語言文字出現，就已經暗中喜歡了。看見了一個美女就喜歡上了，還是離念靈知，接著後面才有語言文字：**我要想辦法把她追到手。她已經嫁了？嫁了沒關係，我要讓她紅杏出牆。**結果都是離念靈知心想的，語言文字都是在後來才出現的；那個喜歡的心是誰？正是離念靈知啊！所以離念靈知是常常在犯戒的。但是雖然常常要犯戒，還是得要持戒，所以得要去受戒；受了菩薩戒，好好去精嚴的守持著，可以超越三大劫的生死，還可以過度四魔。持戒讓你這個願得具足，持戒也可以讓你未來（從今世開始）未來的佛菩提道可以順利的成辦，不會有種種的遮障。所以持戒才是道場，不持戒就不可能住於道場中，因爲持戒可以使願具足成就。

可是這個戒有個前提：不是持外道戒。如果是外道戒，不可能得願具足。譬如外道的上師依戒禁取見而施設說：「**你如果每天泡水三個鐘頭，死後就可以證涅槃。**」持這個戒是沒有用的、無效的。如果像宗喀巴施設的金剛戒：**你每天要努力修雙身法八個時辰**（十六小時），**就可以成就報身佛。**那個金剛戒是無效的，那是依戒禁取見所施設的邪戒。可是眞正持戒的卻是不持戒者，如來藏從來不犯戒，所以祂才是眞持戒者。可是這個眞持戒的如來藏，祂從來沒有持過戒，因爲從來沒有受過戒；既然無始以來祂不曾受過戒，你叫祂持什麼戒？像這樣不持而持，才是眞持戒，這就是眞道場，這個道場可以使你的種種願具足成就，有事也有理。

「忍辱是道場，於諸衆生心無礙故」：修忍辱，都是離念靈知心在修，定力不好的人是有念靈知心在修。修忍辱行是菩薩道在因地必須做的事，不能逃避。一般人口口聲聲說他努力修忍辱行，人家在打禪七或者打佛七，他去護持，在廚房裡面當典座；過堂後，有人去跟他說：「老菩薩！你那個香菇能不能別弄那麼鹹，好嗎？」結果他一聽，把鍋鏟一丟：「你行！你來！」他就走了。他說他在修忍辱行，可是一句話就受不了。會修忍辱行的人就說：「好，可能我不小心弄鹹了，下回我會改進，謝謝你告訴我。」不必忍，反而感激人家：「你提醒我，讓我知道我這個菜炒得不夠好，將來會炒得更好。」感激人家就不需要修忍辱行了。不必修忍辱行，才是眞忍辱。如果需要在那邊壓抑自己：我不要生氣，不要生氣。那個人是不懂修忍辱行的人。

在修忍辱行的人都是不會修忍辱行的人，眞正會修忍辱行的人，他有一個觀念：不修而修。譬如說，有人在公司當主管，手下有五十個人，總是有幾個人一天到晚會來建議：「股長，你這樣做，不好啦！業務推展不出去，是不是可以改一下？」就提出建議來，股長就說：「是你當股長？還是我當股長？」如果有一天這個股長學佛了，他就壓抑著：不要生氣，不要生氣。詳細聽完建議了，可是臉色鐵青，那他也是不會修忍辱的人。如果這位股長懂得修忍辱，他用觀念去代替，他心裡面的知見是這樣想的：這幾個人一天到晚會跟我建議，如果我聽到好的建議，業務一定會越來越好，爲公司賺更多的錢，那我一定很快就會升經理。他知道自己可以裁決，所以聽了以後覺得：這個主意不好，我不要聽，我可以回絕掉；但他若是好意來建議的，終究是好意，那就不必生氣了。如果建議的是好的，就要喜出望外了，爲什麼還要生氣再去壓抑呢？這樣就不必修忍辱，忍辱自然就修成功了，這才是懂得修忍辱行的人；所以眞會修忍辱行的人，是不修忍辱的。

可是意識心，因爲人家教導他有了這個觀念以後，他懂得不修忍而忍，但他不是每一世都有好因緣遇到人家這樣教導，常常是很多世犯錯才有一世不犯錯；很多世修忍不成功，才只能有一世修忍成功，所以修忍的意識心修得不是很成功，所以常常「於諸眾生心有恚礙」，所以說意識心對眾生常常會有瞋恚、會有障礙。

可是你的如來藏對一切眾生心都沒有恚礙，不但對一切眾生都這樣，對你這個眾生也是這樣的，祂從來不會因爲眾生造了許多惡業，使祂收藏惡業種子而對眾生起瞋。爲什麼祂不會生氣？因爲下一世祂主動幫那個造惡的眾生現起惡業種子，使眾生下墮地獄時，在地獄中那個造惡業的眾生在受苦，祂如來藏又不受苦，祂何必爲眾生生氣？所以如來藏從來不生氣，對所有的眾生都沒有任何的障礙。如果哪一天我對你破口大罵，你氣起來了，可是你的如來藏還是不會生氣，祂對我還是不會有任何的障礙，這樣的心才是眞道場，像這樣修忍辱的就是道場。所以意識心要修忍辱，可是意識心修忍辱的最高層次就是依止如來藏而修忍辱，轉依祂的心性以後，心想：**我是假的，不過一生，我的如來藏無量世都不生氣，而我只有一世，幹嘛要生氣**，好笨！你證得如來藏，現觀祂眞實是這樣，轉依祂的忍辱性，不必生氣了就是眞忍辱。所以能眞忍辱的才是道場，於諸眾生心無礙故。

「**精進是道場，不懈退故**」：精進，是一個專有名詞。在佛法中，精進的定義，只有在正事上、道業上才算是精進；但是爲了適應末法時代，我們發明了一個名詞叫作邪精進，因爲他們精進錯了。人家學禪是要努力去證如來藏，他學禪是要努力在意識上一念不生，又努力在否定如來藏，這樣求悟，要等到哪一年呢？等到驢年來了才能悟，所以我們說那種人是邪精進。邪精進最究竟的人就是西藏密宗，因爲從第一灌頂到最後的密灌頂、慧灌頂，都是依雙身法的理念及實修來爲徒弟灌頂的，不但不能成就佛道，而且是嚴重毀戒，死後要下墮地獄。假使雙身法是用來給外道修的，並且不侵犯別人的家庭，那些外道們不必下墮地獄；若是邪淫而侵犯別人的家庭，將會下墮畜生道，因爲他們失去了人所應有的格。如果是給佛弟子去修的，我保他們下墮地獄。外道沒有關係，因爲他們不受佛戒，就當作他們在修性愛技藝。但我們佛弟子持受五戒、聲聞戒或菩薩戒，那東西都是碰不得的，一碰就是地獄罪；除非有人好奇想要去學，但在修學之前記得先捨了佛戒，否則修了都是要下墮地獄的。可是某些顯教大法師們跟著暗中修學時，他們有沒有先捨棄聲聞戒（比丘戒）？有沒有先捨棄菩薩戒？顯然都沒有！因爲他們仍然穿著僧衣，也仍然自稱是菩薩。有時候想起來，我都爲他們腳底發涼，不曉得他們每天深夜有沒有想過這個問題？但是那些人都屬於邪精進。

修學佛道若是不精進的話，就是整整三大無量數劫的時程；夠精進的話，三大無量數劫並不是以一般的劫來算的，而是長劫入短劫，這個將來重講《解深密經》時將會講到。眞正的精進，一定是在正道上精進，而且永遠不鬆懈、不退轉；

若是退轉了、懈怠了，就不是精進。意識心常常會懈怠，但是所有人心中都有一個永不懈怠的；因爲不管意識心怎麼懈怠，如來藏永遠都保持著眞如法性，哪有懈怠過？沒有啊！這樣的精進才是眞精進，我們意識要轉依於祂的眞如法性，像祂一樣永遠不懈怠；因爲如來藏從來沒有懈怠過，不管是在有爲法上、或者無爲法上，祂都沒有懈怠過，所以這個心才是眞道場。（待續。請詳第三輯續說）

佛菩提二主要道次第概要表——二道並修，以外無別佛法

佛菩提道——大菩提道

十信位修集信心——一劫乃至一萬劫

資糧位

初住位修集布施功德（以財施爲主）。
二住位修集持戒功德。
三住位修集忍辱功德。
四住位修集精進功德。
五住位修集禪定功德。
六住位修集般若功德（熏習般若中觀及斷我見，加行位也）。

外門廣修六度萬行

遠波羅蜜多

七住位明心般若正觀現前，親證本來自性清淨涅槃。
八住位於一切法現觀般若中道。漸除性障。
十住位眼見佛性，世界如幻觀成就。

一至十行位，於廣行六度萬行中，依般若中道慧，現觀陰處界猶如陽焰，至第十行滿心位，陽焰觀成就。

一至十迴向位熏習一切種智；修除性障，唯留最後一分思惑不斷。第十迴向滿心位成就菩薩道如夢觀。

內門廣修六度萬行

見道位

初地：第十迴向位滿心時，成就道種智一分（八識心王一一親證後，領受五法、三自性、七種第一義、七種性自性、二種無我法）復由勇發十無盡願，成通達位菩薩。復又永伏性障而不具斷，能證慧解脫而不取證，由大願故留惑潤生。此地主修法施波羅蜜多及百法明門。證「猶如鏡像」現觀，故滿初地心。

二地：初地功德滿足以後，再成就道種智一分而入二地；主修戒波羅蜜多及一切種智。滿心位成就「猶如光影」現觀，戒行自然清淨。

解脫道：二乘菩提

→ 斷三縛結，成初果解脫

→ 薄貪瞋癡，成二果解脫

→ 斷五下分結，成三果解脫

入地前的四加行令煩惱障現行悉斷，成四果解脫，留惑潤生。分段生死已斷，煩惱障習氣種子開始斷除，兼斷無始無明上煩惱。

近波羅蜜多

大波羅蜜多

圓滿波羅蜜多

修道位

三地：二地滿心再證道種智一分，故入三地。此地主修忍波羅蜜多及四禪八定、四無量心、五神通。能成就俱解脫果而不取證，留惑潤生。滿心位成就「猶如谷響」現觀及無漏妙定意生身。

四地：由三地再證道種智一分故入四地。主修精進波羅蜜多，於此土及他方世界廣度有緣，無有疲倦。進修一切種智，滿心位成就「如水中月」現觀。

五地：由四地再證道種智一分故入五地。主修禪定波羅蜜多及一切種智，斷除下乘涅槃貪。滿心位成就「變化所成」現觀。

六地：由五地再證道種智一分故入六地。此地主修般若波羅蜜多——依道種智現觀十二因緣一一有支及意生身化身，皆自心眞如變化所現，「非有似有」，成就細相觀，不由加行而自然證得滅盡定，成俱解脫大乘無學。

七地：由六地「非有似有」現觀，再證道種智一分故入七地。此地主修一切種智及方便波羅蜜多，由重觀十二有支一一支中之流轉門及還滅門一切細相，成就方便善巧，念念隨入滅盡定。滿心位證得「如犍闥婆城」現觀。

七地滿心斷除故意保留之最後一分思惑時，煩惱障所攝色、受、想三陰有漏習氣種子全部斷盡。

八地：由七地極細相觀成就故再證道種智一分而入八地。此地主修一切種智及願波羅蜜多。至滿心位純無相觀任運恆起，故於相土自在，滿心位復證「如實覺知諸法相意生身」故。

九地：由八地再證道種智一分故入九地。主修力波羅蜜多及一切種智，成就四無礙，滿心位證得「種類俱生無行作意生身」。

十地：由九地再證道種智一分故入此地。此地主修一切種智——智波羅蜜多。滿心位起大法智雲，及現起大法智雲所含藏種種功德，成受職菩薩。

等覺：由十地道種智成就故入此地。此地應修一切種智，圓滿等覺地無生法忍；於百劫中修集極廣大福德，以之圓滿三十二大人相及無量隨形好。

煩惱障所攝行、識二陰無漏習氣種子任運漸斷，所知障所攝上煩惱任運漸斷。

究竟位

妙覺：示現受生人間已斷盡煩惱障一切習氣種子，並斷盡所知障一切隨眠，永斷變易生死無明，成就大般涅槃，四智圓明。人間捨壽後，報身常住色究竟天利樂十方地上菩薩；以諸化身利樂有情，永無盡期，成就究竟佛道。

斷盡變易生死成就大般涅槃

圓滿成就究竟佛果

佛子蕭平實 謹製
（二○○九、○二 修訂）
（二○一二、○二 增補）

佛教正覺同修會〈修學佛道次第表〉

第一階段

* 以憶佛及拜佛方式修習動中定力。
* 學第一義佛法及禪法知見。
* 無相拜佛功夫成就。
* 具備一念相續功夫—動靜中皆能看話頭。
* 努力培植福德資糧，勤修三福淨業。

第二階段

* 參話頭，參公案。
* 開悟明心，一片悟境。
* 鍛鍊功夫求見佛性。
* 眼見佛性〈餘五根亦如是〉親見世界如幻，成就如幻觀。
* 學習禪門差別智。
* 深入第一義經典。
* 修除性障及隨分修學禪定。
* 修證十行位陽焰觀。

第三階段

* 學一切種智真實正理—楞伽經、解深密經、成唯識論…。
* 參究末後句。
* 解悟末後句。
* 透牢關—親自體驗所悟末後句境界，親見實相，無得無失。
* 救護一切眾生迴向正道。護持了義正法，修證十迴向位如夢觀。
* 發十無盡願，修習百法明門，親證猶如鏡像現觀。
* 修除五蓋，發起禪定。持一切善法戒。親證猶如光影現觀。
* 進修四禪八定、四無量心、五神通。進修大乘種智，求證猶如谷響現觀。

佛教正覺同修會 共修現況 及 招生公告 2016/1/16

一、共修現況：（請在共修時間來電，以免無人接聽。）

台北正覺講堂 103 台北市承德路三段 277 號九樓 捷運淡水線圓山站旁
Tel..總機 02-25957295（晚上）（**分機：九樓**辦公室 10、11；知客櫃檯 12、13。 **十樓**知客櫃檯 15、16；書局櫃檯 14。 **五樓**辦公室 18；知客櫃檯 19。**二樓**辦公室 20；知客櫃檯 21。）
Fax..25954493

第一講堂 台北市承德路三段 277 號九樓

禪淨班：週一晚上班、週三晚上班、週四晚上班、週五晚上班、週六下午班、週六上午班（皆須報名建立學籍後始可參加共修，欲報名者詳見本公告末頁）

增上班：瑜伽師地論詳解：每月第一、三、五週之週末 17.50～20.50 平實導師講解（僅限已明心之會員參加）

禪門差別智：每月第一週日全天 平實導師主講（事冗暫停）。

佛藏經詳解 平實導師主講。已於 2013/12/17 開講，歡迎已發成佛大願的菩薩種性學人，攜眷共同參與此殊勝法會聽講。詳解 釋迦世尊於《佛藏經》中所開示的眞實義理，更爲今時後世佛子四眾，闡述佛陀演說此經的本懷。眞實尋求佛菩提道的有緣佛子，親承聽聞如是勝妙開示，當能如實理解經中義理，亦能了知於大乘法中：如何是諸法實相？善知識、惡知識要如何簡擇？如何才是清淨持戒？如何才能清淨說法？於此末法之世，眾生五濁益重，不知佛、不解法、不識僧，唯見表相，不信眞實，貪著五欲，諸方大師不淨說法，各各將導大量徒眾趣入三塗，如是師徒俱堪憐憫。是故，平實導師以大慈悲心，用淺白易懂之語句，佐以實例、譬喻而爲演說，普令聞者易解佛意，皆得契入佛法正道，如實了知佛法大藏。

此經中，對於實相念佛多所著墨，亦指出念佛要點：以實相爲依，念佛者應依止淨戒、依止清淨僧寶，捨離違犯重戒之師僧，應受學清淨之法，遠離邪見。本經是現代佛門大法師所厭惡之經典：一者由於大法師們已全都落入意識境界而無法親證實相，故於此經中所說實相全無所知，都不樂有人聞此經名，以免讀後提出問疑時無法回答；二者現代大乘佛法地區，已經普被藏密喇嘛教滲透，許多有名之大法師們大多已曾或繼續在修練雙身法，都已失去聲聞戒體及菩薩戒體，成爲地獄種姓人，已非眞正出家之人，本質只是身著僧衣而住在寺院中的世俗人。這些人對於此經都是讀不懂的，也是極爲厭惡的；他們尚不樂見此經之印行，何況流通與講解？今爲救護廣大學佛人，兼欲護持佛教血脈永續常傳，特選此經宣講之。每逢週二 18.50~20.50 開示，不限制聽講資格。會外人士需憑身分證件換證入內聽講（此是大樓管理處之安全規定，敬請見諒）。桃園、台中、台南、高雄等地講堂，亦於每週二晚上播放平實導師所講本經之 DVD，不必出示身分證件即可入內聽講，歡迎各地善信同霑法益。

第二講堂　台北市承德路三段 267 號十樓。

禪淨班：週一晚上班、週六下午班。

進階班：週三晚上班、週四晚上班、週五晚上班（禪淨班結業後轉入共修）。

佛藏經詳解：平實導師講解。每週二 18.50~20.50（影像音聲即時傳輸）。本會學員憑上課證進入聽講，會外學人請以身分證件換證進入聽講（此爲大樓管理處安全管理規定之要求，敬請諒解）。

第三講堂　台北市承德路三段 277 號五樓。

進階班：週一晚上班、週三晚上班、週四晚上班、週五晚上班。

佛藏經詳解：平實導師講解。每週二 18.50~20.50（影像音聲即時傳輸）。本會學員憑上課證進入聽講，會外學人請以身分證件換證進入聽講（此爲大樓管理處安全管理規定之要求，敬請諒解）。

第四講堂　台北市承德路三段 267 號二樓。

進階班：週一晚上班、週三晚上班、週四晚上班、週五晚上班（禪淨班結業後轉入共修）。

佛藏經詳解：平實導師講解。每週二 18.50~20.50（影像音聲即時傳輸）。本會學員憑上課證進入聽講，會外學人請以身分證件換證進入聽講（此爲大樓管理處安全管理規定之要求，敬請諒解）。

第五、第六講堂　爲**開放式講堂**，不需以身分證件換證即可進入聽講，台北市承德路三段 267 號地下一樓、地下二樓。已規劃整修完成，每逢週二晚上講經時段開放給會外人士自由聽經，請由大樓側面梯階逕行進入聽講。**聽講者請尊重講者的著作權及肖像權，請勿錄音錄影，以免違法；若有錄音錄影被查獲者，將依法處理。**

正覺祖師堂　大溪鎮美華里信義路 650 巷坑底 5 之 6 號（台 3 號省道 34 公里處 妙法寺對面斜坡道進入）電話 03-3886110　傳真 03-3881692 本堂供奉 克勤圓悟大師，專供會員每年四月、十月各二次精進禪三共修，兼作本會出家菩薩掛單常住之用。除禪三時間以外，每逢單月第一週之週日 9:00~17:00 開放會內、外人士參訪，當天並提供午齋結緣。教內共修團體或道場，得另申請其餘時間作團體參訪，務請事先與常住確定日期，以便安排常住菩薩接引導覽，亦免妨礙常住菩薩之日常作息及修行。

桃園正覺講堂（第一、第二講堂）：桃園市介壽路 286、288 號 10 樓（陽明運動公園對面）電話：03-3749363(請於共修時聯繫，或與台北聯繫)

禪淨班：週一晚上班、週三晚上班、週四晚上班、週五晚上班。

進階班：週六上午班、週五晚上班。

佛藏經詳解：平實導師講解。每週二晚上，以台北正覺講堂所錄 DVD 放映；歡迎會外學人共同聽講，不需出示身分證件。

新竹正覺講堂 新竹市東光路 55 號二樓之一　電話 03-5724297（晚上）

第一講堂：

禪淨班：週一晚上班、週五晚上班、週六上午班。

進階班：週三晚上班、週四晚上班（由禪淨班結業後轉入共修）。

佛藏經詳解：平實導師講解。每週二晚上，以台北正覺講堂所錄 DVD 放映。歡迎會外學人共同聽講，不需出示身分證件。

第二講堂：

禪淨班：週三晚上班、週四晚上班。

佛藏經詳解：每週二晚上與第一講堂同時播放佛藏經詳解 DVD。

台中正覺講堂 04-23816090（晚上）

第一講堂 台中市南屯區五權西路二段 666 號 13 樓之四（國泰世華銀行樓上。鄰近縣市經第一高速公路前來者，由五權西路交流道可以快速到達，大樓旁有停車場，對面有素食館）。

禪淨班：週三晚上班、週四晚上班。

進階班：週一晚上班、週六上午班（由禪淨班結業後轉入共修）。

增上班：單週週末以台北增上班課程錄成 DVD 放映之，限已明心之會員參加。

佛藏經詳解：平實導師講解。每週二晚上，以台北正覺講堂所錄 DVD 放映。歡迎會外學人共同聽講，不需出示身分證件。

第二講堂 台中市南屯區五權西路二段 666 號 4 樓

禪淨班：週一晚上班、週三晚上班、週六上午班。

進階班：週五晚上班（由禪淨班結業後轉入共修）。

佛藏經詳解：每週二晚上與第一講堂同時播放佛藏經詳解 DVD。

第三講堂、第四講堂：台中市南屯區五權西路二段 666 號 4 樓。

嘉義正覺講堂 嘉義市友愛路 288 號八樓之一　電話：05-2318228

第一講堂：

禪淨班：週一晚上班、週四晚上班、週五晚上班。

進階班：週三晚上班（由禪淨班結業後轉入共修）。

佛藏經詳解：平實導師講解。每週二晚上，以台北正覺講堂所錄 DVD 放映。歡迎會外學人共同聽講，不需出示身分證件。

第二講堂 嘉義市友愛路 288 號八樓之二。

台南正覺講堂

第一講堂 台南市西門路四段 15 號 4 樓。06-2820541（晚上）

禪淨班：週一晚上班、週三晚上班、週四晚上班、週五晚上班、週六下午班。

增上班：單週週末下午，以台北增上班課程錄成 DVD 放映之，限已明心之會員參加。

佛藏經詳解：平實導師講解。每週二晚上，以台北正覺講堂所錄 DVD 放映。歡迎會外學人共同聽講，不需出示身分證件。

第二講堂　台南市西門路四段 15 號 3 樓。

佛藏經詳解：每週二晚上與第一講堂同時播放佛藏經詳解 DVD。

第三講堂　台南市西門路四段 15 號 3 樓。

進階班：週三晚上班、週四晚上班、週六上午班（由禪淨班結業後轉入共修）。

佛藏經詳解：每週二晚上與第一講堂同時播放佛藏經詳解 DVD。

高雄正覺講堂　高雄市新興區中正三路 45 號五樓 07-2234248（晚上）

第一講堂（五樓）：

禪淨班：週一晚上班、週三晚上班、週四晚上班、週五晚上班、週六上午班。

增上班：單週週末下午，以台北增上班課程錄成 DVD 放映之，限已明心之會員參加。

佛藏經詳解：平實導師講解。每週二晚上，以台北正覺講堂所錄 DVD 放映。歡迎會外學人共同聽講，不需出示身分證件。

第二講堂（四樓）：

進階班：週三晚上班、週四晚上班、週六上午班（由禪淨班結業後轉入共修）。

佛藏經詳解：每週二晚上與第一講堂同時播放佛藏經詳解 DVD。

第三講堂（三樓）：

進階班：週四晚上班（由禪淨班結業後轉入共修）。

香港正覺講堂　**☆已遷移新址☆**

九龍觀塘，成業街 10 號，電訊一代廣場 27 樓 E 室。
（觀塘地鐵站 B1 出口，步行約 4 分鐘）。電話：(852) 23262231
英文地址：Unit E, 27th Floor, TG Place, 10 Shing Yip Street, Kwun Tong, Kowloon

禪淨班：雙週六下午班 14:30-17:30，已經額滿。
雙週日下午班 14:30-17:30，2016 年 4 月底前尚可報名。

進階班：雙週五晚上班（由禪淨班結業後轉入共修）。

增上班：單週週末上午，以台北增上班課程錄成 DVD 放映之，限已明心之會員參加。

妙法蓮華經詳解：平實導師講解。雙週六 19:00-21:00，以台北正覺講堂所錄 DVD 放映；歡迎會外學人共同聽講，不需出示身分證件。

美國洛杉磯正覺講堂　☆已遷移新址☆

825 S. Lemon Ave Diamond Bar, CA 91798 U.S.A.
Tel. (909) 595-5222（請於週六 9:00~18:00 之間聯繫）
Cell. (626) 454-0607

禪淨班：每逢週末 15：30~17：30 上課。

進階班：每逢週末上午 10：00~12：00 上課。

佛藏經詳解：平實導師講解。每週六下午 13：00~15：00，以台北正覺講堂所錄 DVD 放映。歡迎各界人士共享第一義諦無上法益，不需報名。

二、招生公告　本會台北講堂及全省各講堂，每逢四月、十月下旬開新班，每週共修一次（每次二小時。開課日起三個月內仍可插班）；但美國洛杉磯共修處之禪淨班得隨時插班共修。各班共修期間皆爲二年半，欲參加者請向本會函索報名表（各共修處皆於共修時間方有人執事，非共修時間請勿電詢或前來洽詢、請書），或直接從本會官方網站(http://www.enlighten.org.tw/newsflash/class)或成佛之道網站下載報名表。共修期滿時，若經報名禪三審核通過者，可參加四天三夜之禪三精進共修，有機會明心、取證如來藏，發起般若實相智慧，成爲實義菩薩，脫離凡夫菩薩位。

三、新春禮佛祈福　農曆年假期間停止共修：自農曆新年前七天起停止共修與弘法，正月 8 日起回復共修、弘法事務。新春期間正月初一～初七 9.00～17.00 開放台北講堂、正月初一~初三開放新竹講堂、台中講堂、台南講堂、高雄講堂，以及大溪禪三道場（正覺祖師堂），方便會員供佛、祈福及會外人士請書。美國洛杉磯共修處之休假時間，請逕詢該共修處。

密宗四大派修雙身法，是外道性力派的邪法；又以生滅的識陰作為常住法，是常見外道，是假的藏傳佛教。

西藏覺囊巴以他空見弘揚第八識如來藏勝法，才是真藏傳佛教

佛教正覺同修會　弘法行事表　2014/08/19

1、**禪淨班**　以無相念佛及拜佛方式修習動中定力，實證一心不亂功夫。傳授解脫道正理及第一義諦佛法，以及參禪知見。共修期間：二年六個月。每逢四月、十月開新班，詳見招生公告表。

2、**《佛藏經》詳解**　平實導師主講。已於 2013/12/17 開講，歡迎已發成佛大願的菩薩種性學人，攜眷共同參與此殊勝法會聽講。詳解釋迦世尊於《佛藏經》中所開示的眞實義理，更爲今時後世佛子四眾，闡述 佛陀演說此經的本懷。眞實尋求佛菩提道的有緣佛子，親承聽聞如是勝妙開示，當能如實理解經中義理，亦能了知於大乘法中：如何是諸法實相？善知識、惡知識要如何簡擇？如何才是清淨持戒？如何才能清淨說法？於此末法之世，眾生五濁益重，不知佛、不解法、不識僧，唯見表相，不信眞實，貪著五欲，諸方大師不淨說法，各各將導大量徒眾趣入三塗，如是師徒俱堪憐憫。是故，平實導師以大慈悲心，用淺白易懂之語句，佐以實例、譬喻而爲演說，普令聞者易解佛意，皆得契入佛法正道，如實了知佛法大藏。每逢週二 18.50~20.50 開示，不限制聽講資格。會外人士需憑身分證件換證入內聽講（此是大樓管理處之安全規定，敬請見諒）。桃園、新竹、台中、台南、高雄等地講堂，亦於每週二晚上播放平實導師講經之 DVD，不必出示身分證件即可入內聽講，歡迎各地善信同霑法益。

有某道場專弘淨土法門數十年，於教導信徒研讀《佛藏經》時，往往告誡信徒曰：「後半部不許閱讀。」由此緣故坐令信徒失去提升念佛層次之機緣，師徒只能低品位往生淨土，令人深覺愚癡無智。由有多人建議故，平實導師開始宣講《佛藏經》，藉以轉易如是邪見，並提升念佛人之知見與往生品位。此經中，對於實相念佛多所著墨，亦指出念佛要點：以實相爲依，念佛者應依止淨戒、依止清淨僧寶，捨離違犯重戒之師僧，應受學清淨之法，遠離邪見。本經是現代佛門大法師所厭惡之經典：一者由於大法師們已全都落入意識境界而無法親證實相，故於此經中所說實相全無所知，都不樂有人聞此經名，以免讀後提出問疑時無法回答；二者現代大乘佛法地區，已經普被藏密喇嘛教滲透，許多有名之大法師們大多已曾或繼續在修練雙身法，都已失去聲聞戒體及菩薩戒體，成爲地獄種姓人，已非眞正出家之人，本質上只是身著僧衣而住在寺院中的世俗人。這些人對於此經都是讀不懂的，也是極爲厭惡的；他們尙不樂見此經之印行，何況流通與講解？今爲救護廣大學佛人，兼欲護持佛教血脈永續常傳，特選此經宣講之，主講者平實導師。

3、**瑜伽師地論**詳解　詳解論中所言凡夫地至佛地等 17 師之修證境界與理論，從凡夫地、聲聞地……宣演到諸地所證一切種智之眞實正理。由平實導師開講，每逢一、三、五週之週末晚上開示，僅限已明心之會員參加。

4、**精進禪三**　主三和尚：平實導師。於四天三夜中，以克勤圓悟大師及大慧宗杲之禪風，施設機鋒與小參、公案密意之開示，幫助會員剋期取證，親證不生不滅之眞實心——人人本有之如來藏。每年四月、十月各舉辦二個梯次；平實導師主持。僅限本會會員參加禪淨班共修期滿，報名審核通過者，方可參加。並選擇會中定力、慧力、福德三條件皆已具足之已明心會員，給以指引，令得眼見自己無形無相之佛性遍佈山河大地，眞實而無障礙，得以肉眼現觀世界身心悉皆如幻，具足成就如幻觀，圓滿十住菩薩之證境。

5、**阿含經**詳解　選擇重要之阿含部經典，依無餘涅槃之實際而加以詳解，令大眾得以現觀諸法緣起性空，亦復不墮斷滅見中，顯示經中所隱說之涅槃實際—如來藏—確實已於四阿含中隱說；令大眾得以聞後觀行，確實斷除我見乃至我執，證得**見到**眞現觀，乃至**身證**……等眞現觀；已得大乘或二乘見道者，亦可由此聞熏及聞後之觀行，除斷我所之貪著，成就慧解脫果。由平實導師詳解。不限制聽講資格。

6、**大法鼓經**詳解　詳解末法時代大乘佛法修行之道。佛教正法消毒妙藥塗於大鼓而以擊之，凡有眾生聞之者，一切邪見鉅毒悉皆消殞；此經即是大法鼓之正義，凡聞之者，所有邪見之毒悉皆滅除，見道不難；亦能發起菩薩無量功德，是故諸大菩薩遠從諸方佛土來此娑婆聞修此經。由平實導師詳解。不限制聽講資格。

7、**解深密經**詳解　重講本經之目的，在於令諸已悟之人明解大乘法道之成佛次第，以及悟後進修一切種智之內涵，確實證知三種自性性，並得據此證解七眞如、十眞如等正理。每逢週二 18.50~20.50 開示，由平實導師詳解。將於《大法鼓經》講畢後開講。不限制聽講資格。

8、**成唯識論**詳解　詳解一切種智眞實正理，詳細剖析一切種智之微細深妙廣大正理；並加以舉例說明，使已悟之會員深入體驗所證如來藏之微密行相；及證驗見分相分與所生一切法，皆由如來藏—阿賴耶識—直接或展轉而生，因此證知一切法無我，證知無餘涅槃之本際。將於增上班《瑜伽師地論》講畢後，由平實導師重講。僅限已明心之會員參加。

9、**精選如來藏系經典**詳解　精選如來藏系經典一部，詳細解說，以此完全印證會員所悟如來藏之眞實，得入不退轉住。另行擇期詳細解說之，由平實導師講解。僅限已明心之會員參加。

10、**禪門差別智**　藉禪宗公案之微細淆訛難知難解之處，加以宣說及剖析，以增進明心、見性之功德，啓發差別智，建立擇法眼。每月第一週日全天，由平實導師開示，僅限破參明心後，復又眼見佛性者參加（事冗暫停）。

11、**枯木禪**　先講智者大師的《小止觀》，後說《釋禪波羅蜜》，詳解四禪八定之修證理論與實修方法，細述一般學人修定之邪見與岔路，及對禪定證境之誤會，消除枉用功夫、浪費生命之現象。已悟般若者，可以藉此而實修初禪，進入大乘通教及聲聞教的三果心解脫境界，配合應有的大福德及後得無分別智、十無盡願，即可進入初地心中。親教師：平實導師。未來緣熟時將於大溪正覺寺開講。不限制聽講資格。

註：本會例行年假，自 2004 年起，改爲每年農曆新年前七天開始停息弘法事務及共修課程，農曆正月 8 日回復所有共修及弘法事務。新春期間（每日 9.00~17.00）開放台北講堂，方便會員禮佛祈福及會外人士請書。大溪鎭的正覺祖師堂，開放參訪時間，詳見〈正覺電子報〉或成佛之道網站。本表得因時節因緣需要而隨時修改之，不另作通知。

佛教正覺同修會　贈閱書籍 目錄　2015/09/29

1.**無相念佛**　平實導師著　回郵 10 元
2.**念佛三昧修學次第**　平實導師述著　回郵 25 元
3.**正法眼藏—護法集**　平實導師述著　回郵 35 元
4.**真假開悟簡易辨正法**&**佛子之省思**　平實導師著　回郵 3.5 元
5.**生命實相之辨正**　平實導師著　回郵 10 元
6.**如何契入念佛法門**（附：印順法師否定極樂世界）平實導師著 回郵 3.5 元
7.**平實書箋**—答元覽居士書　平實導師著　回郵 35 元
8.**三乘唯識**—如來藏系經律彙編　平實導師編　回郵 80 元
（精裝本　長 27 cm　寬 21 cm　高 7.5 cm　重 2.8 公斤）
9.**三時繫念全集**—修正本　回郵掛號 40 元（長 26.5 cm×寬 19 cm）
10.**明心與初地**　平實導師述　回郵 3.5 元
11.**邪見與佛法**　平實導師述著　回郵 20 元
12.**菩薩正道**—回應義雲高、釋性圓…等外道之邪見　正燦居士著 回郵 20 元
13.**甘露法雨**　平實導師述　回郵 20 元
14.**我與無我**　平實導師述　回郵 20 元
15.**學佛之心態**—修正錯誤之學佛心態始能與正法相應 孫正德老師著 回郵35元
附錄：平實導師著**《略說八、九識並存…等之過失》**
16.**大乘無我觀**—《悟前與悟後》別說　平實導師述著　回郵 20 元
17.**佛教之危機**—中國台灣地區現代佛教之真相（附錄：公案拈提六則）
平實導師著　回郵 25 元
18.**燈　影**—燈下黑（覆「求教後學」來函等）　平實導師著　回郵 35 元
19.**護法與毀法**—覆上平居士與徐恒志居士網站毀法二文
張正圜老師著　回郵 35 元
20.**淨土聖道**—兼評選擇本願念佛　正德老師著　由正覺同修會購贈 回郵 25 元
21.**辨唯識性相**—對「紫蓮心海《辯唯識性相》書中否定阿賴耶識」之回應
正覺同修會 台南共修處法義組 著　回郵 25 元
22.**假如來藏**—對法蓮法師《如來藏與阿賴耶識》書中否定阿賴耶識之回應
正覺同修會 台南共修處法義組 著　回郵 35 元
23.**入不二門**—公案拈提集錦 第一輯（於平實導師公案拈提諸書中選錄約二十則，
合輯爲一冊流通之）平實導師著　回郵 20 元
24.**真假邪說**—西藏密宗索達吉喇嘛《破除邪說論》真是邪說
釋正安法師著　回郵 35 元
25.**真假開悟**—真如、如來藏、阿賴耶識間之關係　平實導師述著　回郵 35 元
26.**真假禪和**—辨正釋傳聖之謗法謬說　孫正德老師著　回郵 30 元

27.**眼見佛性**—駁慧廣法師眼見佛性的含義文中謬說

游正光老師著　回郵 25 元

28.**普門自在**—公案拈提集錦 第二輯（於平實導師公案拈提諸書中選錄約二十則，合輯爲一冊流通之）平實導師著　回郵 25 元

29.**印順法師的悲哀**—以現代禪的質疑為線索　恒毓博士著　回郵 25 元

30.**識蘊真義**—現觀識蘊內涵、取證初果、親斷三縛結之具體行門。

—依《成唯識論》及《惟識述記》正義，略顯安慧《大乘廣五蘊論》之邪謬

平實導師著　回郵 35 元

31.**正覺電子報** 各期紙版本　免附回郵　每次最多函索三期或三本。

（已無存書之較早各期，不另增印贈閱）

32.**現代人應有的宗教觀**　蔡正禮老師 著　回郵3.5元

33.**遠惑趣道**—正覺電子報般若信箱問答錄　第一輯　回郵20元

34.**遠惑趣道**—正覺電子報般若信箱問答錄　第二輯　回郵20元

35.**確保您的權益**—器官捐贈應注意自我保護　游正光老師 著　回郵10元

36.**正覺教團電視弘法三乘菩提 DVD 光碟（一）**

由正覺教團多位親教師共同講述錄製 DVD 8 片，MP3 一片，共 9 片。有二大講題：一為「三乘菩提之意涵」，二為「學佛的正知見」。內容精闢，深入淺出，精彩絕倫，幫助大眾快速建立三乘法道的正知見，免被外道邪見所誤導。有志修學三乘佛法之學人不可不看。（製作工本費 100 元，回郵 25 元）

37.**正覺教團電視弘法 DVD 專輯（二）**

總有二大講題：一為「三乘菩提之念佛法門」，一為「學佛正知見（第二篇）」，由正覺教團多位親教師輪番講述，內容詳細闡述如何修學念佛法門、實證念佛三昧，以及學佛應具有的正確知見，可以幫助發願往生西方極樂淨土之學人，得以把握往生，更可令學人快速建立三乘法道的正知見，免於被外道邪見所誤導。有志修學三乘佛法之學人不可不看。（一套 17 片，工本費 160 元。回郵 35 元）

38.**佛藏經** 燙金精裝本 每冊回郵 20 元。正修佛法之道場欲大量索取者，請正式發函並蓋用大印寄來索取（2008.04.30 起開始敬贈）

39.**喇嘛性世界**—揭開假藏傳佛教譚崔瑜伽的面紗　張善思 等人合著

由正覺同修會購贈　回郵 20 元

40.**假藏傳佛教的神話**—性、謊言、喇嘛教　張正玄教授編著　回郵 20 元

由正覺同修會購贈　回郵 20 元

41.**隨 緣**—理隨緣與事隨緣　平實導師述　回郵 20 元。

42.**學佛的覺醒**　正枝居士 著　回郵 25 元

43.**導師之真實義**　蔡正禮老師 著　回郵 10 元

44.**淺談達賴喇嘛之雙身法**—兼論解讀「密續」之達文西密碼

吳明芷居士 著　回郵 10 元

45.**魔界轉世**　張正玄居士 著　回郵 10 元

46.**一貫道與開悟**　蔡正禮老師 著　回郵 10 元

47.**傅愛**—愛盡天下女人　正覺教育基金會 編印　回郵 10 元

48.**意識虛妄經教彙編**—實證解脫道的關鍵經文　正覺同修會編印　回郵 25 元

49.**邪箭囈語**—破斥藏密外道多識仁波切《破魔金剛箭雨論》之邪說
陸正元老師著　上、下冊回郵各 30 元

50.**真假沙門**—依 佛聖教闡釋佛教僧寶之定義
蔡正禮老師著　俟正覺電子報連載後結集出版

51.**真假禪宗**—藉評論釋性廣《印順導師對變質禪法之批判
及對禪宗之肯定》以顯示真假禪宗
附論一：凡夫知見 無助於佛法之信解行證
附論二：世間與出世間一切法皆從如來藏實際而生而顯
余正偉老師著　俟正覺電子報連載後結集出版　回郵未定

52.**假鋒虛焰金剛乘**—揭示顯密正理，兼破索達吉師徒《般若鋒兮金剛焰》。
釋正安 法師著　俟正覺電子報連載後結集出版

★ 上列贈書之郵資，係台灣本島地區郵資，大陸、港、澳地區及外國地區，請另計酌增（大陸、港、澳、國外地區之郵票不許通用）。尚未出版之書，請勿先寄來郵資，以免增加作業煩擾。

★ 本目錄若有變動，唯於後印之書籍及「成佛之道」網站上修正公佈之，不另行個別通知。

函索書籍請寄：佛教正覺同修會　103 台北市承德路 3 段 277 號 9 樓
台灣地區函索書籍者請附寄郵票，無時間購買郵票者可以等值現金抵用，但不接受郵政劃撥、支票、匯票。大陸地區得以人民幣計算，國外地區請以美元計算（請勿寄來當地郵票，在台灣地區不能使用）。欲以掛號寄遞者，請另附掛號郵資。

親自索閱：正覺同修會各共修處。　★請於共修時間前往取書，餘時無人在道場，請勿前往索取；共修時間與地點，詳見書末正覺同修會共修現況表（以近期之共修現況表爲準）。

註：正智出版社發售之局版書，請向各大書局購閱。若書局之書架上已經售出而無陳列者，請向書局櫃台指定洽購；若書局不便代購者，請於正覺同修會共修時間前往各共修處請購，正智出版社已派人於共修時間送書前往各共修處流通。 郵政劃撥購書及 大陸地區 購書，請詳別頁正智出版社發售書籍目錄最後頁之說明。

成佛之道 網站：http://www.a202.idv.tw　正覺同修會已出版之結緣書籍，多已登載於 成佛之道 網站，若住外國、或住處遙遠，不便取得正覺同修會贈閱書籍者，可以從本網站閱讀及下載。　書局版之《宗通與說通》亦已上網，台灣讀者可向書局洽購，售價 300 元。《狂密與眞密》第一輯~第四輯，亦於 2003.5.1.全部於本網站登載完畢；台灣地區讀者請向書局洽購，每輯約 400 頁，售價 300 元（網站下載紙張費用較貴，容易散失，難以保存，亦較不精美）。

＊＊假藏傳佛教修雙身法，非佛教＊＊

正智出版社 籌募弘法基金發售書籍目錄 2016/4/18

1.**宗門正眼**—公案拈提 第一輯 重拈　平實導師著　500 元
因重寫內容大幅度增加故，字體必須改小，並增爲 576 頁 主文 546 頁。比初版更精彩、更有內容。初版《禪門摩尼寶聚》之讀者，可寄回本公司免費調換新版書。免附回郵，亦無截止期限。（2007 年起，每冊附贈本公司精製公案拈提〈超意境〉CD 一片。市售價格 280 元，多購多贈。）

2.**禪淨圓融**　平實導師著　200 元（第一版舊書可換新版書。）

3.**真實如來藏**　平實導師著　400 元

4.**禪—悟前與悟後**　平實導師著　上、下冊，每冊 250 元

5.**宗門法眼**—公案拈提 第二輯　平實導師著　500 元
（2007 年起，每冊附贈本公司精製公案拈提〈超意境〉CD 一片）

6.**楞伽經詳解**　平實導師著　全套共 10 輯　每輯 250 元

7.**宗門道眼**—公案拈提 第三輯　平實導師著　500 元
（2007 年起，每冊附贈本公司精製公案拈提〈超意境〉CD 一片）

8.**宗門血脈**—公案拈提 第四輯　平實導師著　500 元
（2007 年起，每冊附贈本公司精製公案拈提〈超意境〉CD 一片）

9.**宗通與說通**—成佛之道 平實導師著 主文 381 頁 全書 400 頁售價 300 元

10.**宗門正道**—公案拈提 第五輯　平實導師著　500 元
（2007 年起，每冊附贈本公司精製公案拈提〈超意境〉CD 一片）

11.**狂密與真密 一～四輯**　平實導師著　西藏密宗是人間最邪淫的宗教，本質不是佛教，只是披著佛教外衣的印度教性力派流毒的喇嘛教。此書中將西藏密宗密傳之男女雙身合修樂空雙運所有祕密與修法，毫無保留完全公開，並將全部喇嘛們所不知道的部分也一併公開。內容比大辣出版社喧騰一時的《西藏慾經》更詳細。並且函蓋藏密的所有祕密及其錯誤的中觀見、如來藏見……等，藏密的所有法義都在書中詳述、分析、辨正。每輯主文三百餘頁　每輯全書約 400 頁　售價每輯 300 元

12.**宗門正義**—公案拈提 第六輯　平實導師著　500 元
（2007 年起，每冊附贈本公司精製公案拈提〈超意境〉CD 一片）

13.**心經密意**—心經與解脫道、佛菩提道、祖師公案之關係與密意　平實導師述　300 元

14.**宗門密意**—公案拈提 第七輯　平實導師著　500 元
（2007 年起，每冊附贈本公司精製公案拈提〈超意境〉CD 一片）

15.**淨土聖道**—兼評「選擇本願念佛」　正德老師著　200 元

16.**起信論講記**　平實導師述著　共六輯　每輯三百餘頁　售價各 250 元

17.**優婆塞戒經講記**　平實導師述著 共八輯 每輯三百餘頁 售價各 250 元

18.**真假活佛**—略論附佛外道盧勝彥之邪說（對前岳靈犀網站主張「盧勝彥是證悟者」之修正）　正犀居士（岳靈犀）著　流通價 140 元

19.**阿含正義**—唯識學探源　平實導師著　共七輯　每輯 300 元

20.**超意境** CD 以平實導師公案拈提書中超越意境之頌詞，加上曲風優美的旋律，錄成令人嚮往的超意境歌曲，其中包括正覺發願文及平實導師親自譜成的黃梅調歌曲一首。詞曲雋永，殊堪翫味，可供學禪者吟詠，有助於見道。內附設計精美的彩色小冊，解說每一首詞的背景本事。每片 280 元。【每購買公案拈提書籍一冊，即贈送一片。】

21.**菩薩底憂鬱** CD 將菩薩情懷及禪宗公案寫成新詞，並製作成超越意境的優美歌曲。 1.主題曲〈菩薩底憂鬱〉，描述地後菩薩能離三界生死而迴向繼續生在人間，但因尚未斷盡習氣種子而有極深沈之憂鬱，非三賢位菩薩及二乘聖者所知，此憂鬱在七地滿心位方才斷盡；本曲之詞中所說義理極深，昔來所未曾見；此曲係以優美的情歌風格寫詞及作曲，聞者得以激發嚮往諸地菩薩境界之大心，詞、曲都非常優美，難得一見；其中勝妙義理之解說，已印在附贈之彩色小冊中。 2.以各輯公案拈提中直示禪門入處之頌文，作成各種不同曲風之超意境歌曲，值得玩味、參究；聆聽公案拈提之優美歌曲時，請同時閱讀內附之印刷精美說明小冊，可以領會超越三界的證悟境界；未悟者可以因此引發求悟之意向及疑情，眞發菩提心而邁向求悟之途，乃至因此眞實悟入般若，成眞菩薩。 3.正覺總持咒新曲，總持佛法大意；總持咒之義理，已加以解說並印在隨附之小冊中。本 CD 共有十首歌曲，長達 63 分鐘。每盒各附贈二張購書優惠券。每片 280 元。

22.**禪意無限** CD 平實導師以公案拈提書中偈頌寫成不同風格曲子，與他人所寫不同風格曲子共同錄製出版，幫助參禪人進入禪門超越意識之境界。盒中附贈彩色印製的精美解說小冊，以供聆聽時閱讀，令參禪人得以發起參禪之疑情，即有機會證悟本來面目而發起實相智慧，實證大乘菩提般若，能如實證知般若經中的眞實意。本 CD 共有十首歌曲，長達 69 分鐘，每盒各附贈二張購書優惠券。每片 280 元。

23.**我的菩提路**第一輯　釋悟圓、釋善藏等人合著　售價 300 元

24.**我的菩提路**第二輯　郭正益、張志成等人合著　售價 300 元

25.**鈍鳥與靈龜**—考證後代凡夫對大慧宗杲禪師的無根誹謗。

平實導師著 共 458 頁 售價 350 元

26.**維摩詰經講記** 平實導師述 共六輯 每輯三百餘頁 售價各 250 元

27.**真假外道**—破劉東亮、杜大威、釋證嚴常見外道見　正光老師著　200 元

28.**勝鬘經講記**—兼論印順《勝鬘經講記》對於《勝鬘經》之誤解。

平實導師述　共六輯　每輯三百餘頁　售價250 元

29.**楞嚴經講記** 平實導師述 共 **15** 輯，每輯三百餘頁 售價 300 元

30.**明心與眼見佛性**—駁慧廣〈蕭氏「眼見佛性」與「明心」之非〉文中謬説

正光老師著　共 448 頁　售價 300 元

31.**見性與看話頭** 黃正倖老師 著，本書是禪宗參禪的方法論。

內文 375 頁，全書 416 頁，售價 300 元。

32.**達賴真面目**—玩盡天下女人 白正偉老師 等著 中英對照彩色精裝大本 800 元

33.**喇嘛性世界**—揭開假藏傳佛教譚崔瑜伽的面紗　張善思 等人著　200元
34.**假藏傳佛教的神話**—性、謊言、喇嘛教　正玄教授編著　200元
35.**金剛經宗通**　平實導師述　共九輯　每輯售價250元。
36.**空行母**—性別、身分定位，以及藏傳佛教。
珍妮·坎貝爾著 呂艾倫 中譯 售價250元
37.**末代達賴**—性交教主的悲歌　張善思、呂艾倫、辛燕編著 售價250元
38.**霧峰無霧**—給哥哥的信　辨正釋印順對佛法的無量誤解
游宗明 老師著　售價250元
39.**第七意識與第八意識？**—穿越時空「超意識」
平實導師述　每冊300元
40.**黯淡的達賴**—失去光彩的諾貝爾和平獎
正覺教育基金會編著　每冊250元
41.**童女迦葉考**—論呂凱文〈佛教輪迴思想的論述分析〉之謬。
平實導師 著 定價180元
42.**人間佛教**—實證者必定不悖三乘菩提
平實導師 述，定價400元
43.**實相經宗通**　平實導師述　共八輯　每輯250元
44.**真心告訴您(一)**—達賴喇嘛在幹什麼？
正覺教育基金會編著　售價250元
45.**中觀金鑑**—詳述應成派中觀的起源與其破法本質
孫正德老師著　分為上、中、下三冊，每冊250元
46.**佛法入門**—迅速進入三乘佛法大門，消除久學佛法漫無方向之窘境。
○○居士著　將於正覺電子報連載後出版。售價250元
47.**藏傳佛教要義**—《狂密與真密》之簡體字版　平實導師 著 上、下冊
僅在大陸流通　每冊300元
48.**法華經講義**　平實導師述　共二十五輯　每輯300元
已於2015/05/31起開始出版，每二個月出版一輯
49.**西藏「活佛轉世」制度**—附佛、造神、世俗法
許正豐、張正玄老師合著　定價150元
50.**廣論三部曲**　郭正益老師著　定價150元
51.**真心告訴您(二)**—達賴喇嘛是佛教僧侶嗎？
—補祝達賴喇嘛八十大壽
正覺教育基金會編著　售價300元
52.**廣論之平議**—宗喀巴《菩提道次第廣論》之平議　正雄居士著
約二或三輯　俟正覺電子報連載後結集出版　書價未定
53.**末法導護**—對印順法師中心思想之綜合判攝　正慶老師著　書價未定
54.**菩薩學處**—菩薩四攝六度之要義　陸正元老師著　出版日期未定。
55.**八識規矩頌**詳解　○○居士 註解　出版日期另訂　書價未定。
56.**印度佛教史**—法義與考證。依法義史實評論印順《印度佛教思想史、佛教史地考論》之謬說　正偉老師著　出版日期未定　書價未定

57.**中國佛教史**—依中國佛教正法史實而論。 ○○老師 著　書價未定。
58.**中論正義**—釋龍樹菩薩《中論》頌正理。
孫正德老師著　出版日期未定　書價未定
59.**中觀正義**—註解平實導師《中論正義頌》。
○○法師（居士）著　出版日期未定　書價未定
60.**佛藏經講記**　平實導師述　出版日期未定　書價未定
61.**阿含經講記**—將選錄四阿含中數部重要經典全經講解之，講後整理出版。
平實導師述　約二輯　每輯300元　出版日期未定
62.**寶積經講記**　平實導師述　每輯三百餘頁 優惠價300元 出版日期未定
63.**解深密經講記**　平實導師述 約四輯　將於重講後整理出版
64.**成唯識論略解**　平實導師著　五～六輯　每輯300元　出版日期未定
65.**修習止觀坐禪法要講記**　平實導師述　每輯三百餘頁
將於正覺寺建成後重講、以講記逐輯出版　出版日期未定
66.**無門關**—《無門關》公案拈提　平實導師著　出版日期未定
67.**中觀再論**—兼述印順《中觀今論》謬誤之平議。正光老師著 出版日期未定
68.**輪迴與超度**—佛教超度法會之真義。
○○法師（居士）著　出版日期未定　書價未定
69.**《釋摩訶衍論》平議**—對偽稱龍樹所造《釋摩訶衍論》之平議
○○法師（居士）著　出版日期未定　書價未定
70.**正覺發願文**註解—以真實大願為因 得證菩提
正德老師著　出版日期未定　書價未定
71.**正覺總持咒**—佛法之總持　正圜老師著　出版日期未定　書價未定
72.**涅槃**—論四種涅槃　平實導師著　出版日期未定　書價未定
73.**三自性**—依四食、五蘊、十二因緣、十八界法，說三性三無性。
作者未定　出版日期未定
74.**道品**—從三自性說大小乘三十七道品　作者未定　出版日期未定
75.**大乘緣起觀**—依四聖諦七真如現觀十二緣起 作者未定　出版日期未定
76.**三德**—論解脫德、法身德、般若德。　作者未定　出版日期未定
77.**真假如來藏**—對印順《如來藏之研究》謬說之平議　作者未定 出版日期未定
78.**大乘道次第**　作者未定　出版日期未定　書價未定
79.**四緣**—依如來藏故有四緣。　作者未定　出版日期未定
80.**空之探究**—印順《空之探究》謬誤之平議　作者未定 出版日期未定
81.**十法義**—論阿含經中十法之正義　作者未定　出版日期未定
82.**外道見**—論述外道六十二見　作者未定　出版日期未定

正智出版社有限公司 書籍介紹

禪淨圓融：言淨土諸祖所未曾言，示諸宗祖師所未曾示；禪淨圓融，另闢成佛捷徑，兼顧自力他力，闡釋淨土門之速行易行道，亦同時揭櫫聖教門之速行易行道；令廣大淨土行者得免緩行難證之苦，亦令聖道門行者得以藉著淨土速行道而加快成佛之時劫。乃前無古人之超勝見地，非一般弘揚禪淨法門典籍也，先讀爲快。平實導師著 200元。

宗門正眼—**公案拈提**第一輯：繼承克勤圜悟大師碧巖錄宗旨之禪門鉅作。先則舉示當代大法師之邪說，消弭當代禪門大師鄉愿之心態，摧破當今禪門「世俗禪」之妄談；次則旁通教法，表顯宗門正理；繼以道之次第，消弭古今狂禪；後藉言語及文字機鋒，直示宗門入處。悲智雙運，禪味十足，數百年來難得一睹之禪門鉅著也。平實導師著 500元（原初版書《禪門摩尼寶聚》，改版後補充爲五百餘頁新書，總計多達二十四萬字，內容更精彩，並改名爲《宗門正眼》，讀者原購初版《禪門摩尼寶聚》皆可寄回本公司免費換新，免附回郵，亦無截止期限）（2007年起，凡購買公案拈提第一輯至第七輯，每購一輯皆贈送本公司精製公案拈提〈超意境〉CD一片，市售價格280元，多購多贈）。

禪—悟前與悟後：本書能建立學人悟道之信心與正確知見，圓滿具足而有次第地詳述禪悟之功夫與禪悟之內容，指陳參禪中細微淆訛之處，能使學人明自眞心、見自本性。若未能悟入，亦能以正確知見辨別古今中外一切大師究係眞悟？或屬錯悟？便有能力揀擇，捨名師而選明師，後時必有悟道之緣。一旦悟道，遲者七次人天往返，便出三界，速者一生取辦。學人欲求開悟者，不可不讀。　平實導師著。上、下冊共500元，單冊250元。

眞實如來藏：如來藏眞實存在，乃宇宙萬有之本體，並非印順法師、達賴喇嘛等人所說之「唯有名相、無此心體」。如來藏是涅槃之本際，是一切有智之人竭盡心智、不斷探索而不能得之生命實相；是古今中外許多大師自以爲悟而當面錯過之生命實相。如來藏即是阿賴耶識，乃是一切有情本自具足、不生不滅之眞實心。當代中外大師於此書出版之前所未能言者，作者於本書中盡情流露、詳細闡釋。眞悟者讀之，必能增益悟境、智慧增上；錯悟者讀之，必能檢討自己之錯誤，免犯大妄語業；未悟者讀之，能知參禪之理路，亦能以之檢查一切名師是否眞悟。此書是一切哲學家、宗教家、學佛者及欲昇華心智之人必讀之鉅著。　平實導師著　售價400元。

宗門法眼—**公案拈提**第二輯：列舉實例，闡釋土城廣欽老和尚之悟處；並直示這位不識字的老和尚妙智橫生之根由，繼而剖析禪宗歷代大德之開悟公案，解析當代密宗高僧卡盧仁波切之錯悟證據，並例舉當代顯宗高僧、大居士之錯悟證據（凡健在者，爲免影響其名聞利養，皆隱其名）。藉辨正當代名師之邪見，向廣大佛子指陳禪悟之正道，彰顯宗門法眼。悲勇兼出，強捋虎鬚；慈智雙運，巧探驪龍；摩尼寶珠在手，直示宗門入處，禪味十足；若非大悟徹底，不能爲之。禪門精奇人物，允宜人手一冊，供作參究及悟後印證之圭臬。本書於2008年4月改版，增寫為大約500頁篇幅，以利學人研讀參究時更易悟入宗門正法，以前所購初版首刷及初版二刷舊書，皆可免費換取新書。平實導師著 500元（2007年起，凡購買公案拈提第一輯至第七輯，每購一輯皆贈送本公司精製公案拈提〈超意境〉CD一片，市售價格280元，多購多贈）。

宗門道眼—**公案拈提**第三輯：繼宗門法眼之後，再以金剛之作略、慈悲之胸懷、犀利之筆觸，舉示寒山、拾得、布袋三大士之悟處，消弭當代錯悟者對於寒山大士……等之誤會及誹謗。亦舉出民初以來與虛雲和尚齊名之蜀郡鹽亭袁煥仙夫子——南懷瑾老師之師，其「悟處」何在？並蒐羅許多眞悟祖師之證悟公案，顯示禪宗歷代祖師之睿智，指陳部分祖師、奧修及當代顯密大師之謬悟，作爲殷鑑，幫助禪子建立及修正參禪之方向及知見。假使讀者閱此書已，一時尚未能悟，亦可一面加功用行，一面以此宗門道眼辨別眞假善知識，避開錯誤之印證及歧路，可免大妄語業之長劫慘痛果報。欲修禪宗之禪者，務請細讀。平實導師著 售價500元（2007年起，凡購買公案拈提第一輯至第七輯，每購一輯皆贈送本公司精製公案拈提〈超意境〉CD一片，市售價格280元，多購多贈）。

楞伽經詳解：本經是禪宗見道者印證所悟眞僞之根本經典，亦是禪宗見道者悟後起修之依據經典；故達摩祖師於印證二祖慧可大師之後，將此經典連同佛鉢祖衣一併交付二祖，令其依此經典佛示金言、進入修道位，修學一切種智。由此可知此經對於眞悟之人修學佛道，是非常重要之一部經典。此經能破外道邪說，亦破佛門中錯悟名師之謬說，亦破禪宗部分祖師之狂禪：不讀經典、一向主張「一悟即成究竟佛」之謬執。並開示愚夫所行禪、觀察義禪、攀緣如禪、如來禪等差別，令行者對於三乘禪法差異有所分辨；亦糾正禪宗祖師古來對於如來禪之誤解，嗣後可免以訛傳訛之弊。此經亦是法相唯識宗之根本經典，禪者悟後欲修一切種智而入初地者，必須詳讀。平實導師著，全套共十輯，已全部出版完畢，每輯主文約320頁，每冊約352頁，定價250元。

宗門血脈—**公案拈提**第**四**輯：末法怪象—許多修行人自以爲悟，每將無念靈知認作眞實；崇尙二乘法諸師及其徒眾，則將外於如來藏之緣起性空—無因論之無常空、斷滅空、一切法空—錯認爲 佛所說之般若空性。這兩種現象已於當今海峽兩岸及美加地區顯密大師之中普遍存在；人人自以爲悟，心高氣壯，便敢寫書解釋祖師證悟之公案，大多出於意識思惟所得，言不及義，錯誤百出，因此誤導廣大佛子同陷大妄語之地獄業中而不能自知。彼等書中所說之悟處，其實處處違背第一義經典之聖言量。彼等諸人不論是否身披袈裟，都非佛法宗門血脈，或雖有禪宗法脈之傳承，亦只徒具形式；猶如螟蛉，非眞血脈，未悟得根本眞實故。禪子欲知佛、祖之眞血脈者，請讀此書，便知分曉。平實導師著，主文452頁，全書464頁，定價500元（2007年起，凡購買公案拈提第一輯至第七輯，每購一輯皆贈送本公司精製公案拈提〈超意境〉CD一片，市售價格280元，多購多贈）。

宗通與說通：古今中外，錯誤之人如麻似粟，每以常見外道所說之靈知心，認作眞心；或妄想虛空之勝性能量爲眞如，或錯認物質四大元素藉冥性（靈知心本體）能成就吾人色身及知覺，或認初禪至四禪中之了知心爲不生不滅之涅槃心。此等皆非通宗者之見地。復有錯悟之人一向主張「宗門與教門不相干」，此即尚未通達宗門之人也。其實宗門與教門互通不二，宗門所證者乃是眞如與佛性，教門所說者乃說宗門證悟之眞如佛性，故教門與宗門不二。本書作者以宗教二門互通之見地，細說「宗通與說通」，從初見道至悟後起修之道、細說分明；並將諸宗諸派在整體佛教中之地位與次第，加以明確之教判，學人讀之即可了知佛法之梗概也。欲擇明師學法之前，允宜先讀。平實導師著，主文共381頁，全書392頁，只售成本價300元。

宗門正道——**公案拈提**第五輯：修學大乘佛法有二果須證解脫果及大菩提果。二乘人不證大菩提果，唯證解脫果；此果之智慧，名爲聲聞菩提、緣覺菩提。大乘佛子所證二果之菩提果爲佛菩提，故名大菩提果，其慧名爲一切種智函蓋二乘解脫果。然此大乘二果修證，須經由禪宗之宗門證悟方能相應。而宗門證悟極難，自古已然；其所以難者，咎在古今佛教界普遍存在三種邪見：1.以修定認作佛法，2.以無因論之緣起性空—否定涅槃本際如來藏以後之一切法空作爲佛法，3.以常見外道邪見（離語言妄念之靈知性）作爲佛法。如是邪見，或因自身正見未立所致，或因邪師之邪教導所致，或因無始劫來虛妄熏習所致。若不破除此三種邪見，永劫不悟宗門眞義、不入大乘正道，唯能外門廣修菩薩行。平實導師於此書中，有極爲詳細之說明，有志佛子欲摧邪見、入於內門修菩薩行者，當閱此書。主文共496頁，全書512頁。售價500元（2007年起，凡購買公案拈提第一輯至第七輯，每購一輯皆贈送本公司精製公案拈提〈超意境〉CD一片，市售價格280元，多購多贈）。

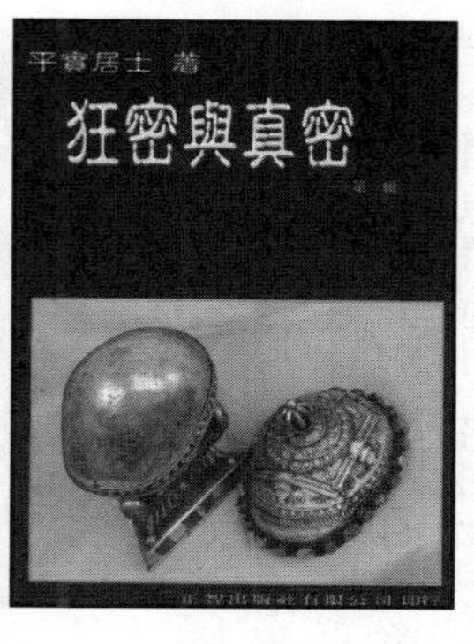

狂密與眞密：密教之修學，皆由有相之觀行法門而入，其最終目標仍不離顯教經典所說第一義諦之修證；若離顯教第一義經典、或違背顯教第一義經典，即非佛教。西藏密教之觀行法，如灌頂、觀想、遷識法、寶瓶氣、大聖歡喜雙身修法、喜金剛、無上瑜伽、大樂光明、樂空雙運等，皆是印度教兩性生生不息思想之轉化，自始至終皆以如何能運用交合淫樂之法達到全身受樂爲其中心思想，純屬欲界五欲的貪愛，不能令人超出欲界輪迴，更不能令人斷除我見；何況大乘之明心與見性，更無論矣！故密宗之法絕非佛法也。而其明光大手印、大圓滿法教，又皆同以常見外道所說離語言妄念之無念靈知心錯認爲佛地之眞如，不能直指不生不滅之眞如。西藏密宗所有法王與徒眾，都尚未開頂門眼，不能辨別眞僞，以依人不依法、依密續不依經典故，不肯將其上師喇嘛所說對照第一義經典，純依密續之藏密祖師所說爲準，因此而誇大其證德與證量，動輒謂彼祖師上師爲究竟佛、爲地上菩薩；如今台海兩岸亦有自謂其師證量高於 釋迦文佛者，然觀其師所述，猶未見道，仍在觀行即佛階段，尚未到禪宗相似即佛、分證即佛階位，竟敢標榜爲究竟佛及地上法王，誑惑初機學人。凡此怪象皆是狂密，不同於眞密之修行者。近年狂密盛行，密宗行者被誤導者極眾，動輒自謂已證佛地眞如，自視爲究竟佛，陷於大妄語業中而不知自省，反謗顯宗眞修實證者之證量粗淺；或如義雲高與釋性圓…等人，於報紙上公然誹謗眞實證道者爲「騙子、無道人、人妖、癩蛤蟆…」等，造下誹謗大乘勝義僧之大惡業；或以外道法中有爲有作之甘露、魔術……等法，誑騙初機學人，狂言彼外道法爲眞佛法。如是怪象，在西藏密宗及附藏密之外道中，不一而足，舉之不盡，學人宜應愼思明辨，以免上當後又犯毀破菩薩戒之重罪。密宗學人若欲遠離邪知邪見者，請閱此書，即能了知密宗之邪謬，從此遠離邪見與邪修，轉入眞正之佛道。

平實導師著 共四輯 每輯約400頁（主文約340頁）每輯售價300元。

宗門正義—公案拈提第六輯：佛教有六大危機，乃是藏密化、世俗化、膚淺化、學術化、宗門密意失傳、悟後進修諸地之次第混淆；其中尤以宗門密意之失傳，爲當代佛教最大之危機。由宗門密意失傳故，易令世尊本懷普被錯解，易令世尊正法被轉易爲外道法，以及加以淺化、世俗化，是故宗門密意之廣泛弘傳與具緣佛弟子，極爲重要。然而欲令宗門密意之廣泛弘傳予具緣之佛弟子者，必須同時配合錯誤知見之解析、普令佛弟子知之，然後輔以公案解析之直示入處，方能令具緣之佛弟子悟入。而此二者，皆須以公案拈提之方式爲之，方易成其功、竟其業，是故平實導師續作宗門正義一書，以利學人。全書500餘頁，售價500元（2007年起，凡購買公案拈提第一輯至第七輯，每購一輯皆贈送本公司精製公案拈提〈超意境〉CD一片，市售價格280元，多購多贈）。

心經密意—心經與解脫道、佛菩提道、祖師公案之關係與密意。二乘菩提所證之解脫道，實依第八識心之斷除煩惱障現行而立解脫之名；大乘菩提所證之佛菩提道，實依親證第八識如來藏之涅槃性、清淨自性、及其中道性而立般若之名；禪宗祖師公案所證之眞心，即是此第八識如來藏；是故三乘佛法所修所證之三乘菩提，皆依此如來藏心而立名也。證得此如來藏已，即能漸入大乘佛菩提道，亦可因證知此心而了知二乘無學所不能知之無餘涅槃本際，是故《心經》之密意，與三乘佛菩提之關係極爲密切、不可分割，三乘佛法皆依此心而立名故。今者平實導師以其所證解脫道之無生智及佛菩提之般若種智，將《心經》與解脫道、佛菩提道、祖師公案之關係與密意，以演講之方式，用淺顯之語句和盤托出，發前人所未言，呈三乘菩提之眞義，令人藉此《心經密意》一舉而窺三乘菩提之堂奧，迴異諸方言不及義之說；欲求眞實佛智者、不可不讀！主文317頁，連同跋文及序文…等共384頁，售價300元。

宗門密意——公案拈提第七輯：佛教之世俗化，將導致學人以信仰作爲學佛，則將以感應及世間法之庇祐，作爲學佛之主要目標，不能了知學佛之主要目標爲親證三乘菩提。大乘菩提則以般若實相智慧爲主要修習目標，以二乘菩提解脫道爲附帶修習之標的；是故學習大乘法者，應以禪宗之證悟爲要務，能親入大乘菩提之實相般若智慧中故，般若實相智慧非二乘聖人所能知故。此書則以台灣世俗化佛教之三大法師，說法似是而非之實例，配合眞悟祖師之公案解析，提示證悟般若之關節，令學人易得悟入。平實導師著，全書五百餘頁，售價500元（2007年起，凡購買公案拈提第一輯至第七輯，每購一輯皆贈送本公司精製公案拈提〈超意境〉CD一片，市售價格280元，多購多贈）。

淨土聖道——兼評日本本願念佛：佛法甚深極廣，般若玄微，非諸二乘聖僧所能知之，一切凡夫更無論矣！所謂一切證量皆歸淨土是也！是故大乘法中「聖道之淨土、淨土之聖道」，其義甚深，難可了知；乃至眞悟之人，初心亦難知也。今有正德老師眞實證悟後，復能深探淨土與聖道之緊密關係，憐憫眾生之誤會淨土實義，亦欲利益廣大淨土行人同入聖道，同獲淨土中之聖道門要義，乃振奮心神、書以成文，今得刊行天下。主文279頁，連同序文等共301頁，總有十一萬六千餘字，正德老師著，成本價200元。

起信論講記：詳解大乘起信論**心生滅門**與**心眞如門**之眞實意旨，消除以往大師與學人對起信論所說**心生滅門**之誤解，由是而得了知眞心如來藏之非常非斷中道正理；亦因此一講解，令此論以往隱晦而被誤解之眞實義，得以如實顯示，令大乘佛菩提道之正理得以顯揚光大；初機學者亦可藉此正論所顯示之法義，對大乘法理生起正信，從此得以眞發菩提心，眞入大乘法中修學，世世常修菩薩正行。平實導師演述，共六輯，都已出版，每輯三百餘頁，售價250元。

優婆塞戒經講記：本經詳述在家菩薩修學大乘佛法，應如何受持菩薩戒？對人間善行應如何看待？對三寶應如何護持？應如何正確地修集此世後世證法之福德？應如何修集後世「行菩薩道之資糧」？並詳述第一義諦之正義：五蘊非我非異我、自作自受、異作異受、不作不受……等深妙法義，乃是修學大乘佛法、行菩薩行之在家菩薩所應當了知者。出家菩薩今世或未來世登地已，捨報之後多數將如華嚴經中諸大菩薩，以在家菩薩身而修行菩薩行，故亦應以此經所述正理而修之，配合《楞伽經、解深密經、楞嚴經、華嚴經》等道次第正理，方得漸次成就佛道；故此經是一切大乘行者皆應證知之正法。平實導師講述，每輯三百餘頁，售價各250元；共八輯，已全部出版。

真假活佛—略論附佛外道盧勝彥之邪說：人人身中都有眞活佛，永生不滅而有大神用，但眾生都不了知，所以常被身外的西藏密宗假活佛籠罩欺瞞。本來就眞實存在的眞活佛，才是眞正的密宗無上密！諾那活佛因此而說禪宗是大密宗，但藏密的所有活佛都不知道、也不曾實證自身中的眞活佛。本書詳實宣示眞活佛的道理，舉證盧勝彥的「佛法」不是眞佛法，也顯示盧勝彥是假活佛，直接的闡釋第一義佛法見道的眞實正理。眞佛宗的所有上師與學人們，都應該詳細閱讀，包括盧勝彥個人在內。正犀居士著，優惠價140元。

阿含正義—唯識學探源：廣說四大部《阿含經》諸經中隱說之眞正義理，一一舉示佛陀本懷，令阿含時期初轉法輪根本經典之眞義，如實顯現於佛子眼前。並提示末法大師對於阿含眞義誤解之實例，一一比對之，證實唯識增上慧學確於原始佛法之阿含諸經中已隱覆密意而略說之，證實 世尊確於原始佛法中已曾密意而說第八識如來藏之總相；亦證實 世尊在四阿含中已說此藏識是名色十八界之因、之本—證明如來藏是能生萬法之根本心。佛子可據此修正以往受諸大師（譬如西藏密宗應成派中觀師：印順、昭慧、性廣、大願、達賴、宗喀巴、寂天、月稱、……等人）誤導之邪見，建立正見，轉入正道乃至親證初果而無困難；書中並詳說三果所證的**心解脫**，以及四果**慧解脫**的親證，都是如實可行的具體知見與行門。全書共七輯，已出版完畢。平實導師著，每輯三百餘頁，售價300元。

超意境CD：以平實導師公案拈提書中超越意境之頌詞，加上曲風優美的旋律，錄成令人嚮往的超意境歌曲，其中包括正覺發願文及平實導師親自譜成的黃梅調歌曲一首。詞曲雋永，殊堪翫味，可供學禪者吟詠，有助於見道。內附設計精美的彩色小冊，解說每一首詞的背景本事。每片280元。【每購買公案拈提書籍一冊，即贈送一片。】

鈍鳥與靈龜：鈍鳥及靈龜二物，被宗門證悟者說爲二種人：前者是精修禪定而無智慧者，也是以定爲禪的愚癡禪人；後者是或有禪定、或無禪定的宗門證悟者，凡已證悟者皆是靈龜。但後來被人虛造事實，用以嘲笑大慧宗杲禪師，說他雖是靈龜，卻不免被天童禪師預記「患背」痛苦而亡：「**鈍鳥離巢易，靈龜脫殼難**。」藉以貶低大慧宗杲的證量。同時將天童禪師實證如來藏的證量，曲解爲意識境界的離念靈知。自從大慧禪師入滅以後，錯悟凡夫對他的不實毀謗就一直存在著，不曾止息，並且捏造的假事實也隨著年月的增加而越來越多，終至編成「鈍鳥與靈龜」的假公案、假故事。本書是考證大慧與天童之間的不朽情誼，顯現這件假公案的虛妄不實；更見大慧宗杲面對惡勢力時的正直不阿，亦顯示大慧對天童禪師的至情深義，將使後人對大慧宗杲的誣謗至此而止，不再有人誤犯毀謗賢聖的惡業。書中亦舉證宗門的所悟確以第八識如來藏爲標的，詳讀之後必可改正以前被錯悟大師誤導的參禪知見，日後必定有助於實證禪宗的開悟境界，得階大乘眞見道位中，即是實證般若之賢聖。全書459頁，售價350元。

我的菩提路第一輯：凡夫及二乘聖人不能實證的佛菩提證悟，末法時代的今天仍然有人能得實證，由正覺同修會釋悟圓、釋善藏法師等二十餘位實證如來藏者所寫的見道報告，已為當代學人見證宗門正法之絲縷不絕，證明大乘義學的法脈仍然存在，為末法時代求悟般若之學人照耀出光明的坦途。由二十餘位大乘見道者所繕，敘述各種不同的學法、見道因緣與過程，參禪求悟者必讀。全書三百餘頁，售價300元。

我的菩提路第二輯：由郭正益老師等人合著，書中詳述彼等諸人歷經各處道場學法，一一修學而加以檢擇之不同過程以後，因閱讀正覺同修會、正智出版社書籍而發起抉擇分，轉入正覺同修會中修學；乃至學法及見道之過程，都一一詳述之。其中張志成等人係由前現代禪轉進正覺同修會，張志成原為現代禪副宗長，以前未閱本會書籍時，曾被人藉其名義著文評論 平實導師（詳見《宗通與說通》辨正及《眼見佛性》書末附錄…等）；後因偶然接觸正覺同修會書籍，深覺以前聽人評論平實導師之語不實，於是投入極多時間閱讀本會書籍、深入思辨，詳細探索中觀與唯識之關聯與異同，認為正覺之法義方是正法，深覺相應；亦解開多年來對佛法的迷雲，確定應依八識論正理修學方是正法。乃不顧面子，毅然前往正覺同修會面見平實導師懺悔，並正式學法求悟。今已與其同修王美伶（亦為前現代禪傳法老師），同樣證悟如來藏而證得法界實相，生起實相般若真智。此書中尚有七年來本會第一位眼見佛性者之見性報告一篇，一同供養大乘佛弟子。全書共四百頁，售價300元。

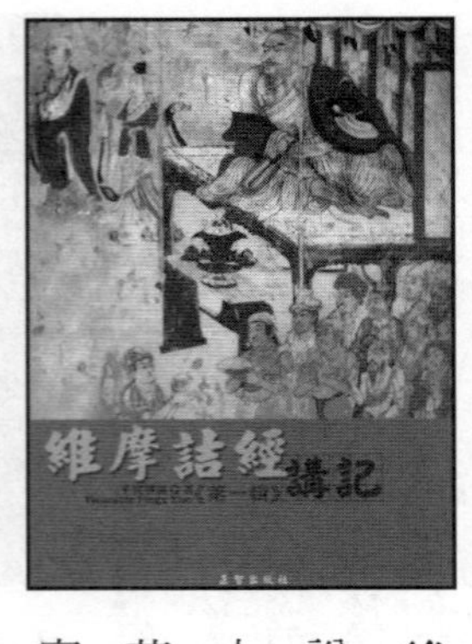

維摩詰經講記：本經係 世尊在世時，由等覺菩薩維摩詰居士藉疾病而演說之大乘菩提無上妙義，所說函蓋甚廣，然極簡略，是故今時諸方大師與學人讀之悉皆錯解，何況能知其中隱含之深妙正義，是故普遍無法爲人解說；若強爲人說，則成依文解義而有諸多過失。今由平實導師公開宣講之後，詳實解釋其中密意，令維摩詰菩薩所說大乘不可思議解脫之深妙正法得以正確宣流於人間，利益當代學人及與諸方大師。書中詳實演述大乘佛法深妙不共二乘之智慧境界，顯示諸法之中絕待之實相境界，建立大乘菩薩妙道於永遠不敗不壞之地，以此成就護法偉功，欲冀永利娑婆人天。已經宣講圓滿整理成書流通，以利諸方大師及諸學人。全書共六輯，每輯三百餘頁，售價各250元。

真假外道：本書具體舉證佛門中的常見外道知見實例，並加以教證及理證上的辨正，幫助讀者輕鬆而快速的了知常見外道的錯誤知見，進而遠離佛門內外的常見外道知見，因此即能改正修學方向而快速實證佛法。游正光老師著。成本價200元。

勝鬘經講記：如來藏爲三乘菩提之所依，若離如來藏心體及其含藏之一切種子，即無三界有情及一切世間法，亦無二乘菩提緣起性空之出世間法；本經詳說無始無明、一念無明皆依如來藏而有之正理，藉著詳解煩惱障與所知障間之關係，令學人深入了知二乘菩提與佛菩提相異之妙理；聞後即可了知佛菩提之特勝處及三乘修道之方向與原理，邁向攝受正法而速成佛道的境界中。平實導師講述，共六輯，每輯三百餘頁，售價各250元。

楞嚴經講記：楞嚴經係密教部之重要經典，亦是顯教中普受重視之經典；經中宣說明心與見性之內涵極爲詳細，將一切法都會歸如來藏及佛性—妙眞如性；亦闡釋佛菩提道修學過程中之種種魔境，以及外道誤會涅槃之狀況，旁及三界世間之起源。然因言句深澀難解，法義亦復深妙寬廣，學人讀之普難通達，是故讀者大多誤會，不能如實理解佛所說之明心與見性內涵，亦因是故多有悟錯之人引爲開悟之證言，成就大妄語罪。今由平實導師詳細講解之後，整理成文，以易讀易懂之語體文刊行天下，以利學人。全書十五輯，全部出版完畢。每輯三百餘頁，售價每輯300元。

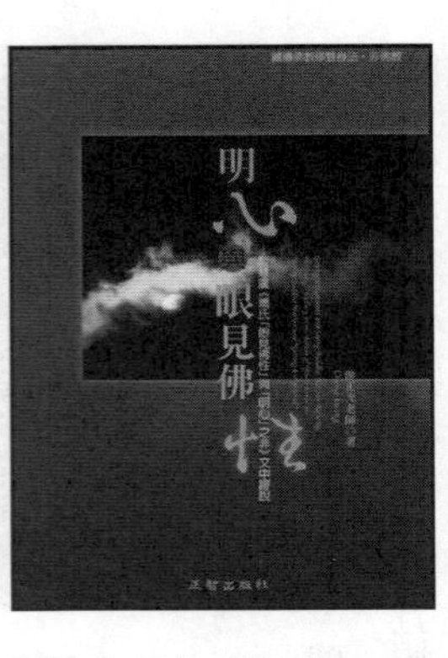

明心與眼見佛性：本書細述明心與眼見佛性之異同，同時顯示了中國禪宗破初參明心與重關眼見佛性二關之間的關聯；書中又藉法義辨正而旁述其他許多勝妙法義，讀後必能遠離佛門長久以來積非成是的錯誤知見，令讀者在佛法的實證上有極大助益。也藉慧廣法師的謬論來教導佛門學人回歸正知正見，遠離古今禪門錯悟者所墮的意識境界，非唯有助於斷我見，也對未來的開悟明心實證第八識如來藏有所助益，是故學禪者都應細讀之。游正光老師著　共448頁　售價300元。

菩薩底憂鬱CD將菩薩情懷及禪宗公案寫成新詞，並製作成超越意境的優美歌曲。1.主題曲〈菩薩底憂鬱〉，描述地後菩薩能離三界生死而迴向繼續生在人間，但因尚未斷盡習氣種子而有極深沈之憂鬱，非三賢位菩薩及二乘聖者所知，此憂鬱在七地滿心位方才斷盡；本曲之詞中所說義理極深，昔來所未曾見；此曲係以優美的情歌風格寫詞及作曲，聞者得以激發嚮往諸地菩薩境界之大心，詞、曲都非常優美，難得一見；其中勝妙義理之解說，已印在附贈之彩色小冊中。2.以各輯公案拈提中直示禪門入處之頌文，作成各種不同曲風之超意境歌曲，值得玩味、參究；聆聽公案拈提之優美歌曲時，請同時閱讀內附之印刷精美說明小冊，可以領會超越三界的證悟境界；未悟者可以因此引發求悟之意向及疑情，眞發菩提心而邁向求悟之途，乃至因此眞實悟入般若，成眞菩薩。3.正覺總持咒新曲，總持佛法大意；總持咒之義理，已加以解說並印在隨附之小冊中。本CD共有十首歌曲，長達63分鐘，附贈二張購書優惠券。每片280元。

禪意無限CD平實導師以公案拈提書中偈頌寫成不同風格曲子，與他人所寫不同風格曲子共同錄製出版，幫助參禪人進入禪門超越意識之境界。盒中附贈彩色印製的精美解說小冊，以供聆聽時閱讀，令參禪人得以發起參禪之疑情，即有機會證悟本來面目，實證大乘菩提般若。本CD共有十首歌曲，長達69分鐘，每盒各附贈二張購書優惠券。每片280元。

金剛經宗通：三界唯心，萬法唯識，是成佛之修證內容，是諸地菩薩之所修；般若則是成佛之道（實證三界唯心、萬法唯識）的入門，若未證悟實相般若，即無成佛之可能，必將永在外門廣行菩薩六度，永在凡夫位中。然而實相般若的發起，全賴實證萬法的實相；若欲證知萬法的眞相，則必須探究萬法之所從來，則須實證自心如來—金剛心如來藏，然後現觀這個金剛心的金剛性、眞實性、如如性、清淨性、涅槃性、能生萬法的自性性、本住性，名爲證眞如；進而現觀三界六道唯是此金剛心所成，人間萬法須藉八識心王和合運作方能現起。如是實證《華嚴經》的「三界唯心、萬法唯識」以後，由此等現觀而發起實相般若智慧，繼續進修第十住位的如幻觀、第十行位的陽焰觀、第十迴向位的如夢觀，再生起增上意樂而勇發十無盡願，方能滿足三賢位的實證，轉入初地；自知成佛之道而無偏倚，從此按部就班、次第進修乃至成佛。第八識自心如來是般若智慧之所依，般若智慧的修證則要從實證金剛心自心如來開始；《金剛經》則是解說自心如來之經典，是一切三賢位菩薩所應進修之實相般若經典。這一套書，是將平實導師宣講的《金剛經宗通》內容，整理成文字而流通之；書中所說義理，迥異古今諸家依文解義之說，指出大乘見道方向與理路，有益於禪宗學人求開悟見道，及轉入內門廣修六度萬行。講述完畢後結集出版，總共9輯，每輯約三百餘頁，售價各250元。

空行母——性別、身分定位，以及藏傳佛教：本書作者爲蘇格蘭哲學家，因爲嚮往佛教深妙的哲學內涵，於是進入當年盛行於歐美的假藏傳佛教密宗，擔任卡盧仁波切的翻譯工作多年以後，被邀請成爲卡盧的空行母（又名佛母、明妃），開始了她在密宗裡的實修過程；後來發覺在密宗雙身法中的修行，其實無法使自己成佛，也發覺密宗對女性岐視而處處貶抑，並剝奪女性在雙身法中擔任一半角色時應有的身分定位。當她發覺自己只是雙身法中被喇嘛利用的工具，沒有獲得絲毫應有的尊重與基本定位時，發現了密宗的父權社會控制女性的本質；於是作者傷心地離開了卡盧仁波切與密宗，但是卻被恐嚇不許講出她在密宗裡的經歷，也不許她說出自己對密宗的教義與教制下對女性剝削的本質，否則將被咒殺死亡。後來她去加拿大定居，十餘年後方才擺脫這個恐嚇陰影，下定決心將親身經歷的實情及觀察到的事實寫下來並且出版，公諸於世。出版之後，她被流亡的達賴集團人士大力攻訐，誣指她爲精神狀態失常、說謊……等。但有智之士並未被達賴集團的政治操作及各國政府政治運作吹捧達賴的表相所欺，使她的書銷售無阻而又再版。正智出版社鑑於作者此書是親身經歷的事實，所說具有針對「藏傳佛教」而作學術研究的價值，也有使人認清假藏傳佛教剝削佛母、明妃的男性本位實質，因此洽請作者同意中譯而出版於華人地區。珍妮·坎貝爾女士著，呂艾倫 中譯，每冊250元。

霧峰無霧——給哥哥的信：本書作者藉兄弟之間信件往來論義，略述佛法大義；並以多篇短文辨義，舉出釋印順對佛法的無量誤解證據，並一一給予簡單而清晰的辨正，令人一讀即知。久讀、多讀之後即能認清楚釋印順的六識論見解，與眞實佛法之牴觸是多麼嚴重；於是在久讀、多讀之後，於不知不覺之間提升了對佛法的極深入理解，正知正見就在不知不覺間建立起來了。當三乘佛法的正知見建立起來之後，對於三乘菩提的見道條件便將隨之具足，於是聲聞解脫道的見道也就水到渠成；接著大乘見道的因緣也將次第成熟，未來自然也會有親見大乘菩提之道的因緣，悟入大乘實相般若也將自然成功，自能通達般若系列諸經而成實義菩薩。作者居住於南投縣霧峰鄉，自喻見道之後不復再見霧峰之霧，故鄉原野美景一一明見，於是立此書名爲《霧峰無霧》；讀者若欲撥霧見月，可以此書爲緣。游宗明 老師著 售價250元。

假藏傳佛教的神話—性、謊言、喇嘛教：本書編著者是由一首名叫「阿姊鼓」的歌曲爲緣起，展開了序幕，揭開假藏傳佛教—喇嘛教—的神祕面紗。其重點是蒐集、摘錄網路上質疑「喇嘛教」的帖子，以揭穿「假藏傳佛教的神話」爲主題，串聯成書，並附加彩色插圖以及說明，讓讀者們瞭解西藏密宗及相關人事如何被操作爲「神話」的過程，以及神話背後的眞相。作者：張正玄教授。售價200元。

達賴真面目—玩盡天下女人：假使您不想戴綠帽子，請記得詳細閱讀此書；假使您不想讓好朋友戴綠帽子，請您將此書介紹給您的好朋友。假使您想保護家中的女性，也想要保護好朋友的女眷，請記得將此書送給家中的女性和好友的女眷都來閱讀。本書爲印刷精美的大本彩色中英對照精裝本，爲您揭開達賴喇嘛的眞面目，內容精彩不容錯過，爲利益社會大眾，特別以優惠價格嘉惠所有讀者。編著者：白志偉等。大開版雪銅紙彩色精裝本。售價800元。

喇嘛性世界—揭開假藏傳佛教譚崔瑜伽的面紗：這個世界中的喇嘛，號稱來自世外桃源的香格里拉，穿著或紅或黃的喇嘛長袍，散布於我們的身邊傳教灌頂，吸引了無數的人嚮往學習；這些喇嘛虔誠地爲大眾祈福，手中拿著寶杵（金剛）與寶鈴（蓮花），口中唸著咒語：「唵．嘛呢．叭咪．吽……」，咒語的意思是說：「我至誠歸命金剛杵上的寶珠伸向蓮花寶穴之中」！「喇嘛性世界」是什麼樣的「世界」呢？本書將爲您呈現喇嘛世界的面貌。當您發現眞相以後，您將會唸：「噢！喇嘛．性．世界，譚崔性交嘛！」作者：張善思、呂艾倫。售價200元。

末代達賴——性交教主的悲歌：簡介從藏傳僞佛教（喇嘛教）的修行核心——性力派男女雙修，探討達賴喇嘛及藏傳僞佛教的修行內涵。書中引用外國知名學者著作、世界各地新聞報導，包含：歷代達賴喇嘛的祕史、達賴六世修雙身法的事蹟，以及《時輪續》中的性交灌頂儀式……等；達賴喇嘛書中開示的雙修法、達賴喇嘛的黑暗政治手段；達賴喇嘛所領導的寺院爆發喇嘛性侵兒童；新聞報導《西藏生死書》作者索甲仁波切性侵女信徒、澳洲喇嘛秋達公開道歉、美國最大假藏傳佛教組織領導人邱陽創巴仁波切的性氾濫；等等事件背後眞相的揭露。作者：張善思、呂艾倫、辛燕。售價250元。

第七意識與第八意識？——穿越時空「超意識」：「三界唯心，萬法唯識」是佛教中應該實證的聖教，也是《華嚴經》中明載而可以實證的法界實相。唯心者，三界一切境界、一切諸法唯是一心所成就，即是每一個有情的第八識如來藏，不是意識心。唯識者，即是人類各各都具足的八識心王——眼識、耳鼻舌身意識、意根、阿賴耶識，第八阿賴耶識又名如來藏，人類五陰相應的萬法，莫不由八識心王共同運作而成就，故說萬法唯識。依聖教量及現量、比量，都可以證明意識是二法因緣生，是由第八識藉意根與法塵二法爲因緣而出生，又是夜夜斷滅不存之生滅心，即無可能反過來出生第七識意根、第八識如來藏，當知不可能從生滅性的意識心中，細分出恆審思量的第七識意根，更無可能細分出恆而不審的第八識如來藏。本書是將演講內容整理成文字，細說如是內容，並已在〈正覺電子報〉連載完畢，今彙集成書以廣流通，欲幫助佛門有緣人斷除意識我見，跳脫於識陰之外而取證聲聞初果；嗣後修學禪宗時即得不墮外道神我之中，得以求證第八識金剛心而發起般若實智。平實導師 述，每冊300元。

黯淡的達賴—失去光彩的諾貝爾和平獎：本書舉出很多證據與論述，詳述達賴喇嘛不爲世人所知的一面，顯示達賴喇嘛並不是眞正的和平使者，而是假借諾貝爾和平獎的光環來欺騙世人；透過本書的說明與舉證，讀者可以更清楚的瞭解，達賴喇嘛是結合暴力、黑暗、淫欲於喇嘛教裡的集團首領，其政治行爲與宗教主張，早已讓諾貝爾和平獎的光環染污了。 本書由財團法人正覺教育基金會寫作、編輯，由正覺出版社印行，每冊250元。

童女迦葉考—論呂凱文〈佛教輪迴思想的論述分析〉之謬：童女迦葉是佛世率領五百大比丘遊行於人間的歷史事實，是以童貞行而依止菩薩戒弘化於人間的大菩薩，不依別解脫戒（聲聞戒）來弘化於人間。這是大乘佛教與聲聞佛教同時存在於佛世的歷史明證，證明大乘佛教不是從聲聞法中分裂出來的部派佛教的產物，卻是聲聞佛教分裂出來的部派佛教聲聞凡夫僧所不樂見的史實；於是古今聲聞法中的凡夫都欲加以扭曲而作詭說，更是末法時代高聲大呼「大乘非佛說」的六識論聲聞凡夫極力想要扭曲的佛教史實之一，於是想方設法扭曲迦葉菩薩爲聲聞僧，以及扭曲迦葉童女爲比丘僧等荒謬不實之論著便陸續出現，古時聲聞僧寫作的《分別功德論》是最具體之事例，現代之代表作則是呂凱文先生的〈佛教輪迴思想的論述分析〉論文。鑑於如是假藉學術考證以籠罩大衆之不實謬論，未來仍將繼續造作及流竄於佛教界，繼續扼殺大乘佛教學人法身慧命，必須舉證辨正之，遂成此書。平實導師 著，每冊180元。

人間佛教—實證者必定不悖三乘菩提：「大乘非佛說」的講法似乎流傳已久，卻只是日本人企圖擺脫中國正統佛教的影響，而在明治維新時期才開始提出來的說法；台灣佛教、大陸佛教的淺學無智之人，由於未曾實證佛法而迷信日本人錯誤的學術考證，錯認爲這些別有用心的日本佛學考證的講法爲天竺佛教的眞實歷史；甚至還有更激進的反對佛教者提出「釋迦牟尼佛並非眞實存在，只是後人揑造的假歷史人物」，竟然也有少數人願意跟著「學術」的假光環而信受不疑，於是開始有一些佛教界人士造作了反對中國佛教而推崇南洋小乘佛教的行爲，使佛教的信仰者難以檢擇，導致一般大陸人士開始轉入基督教的盲目迷信中。在這些佛教及外教人士之中，也就有一分人根據此邪說而大聲主張「大乘非佛說」的謬論，這些人以「人間佛教」的名義來抵制中國正統佛教，公然宣稱中國的大乘佛教是由聲聞部派佛教的凡夫僧所創造出來的。這樣的說法流傳於台灣及大陸佛教界凡夫僧之中已久，卻非眞正的佛教歷史中曾經發生過的事，只是繼承六識論的聲聞法中凡夫僧依自己的意識境界立場，純憑臆想而編造出來的妄想說法，卻已經影響許多無智之凡夫僧俗信受不移。本書則是從佛教的經藏法義實質及實證的現量內涵本質立論，證明大乘佛法本是佛說，是從《阿含正義》尚未說過的不同面向來討論「人間佛教」的議題，證明「大乘眞佛說」。閱讀本書可以斷除六識論邪見，迴入三乘菩提正道發起實證的因緣；也能斷除禪宗學人學禪時普遍存在之錯誤知見，對於建立參禪時的正知見有很深的著墨。平實導師 述，內文488頁，全書528頁，定價400元。

見性與看話頭：黃正倖老師的《見性與看話頭》於《正覺電子報》連載完畢，今集結出版。書中詳說禪宗看話頭的詳細方法，並細說看話頭與眼見佛性的關係，以及眼見佛性者求見佛性前必須具備的條件。本書是禪宗實修者追求明心開悟時參禪的方法書，也是求見佛性者作功夫時必讀的方法書，內容兼顧眼見佛性的理論與實修之方法，是依實修之體驗配合理論而詳述，條理分明而且極爲詳實、周全、深入。本書內文375頁，全書416頁，售價300元。

中觀金鑑—**詳述應成派中觀的起源與其破法本質：**學佛人往往迷於中觀學派之不同學說，被應成派與自續派所迷惑；修學般若中觀二十年後自以爲實證般若中觀了，卻仍不曾入門，甫聞實證般若中觀者之所說，則茫無所知，迷惑不解；隨後信心盡失，不知如何實證佛法；凡此，皆因惑於這二派中觀學說所致。自續派中觀所說同於常見，以意識境界立爲第八識如來藏之境界，應成派所說則同於斷見，但又同立意識爲常住法，故亦具足斷常二見。今者孫正德老師有鑑於此，乃將起源於密宗的應成派中觀學說，追本溯源，詳考其來源之外，亦一一舉證其立論內容，詳加辨正，令密宗雙身法祖師以識陰境界而造之應成派中觀學說本質，詳細呈現於學人眼前，令其維護雙身法之目的無所遁形。若欲遠離密宗此二大派中觀謬說，欲於三乘菩提有所進道者，允宜具足閱讀並細加思惟，反覆讀之以後將可捨棄邪道返歸正道，則於般若之實證即有可能，證後自能現觀如來藏之中道境界而成就中觀。本書分上、中、下三冊，每冊250元，已全部出版完畢。

真心告訴您（一）—**達賴喇嘛在幹什麼？**這是一本報導篇章的選集，更是「破邪顯正」的暮鼓晨鐘。「破邪」是戳破假象，說明達賴喇嘛及其所率領的密宗四大派法王、喇嘛們，弘傳的佛法是仿冒的佛法；他們是假藏傳佛教，是坦特羅(譚崔性交)外道法和藏地崇奉鬼神的苯教混合成的「喇嘛教」，推廣的是以所謂「無上瑜伽」的男女雙身法冒充佛法的假佛教，詐財騙色誤導眾生，常常造成信徒家庭破碎、家中兒少失怙的嚴重後果。「顯正」是揭櫫眞相，指出眞正的藏傳佛教只有一個，就是覺囊巴，傳的是 釋迦牟尼佛演繹的第八識如來藏妙法，稱爲他空見大中觀。正覺教育基金會即以此古今輝映的如來藏正法正知見，在眞心新聞網中逐次報導出來，將箇中原委「眞心告訴您」，如今結集成書，與想要知道密宗眞相的您分享。售價250元。

實相經宗通：學佛之目的在於實證一切法界背後之實相，禪宗稱之爲本來面目或本地風光，佛菩提道中稱之爲實相法界；此實相法界即是金剛藏，又名佛法之祕密藏，即是能生有情五陰、十八界及宇宙萬有（山河大地、諸天、三惡道世間）的第八識如來藏，又名阿賴耶識心，即是禪宗祖師所說的眞如心，此心即是三界萬有背後的實相。證得此第八識心時，自能瞭解般若諸經中隱說的種種密意，即得發起實相般若——實相智慧。每見學佛人修學佛法二十年後仍對實相般若茫然無知，亦不知如何入門，茫無所趣；更因不知三乘菩提的互異互同，是故越是久學者對佛法越覺茫然，都肇因於尙未瞭解佛法的全貌，亦未瞭解佛法的修證內容即是第八識心所致。本書對於修學佛法者所應實證的實相境界提出明確解析，並提示趣入佛菩提道的入手處，有心親證實相般若的佛法實修者，宜詳讀之，於佛菩提道之實證即有下手處。平實導師述著，共八輯，全部出版完畢，每輯成本價250元。

法華經講義：此書爲平實導師始從2009/7/21演述至2014/1/14之講經錄音整理所成。世尊一代時教，總分五時三教，即是華嚴時、聲聞緣覺教、般若教、種智唯識教、法華時；依此五時三教區分爲藏、通、別、圓四教。本經是最後一時的圓教經典，圓滿收攝一切法教於本經中，是故最後的圓教聖訓中，特地指出無有三乘菩提，其實唯有一佛乘；皆因眾生愚迷故，方便區分爲三乘菩提以助眾生證道。世尊於此經中特地說明如來示現於人間的唯一大事因緣，便是爲有緣眾生「開、示、悟、入」諸佛的所知所見——第八識如來藏妙眞如心，並於諸品中隱說「妙法蓮花」如來藏心的密意。然因此經所說甚深難解，眞義隱晦，古來難得有人能窺堂奧；平實導師以知如是密意故，特爲末法佛門四眾演述《妙法蓮華經》中各品蘊含之密意，使古來未曾被古德註解出來的「此經」密意，如實顯示於當代學人眼前。乃至〈藥王菩薩本事品〉、〈妙音菩薩品〉、〈觀世音菩薩普門品〉、〈普賢菩薩勸發品〉中的微細密意，亦皆一併詳述之，開前人所未曾言之密意，示前人所未見之妙法。最後乃至以〈法華大意〉而總其成，全經妙旨貫通始終，而依佛旨圓攝於一心如來藏妙心，厥爲曠古未有之大說也。平實導師述　已於2015/5/31起出版第一輯，每兩個月出版一輯，共有25輯。每輯300元。

西藏「活佛轉世」制度—附佛、造神、世俗法：歷來關於喇嘛教活佛轉世的研究，多針對歷史及文化兩部分，於其所以成立的理論基礎，較少系統化的探討。尤其是此制度是否依據「佛法」而施設？是否合乎佛法眞實義？現有的文獻大多含糊其詞，或人云亦云，不曾有明確的闡釋與如實的見解。因此本文先從活佛轉世的由來，探索此制度的起源、背景與功能，並進而從活佛的尋訪與認證之過程，發掘活佛轉世的特徵，以確認「活佛轉世」在佛法中應具足何種果德。定價150元。

真心告訴您（二）—達賴喇嘛是佛教僧侶嗎？補祝達賴喇嘛八十大壽：這是一本針對當今達賴喇嘛所領導的喇嘛教，冒用佛教名相、於師徒間或師兄姊間，實修男女邪淫，而從佛法三乘菩提的現量與聖教量，揭發其謊言與邪術，證明達賴及其喇嘛教是仿冒佛教的外道，是「假藏傳佛教」。藏密四大派教義雖有「八識論」與「六識論」的表面差異，然其實修之內容，皆共許「無上瑜伽」四部灌頂爲究竟「成佛」之法門，也就是共以男女雙修之邪淫法爲「即身成佛」之密要，雖美其名曰「欲貪爲道」之「金剛乘」，並誇稱其成就超越於（應身佛）釋迦牟尼佛所傳之顯教般若乘之上；然詳考其理論，則或以意識離念時之粗細心爲第八識如來藏，或以中脈裡的明點爲第八識如來藏，或如宗喀巴與達賴堅決主張第六意識爲常恆不變之眞心者，分別墮於外道之常見與斷見中；全然違背　佛說能生五蘊之如來藏的實質。售價300元。

修習止觀坐禪法要講記：修學四禪八定之人，往往錯會禪定之修學知見，欲以無止盡之坐禪而證禪定境界，卻不知修除性障之行門才是修證四禪八定不可或缺之要素，故智者大師云「性障初禪」；性障不除，初禪永不現前，云何修證二禪等？又：行者學定，若唯知數息，而不解六妙門之方便善巧者，欲求一心入定，極難可得，智者大師名之爲「事障未來」：障礙未到地定之修證。又禪定之修證，不可違背二乘菩提及第一義法，否則縱使具足四禪八定，亦不能實證涅槃而出三界。此諸知見，智者大師於《修習止觀坐禪法要》中皆有闡釋。作者平實導師以其第一義之見地及禪定之實證證量，曾加以詳細解析。將俟正覺寺竣工啓用後重講，不限制聽講者資格；講後將以語體文整理出版。欲修習世間定及增上定之學者，宜細讀之。平實導師述著。

解深密經講記：本經係 世尊晚年第三轉法輪，宣說地上菩薩所應熏修之唯識正義經典，經中所說義理乃是大乘一切種智增上慧學，以阿陀那識—如來藏—阿賴耶識爲主體。禪宗之證悟者，若欲修證初地無生法忍乃至八地無生法忍者，必須修學《楞伽經、解深密經》所說之八識心王一切種智；此二經所說正法，方是眞正成佛之道；印順法師否定如來藏之後所說萬法緣起性空之法，是以誤會後之二乘解脫道取代大乘眞正成佛之道，亦已墮於斷滅見中，不可謂爲成佛之道也。平實導師曾於本會郭故理事長往生時，於喪宅中從初七至第十七，宣講圓滿，作爲郭老之往生佛事功德，迴向郭老早證八地、速返娑婆住持正法；茲爲今時後世學人故，將擇期重講《解深密經》，以淺顯之語句講畢後將會整理成文，用供證悟者進道；亦令諸方未悟者，據此經中佛語正義，修正邪見，依之速能入道。平實導師述著，全書輯數未定，每輯三百餘頁，將於未來重講完畢後逐輯出版。

佛法入門：學佛人往往修學二十年後仍不知如何入門，茫無所入漫無方向，不知如何實證佛法；更因不知三乘菩提的互異互同之處，導致越是久學者越覺茫然，都是肇因於尚未瞭解佛法的全貌所致。本書對於佛法的全貌提出明確的輪廓，並說明三乘菩提的異同處，讀後即可輕易瞭解佛法全貌，數日內即可明瞭三乘菩提入門方向與下手處。○○菩薩著 出版日期未定。

阿含講記—小乘解脫道之修證：數百年來，南傳佛法所說證果之不實，所說解脫道之虛妄，所弘解脫道法義之世俗化，皆已少人知之；從南洋傳入台灣與大陸之後，所說法義虛謬之事，亦復少人知之；今時台灣全島印順系統之法師居士，多不知南傳佛法數百年來所說解脫道之義理已然偏斜、已然世俗化、已非眞正之二乘解脫正道，猶極力推崇與弘揚。彼等南傳佛法近代所謂之證果者多非眞實證果者，譬如阿迦曼、葛印卡、帕奧禪師、一行禪師……等人，悉皆未斷我見故。近年更有台灣南部大願法師，高抬南傳佛法之二乘修證行門爲「捷徑究竟解脫之道」者，然而南傳佛法縱使眞修實證，得成阿羅漢，至高唯是二乘菩提解脫之道，絕非**究竟**解脫，無餘涅槃中之實際尚未得證故，法界之實相尚未了知故，習氣種子待除故，一切種智未實證故，焉得謂爲「究竟解脫」？即使南傳佛法近代眞有實證之阿羅漢，尚且不及三賢位中之七住明心菩薩本來自性清淨涅槃智慧境界，不知此賢位菩薩所證之無餘涅槃實際，仍非大乘佛法中之見道者，何況普未實證聲聞果乃至未斷我見之人？謬充證果已屬逾越，更何況是誤會二乘菩提之後，以未斷我見之凡夫知見所說之二乘菩提解脫偏斜法道，焉可高抬爲「究竟解脫」？而且自稱「捷徑之道」？又妄言解脫之道即是成佛之道，完全否定般若實智、否定三乘菩提所依之如來藏心體，此理大大不通也！平實導師爲令修學二乘菩提欲證解脫果者，普得迴入二乘菩提正見、正道中，是故選錄四阿含諸經中，對於二乘解脫道法義有具足圓滿說明之經典，預定未來十年內將會加以詳細講解，令學佛人得以了知二乘解脫道之修證理路與行門，庶免被人誤導之後，未證言證，干犯道禁，成大妄語，欲升反墮。本書首重斷除我見，以助行者斷除我見而實證初果爲著眼之目標，若能根據此書內容，配合平實老師所著《識蘊眞義》《阿含正義》內涵而作實地觀行，實證初果非爲難事，行者可以藉此三書自行確認聲聞初果爲實際可得現觀成就之事。此書中除依二乘經典所說加以宣示外，亦依斷除我見等之證量，及大乘法中道種智之證量，對於意識心之體性加以細述，令諸二乘學人必定得斷我見、常見，免除三縛結之繫縛。次則宣示斷除我執之理，欲令升進而得薄貪瞋痴，乃至斷五下分結…等。平實導師述，共二冊，每冊三百餘頁。每輯300元。

總經銷： 飛鴻 國際行銷股份有限公司

231 新北市新店市中正路 501 之 9 號 2 樓

Tel.02－82186688（五線代表號） Fax.02-82186458、82186459

零售：1.**全台連鎖經銷書局：**

三民書局、誠品書局、何嘉仁書店

敦煌書店、紀伊國屋、金石堂書局、建宏書局

2.**台北市：**佛化人生 羅斯福路 3 段 325 號 6 樓之 4 台電大樓對面

3.**新北市：**春大地書店 **蘆洲**中正路 117 號 明達書局 **三重**五華街 129 號

4.**桃園市縣：**誠品書局 **桃園市**中正路 20 號遠東百貨地下室一樓

金石堂 **桃園市**大同路 24 號 金石堂 **桃園**八德市介壽路 1 段 987 號

諾貝爾圖書城 **桃園市**中正路56號地下室 巧巧屋書局 **蘆竹**南崁路 263 號

墊腳石文化書店 **中壢市**中正路89號 來電書局 **大溪**慈湖路 30 號

御書堂 **龍潭**中正路 123 號

5.**新竹市縣：**大學書局 **新竹**建功路 10 號 誠品書局 **新竹**東區信義街 68 號

誠品書局 **新竹**東區中央路 229 號 5 樓 誠品書局 **新竹**東區力行二路 3 號

墊腳石文化書店 **新竹**中正路 38 號 金典文化 **竹北**中正西路 47 號

6.**苗栗市縣：**萬花筒書局 **苗栗市**府東路 73 號

7.**台中市：** **瑞成**書局、各大連鎖書店。

詠春書局 台中市永春東路 884 號 文春書局 **霧峰**中正路 1087 號

8.**彰化市縣：**心泉佛教流通處 **彰化市**南瑤路 286 號

員林鎮：墊腳石圖書文化廣場 中山路 2 段 49 號（04-8338485）

9.**台南市：**博大書局 **新營**三民路 128 號

藝美書局 **善化**中山路 436 號 宏欣書局 **佳里**光復路 214 號

10.**高雄市：**各大連鎖書店、**瑞成**書局

政大書城 **三民區**明仁路 161 號 政大書城 **苓雅區**光華路 148-83 號

明儀書局 **三民區**明福街 2 號 明儀書局 三多四路 63 號

青年書局 青年一路 141 號

11.**宜蘭縣市：**金隆書局 宜蘭市中山路 3 段 43 號

宋太太梅鋪 羅東鎮中正北路 101 號（039-534909）

12.**台東市：**東普佛教文物流通處 台東市博愛路 282 號

13.**其餘鄉鎮市經銷書局：**請電詢總經銷**飛鴻**公司。

14.**大陸地區請洽：**

香港：樂文書店

旺角店 :香港九龍旺角西洋菜街 62 號 3 樓

電話 : (852) 2390 3723 email: luckwinbooks@gmail.com

銅鑼灣店 :香港銅鑼灣駱克道 506 號 2 樓

電話 : (852) 2881 1150 email: luckwinbs@gmail.com

廈門：廈門外圖臺灣書店有限公司

地址：廈門市思明區湖濱南路809號 廈門外圖書城3樓 郵編：361004

電話：0592-5061658（臺灣地區請撥打 86-592-5061658）

E-mail：JKB118@188.COM

15.美國：世界日報圖書部：紐約圖書部 電話 7187468889#6262

洛杉磯圖書部 電話 3232616972#202

16.國內外地區網路購書：

正智出版社 書香園地 http://books.enlighten.org.tw/

（書籍簡介、直接聯結下列網路書局購書）

三民 網路書局 http://www.Sanmin.com.tw

誠品 網路書局 http://www.eslitebooks.com

博客來 網路書局 http://www.books.com.tw

金石堂 網路書局 http://www.kingstone.com.tw

飛鴻 網路書局 http://fh6688.com.tw

附註：1.請儘量向各經銷書局購買：郵政劃撥需要十天才能寄到（本公司在您劃撥後第四天才能接到劃撥單，次日寄出後第四天您才能收到書籍，此八天中一定會遇到週休二日，是故共需十天才能收到書籍）若想要早日收到書籍者，請劃撥完畢後，將劃撥收據貼在紙上，旁邊寫上您的姓名、住址、郵區、電話、買書詳細內容，直接傳真到本公司 02-28344822，並來電 02-28316727、28327495 確認是否已收到您的傳真，即可提前收到書籍。 2.因台灣每月皆有五十餘種宗教類書籍上架，書局書架空間有限，故唯有新書方有機會上架，通常每次只能有一本新書上架；本公司出版新書，大多上架不久便已售出，若書局未再叫貨補充者，書架上即無新書陳列，則請直接向書局櫃台訂購。 3.若書局不便代購時，可於晚上共修時間向正覺同修會各共修處請購（共修時間及地點，詳閱共修現況表。每年例行年假期間請勿前往請書，年假期間請見共修現況表）。 4.郵購：郵政劃撥帳號 19068241。 5.正覺同修會會員購書都以八折計價（戶籍台北市者為一般會員，外縣市為護持會員）都可獲得優待，欲一次購買全部書籍者，可以考慮入會，節省書費。入會費一千元（第一年初加入時才需要繳），年費二千元。**6.尚未出版之書籍，請勿預先郵寄書款與本公司，謝謝您！** 7.若欲一次購齊本公司書籍，或同時取得正覺同修會贈閱之全部書籍者，請於正覺同修會共修時間，親到各共修處請購及索取；**台北市讀者**請洽：103 台北市承德路三段 267 號 10 樓（捷運淡水線 圓山站旁）請書時間：週一至週五為 18.00~21.00，第一、三、五週週六為 10.00~21.00，雙週之週六為 10.00~18.00 請購處專線電話：25957295-分機 14（於請書時間方有人接聽）。

敬告大陸讀者：

大陸讀者購書、索書捷徑（尚未在大陸出版的書籍，以下二個途徑都可以購得，電子書另包括結緣書籍）：

1.廈門外國圖書公司：廈門市思明區湖濱南路 809 號 廈門外圖書城 3F
郵編：361004 電話：0592-5061658 網址：JKB118@188.COM

2.電子書：正智出版社有限公司及正覺同修會在台灣印行的各種局版書、結緣書，已有『**正覺電子書**』陸續上線中，提供讀者於手機、平板電腦上購書、下載、閱讀正智出版社、正覺同修會及正覺教育基金會所出版之電子書，詳細訊息敬請參閱『正覺電子書』專頁：http://books.enlighten.org.tw/ebook

關於平實導師的書訊，請上網查閱：

成佛之道 http://www.a202.idv.tw

正智出版社 書香園地 http://books.enlighten.org.tw/

中國網採訪佛教正覺同修會、正覺教育基金會訊息：

http://big5.china.com.cn/gate/big5/fangtan.china.com.cn/2014-06/19/content_32714638.htm

http://pinpai.china.com.cn/

★ 正智出版社有限公司售書之稅後盈餘，全部捐助財團法人正覺寺籌備處、佛教正覺同修會、正覺教育基金會，供作弘法及購建道場之用；懇請諸方大德支持，功德無量。

★ 聲 明 ★

本社於 2015/01/01 開始調整本目錄中部分書籍之售價，以因應各項成本的持續增加。

＊ 喇嘛教修外道雙身法、墮識陰境界，非佛教 ＊

＊ 弘揚如來藏他空見的覺囊派才是真正藏傳佛教 ＊

售後服務—換書啓事（免附回郵） 2012/09/24

《楞嚴經講記》第 14 輯初版首刷本免費調換新書啓事：本講記第 14 輯出版前因 平實導師諸事繁忙，未將之重新閱讀而只改正校對時發現的錯別字，故未能發覺十年前所說法義有部分錯誤，於第 15 輯付印前重閱時才發覺第 14 輯中有部分錯誤尚未改正。今已重新審閱修改並已重印完成，煩請所有讀者將以前所購第 14 輯初版首刷本，寄回本社免費換新（初版二刷本無錯誤），本社將於寄回新書時同時附上您寄書回來換新時所付的郵資，並在此向所有讀者致上最誠懇的歉意。

《心經密意》初版書免費調換二版新書啓事：本書係演講錄音整理成書，講時因時間所限，省略部分段落未講。後於再版時補寫增加 13 頁，維持原價流通之。茲爲顧及初版讀者權益，自 2003/9/30 開始免費調換新書，原有初版一刷、二刷書籍，皆可寄來本來公司換書。

《宗門法眼》已經增寫改版爲 464 頁新書，2008 年 6 月中旬出版。讀者原有初版之第一刷、第二刷書本，都可以寄回本社免費調換改版新書。改版後之公案及錯悟事例維持不變，但將內容加以增說，較改版前更具有廣度與深度，將更能助益讀者參究實相。

換書者免附回郵，亦無截止期限；舊書請寄：111 台北郵政 73-151 號信箱 或 103 台北市承德路三段 267 號 10 樓 正智出版社有限公司。舊書若有塗鴨、殘缺、破損者，仍可換取新書；但缺頁之舊書至少應仍有五分之三頁數，方可換書。所有讀者不必顧念本公司是否有盈餘之問題，都請踴躍寄來換書；本公司成立之目的不是營利，只要能眞實利益學人，即已達到成立及運作之目的。若以郵寄方式換書者，免附回郵；並於寄回新書時，由本社附上您寄來書籍時耗用的郵資。造成您不便之處，再次致上萬分的歉意。

正智出版社有限公司 啓

國家圖書館出版品預行編目資料

維摩詰經講記／平實導師述. – 初版. –
臺北市：正智，2007.11- [民 96]
冊； 公分
ISBN 978-986-83908-0-5（第 1 輯：平裝）
ISBN 978-986-83908-1-2（第 2 輯：平裝）
ISBN 978-986-83908-2-9（第 3 輯：平裝）
ISBN 978-986-83908-4-3（第 4 輯：平裝）
ISBN 978-986-83908-6-7（第 5 輯：平裝）
ISBN 978-986-83908-7-4（第 6 輯：平裝）
1.經集部
221.72 96021885

維摩詰經講記

——第二輯

著述者：平實導師
音文轉換：劉惠莉
校對：章乃鈞 陳介源 蔡禮政 劉惠莉
出版者：**正智出版社**有限公司
電話：〇二28327495 28316727（白天）
傳眞：〇二28344822
111台北郵政73-151號信箱
郵政劃撥帳號：一九〇六八二四一
正覺講堂：總機〇二25957295（夜間）
總經銷：飛鴻國際行銷股份有限公司
231新北市新店區中正路501-9號2樓
電話：〇二82186688（五線代表號）
傳眞：〇二82186458 82186459
初版首刷：二〇〇八年元月 二千冊
初版五刷：二〇一六年五月 二千冊
定價：二五〇元